Al Lector

Dianética (del griego *dia:* "a través", y *nous:* "alma") define principios fundamentales de la mente y el espíritu. A través de la aplicación de estos descubrimientos, se hizo evidente que Dianética trataba con un ser que desafiaba al tiempo (el espíritu humano) originalmente denominado el "yo" y subsecuentemente el "thetán". A partir de ahí, el Sr. Hubbard continuó su investigación, trazando finalmente el mapa del camino a la libertad espiritual total del individuo.

Dianética es un precursor y un subestudio de Scientology que, como la practica la Iglesia, sólo se dirige al "thetán" (espíritu), que es superior al cuerpo, y a su relación y efectos sobre el cuerpo.

Este libro se presenta en su forma original y es parte de la literatura y de las obras religiosas de L. Ronald Hubbard, y no es una declaración de pretensiones hechas por el autor, la editorial ni ninguna Iglesia de Scientology. Es un registro de las observaciones e investigaciones del Sr. Hubbard sobre la vida y la naturaleza del hombre.

Ni Dianética ni Scientology se ofrecen ni se presentan como una curación física ni hacen ninguna afirmación a tal efecto. La Iglesia no acepta individuos que deseen tratamiento de enfermedades físicas o mentales sino que, en su lugar, exige un examen médico competente en cuanto a condiciones físicas, realizado por especialistas calificados, antes de abordar su causa espiritual.

El Electrómetro Hubbard®, o E-Metro, es un aparato religioso utilizado en la Iglesia. El E-Metro, por sí mismo, no hace nada y sólo lo utilizan ministros, o personas que se están preparando como ministros, capacitados en su uso para ayudar a los feligreses a localizar la fuente de sus tribulaciones espirituales.

El logro de los beneficios y metas de Dianética y Scientology exige la participación dedicada de cada individuo, ya que sólo se pueden lograr a través del esfuerzo propio.

Esperamos que la lectura de este libro sea el primer paso de un viaje personal de descubrimiento, a esta nueva y vital religión mundial.

Este Libro Pertenece A

¡DIANÉTICA 55!

¡DIANÉTICA 55!

EL MANUAL COMPLETO DE LA COMUNICACIÓN HUMANA

L. RONALD HUBBARD

Publications, Inc.

UNA
PUBLICACIÓN
HUBBARD®

Publicado por
Bridge Publications, Inc.
4751 Fountain Avenue
Los Angeles, California 90029

ISBN 978-1-4031-4664-9

Impreso en Estados Unidos

NOTA IMPORTANTE

Al leer este libro, asegúrate muy bien de no pasar nunca una palabra que no comprendas por completo. La única razón por la que una persona abandona un estudio, se siente confusa o se vuelve incapaz de aprender, es porque ha pasado una palabra que no comprendió.

La confusión o la incapacidad para captar o aprender viene DESPUÉS de una palabra que la persona no definió ni comprendió. Tal vez no sean sólo las palabras nuevas e inusuales las que tengas que consultar. Algunas palabras que se usan comúnmente, a menudo pueden estar definidas incorrectamente y por lo tanto causar confusión.

Este dato acerca de no pasar una palabra sin definir es el hecho más importante en todo el tema del estudio. Cada tema que has comenzado y abandonado contenía palabras que no definiste.

Por lo tanto, al estudiar este libro asegúrate muy, muy bien de no pasar nunca una palabra que no hayas comprendido totalmente. Si el material se vuelve confuso o parece que no puedes captarlo por completo, justo antes habrá una palabra que no has comprendido. No sigas adelante, sino regresa a ANTES de que tuvieras dificultades, encuentra la palabra malentendida y defínela.

GLOSARIO

Para ayudar a la comprensión del lector, L. Ronald Hubbard dispuso que los editores proporcionaran un glosario. Este se incluye en el Apéndice: *Glosario Editorial de Palabras, Términos y Frases*. Las palabras a veces tienen varios significados. El *Glosario Editorial* sólo contiene las definiciones de las palabras como se usan en este texto. Se pueden encontrar otras definiciones en un diccionario normal del idioma o en un diccionario de Dianética y Scientology.

Si encuentras cualquier otra palabra que no comprendes, búscala en un buen diccionario.

¡DIANÉTICA 55!

CONTENIDO

PREFACIO

PREFACIO

¡SECRETO! Secretos, secretos, ¡SECRETOS! Ah, la eterna búsqueda, la remota, remota exploración, los códigos, las vías, los símbolos, las complicaciones, las compilaciones, la matematicidad y abstrusidad de secretos, secretos, SECRETOS.

Y la verdad. ¡VERDAD! Desde Keats hasta Pepe Pérez, todos tenemos tratos con la verdad, verdad, ¡Verdad! Los profesores tienen una verdad, los religiosos tienen una verdad, las estrellas y prácticamente todas las cosas salvo el gobierno tienen una verdad, verdad, verdad.

¡CONOCIMIENTO! Preciado como una valiosa antorcha, aborrecido como la pesadilla de un neurótico, todo es conocimiento, conocimiento, ¡Conocimiento! Recibes diplomas por él y compras libros llenos de él. Pereces por su carencia o triunfas en su ausencia. Pero, sea lo que sea, el conocimiento es preciado, peligroso, inútil y horrible y anhelado.

¿Y qué es el CONOCIMIENTO? ¿Y cuál es el SECRETO? ¿Y qué es la VERDAD?

Poncio Pilato hizo la pregunta cuando se lavaba las manos. Alejandro ejecutaba a los mensajeros cuando la verdad era difícil de digerir. Los sacerdotes caldeos consiguieron una pizca de verdad y gobernaron Caldea hasta llevarla al olvido y a Babilonia hasta que no fue sino motas de polvo. Y los gobernantes y los hombres, los eruditos y los generales, han condenado con ella, han dedicado sus vidas a ella, han luchado por ella y la han negado y… nunca la definieron.

¿Qué es la VERDAD? ¿Qué es el CONOCIMIENTO? ¿Cuál es el SECRETO? ¿Son invenciones del sueño de un chamán? ¿Están relacionados con la ciencia? ¿Pertenecen a la filosofía? ¿Qué son? ¿De dónde vienen? ¿Existen? ¿Tienen dueño? ¿Alguna vez se han escrito o pronunciado o conjeturado? Y, ¿se volvería uno loco si los llegara a saber?

Dianética llegó al mundo el 9 de mayo de 1950, con la publicación de un libro: *Dianética: La Ciencia Moderna de la Salud Mental*. Irrumpió con violencia aunque su mensaje fuera de paz. Medio millón de americanos lo leyeron. Muchos, muchos de ellos lo pusieron en acción y todavía están poniéndolo en acción. Y cada año se venden todavía más ejemplares de él; más ejemplares que el "best-seller" promedio.

Dianética fue una aventura hacia dentro de los oscuros dominios del Secreto para acumular Conocimiento y establecer la Verdad. Hasta Dianética, estos bienes habían sido propiedad de la filosofía, ya fuera de las escuelas de la monotonía o de las esotéricas; o los habían empleado los charlatanes (con o sin sobrepelliz) para seducir y entrampar.

Dianética hizo su aparición en una Era Oscura de la Razón, donde sólo un hecho del universo físico recibía crédito. Para cuando Dianética nació, todo librepensador que el Hombre hubiera conocido había sido hacía ya mucho tiempo quemado o envenenado, o tirado a la basura, relegado a los planes de estudios de las "universidades". Era una época en que el renombre aguardaba sólo al fabricante (no al inventor) del nuevo abrelatas, en que la cordura se ajustaba con electrodos y la filosofía se hacía con UNIVACs. Al ser el Conocimiento y el Secreto patrimonio exclusivo de intereses creados, a Dianética se le atacó con violencia desde muchos sectores.

La medicina, plenamente consciente de que no era capaz de curar, ni siquiera de aliviar la mayoría de los males del Hombre (pero que, como una prima donna que no puede sino graznar, aún así se resiste ante el siguiente acto a punto de comenzar), condenó de manera desconsiderada y maliciosa, en las principales revistas semanales, cualquier vistazo adicional hacia el conocimiento y la verdad. El gobierno, librando una guerra en aquel momento, completamente consciente de que los pilotos de los que disponía eran viejos y lentos, no pudo sin embargo comunicarse acerca de ningún tema que pudiera remediar la situación. El Better Business Bureau de los Estados Unidos, una organización que apoya con firmeza cualquier cosa "buena y firme", apoyó la objeción del capital a esta nueva idea. El Partido Comunista, al estar firmemente en contra de cualquier alteración de la mente (puesto que eso sin duda alteraría la devoción), hizo todo lo posible por apoyar la postura del capital. Para cualquiera que quisiera un monopolio del conocimiento y la verdad, Dianética era un enemigo. Para ellos era un engaño degradado, malvado y fraudulento; o eso fue lo que dijeron.

Sin embargo, resulta que existe un principio de que cualquier cosa que se comprende concienzudamente, deja de existir. Su opinión sobre Dianética no pudo haber sido correcta ya que Dianética aún está aquí.

Durante los siguientes cuatro años de conmoción, ocurrieron muchas cosas. Lo único ordenado y progresivo que ocurrió fue que Dianética continuó penetrando en el territorio del SECRETO por la senda del CONOCIMIENTO para descubrir una VERDAD más cercana.

El asalto primario de Dianética fue sobre la veneración y las formas. El primer libro se escribió como una jabalina apuntando hacia los órganos vitales indudablemente sacrosantos de los departamentos de filosofía y de la literatura. Era cuidadosamente descuidado en cuanto a sus comas, en la creencia de que las comas, al contrario de la moda preponderante, tienen poco poder para turbar una verdad fundamental. El primer libro se escribió para ser leído y comprendido y se escribió con el fin de disgustar y contrarrestar y advertir a quienes le darían el destino de ser contemplado con "temor reverencial". Y el primer libro se escribió para que lo usara cualquiera que pudiera comprenderlo y comprender la forma en que se escribió.

Esto, por supuesto no podía incluir al charlatán de la mente en existencia (llámese "psiquiatra") ni al diletante profesional en el tema de las capacidades (el "psicólogo"). Como uno había averiguado que a estos dos no se les podía entrenar (y si se hubiera podido, no habrían estado interesados en las metas propuestas), era necesario que surgiera una nueva raza de felino: el *auditor*. Y el auditor apareció.

Ahora esta aventura, a través de la ruta del conocimiento hacia la verdad, era muy nueva y resplandeciente en 1950. No es tan nueva en 1954, pero sí mucho más brillante. En 1950 se hicieron ciertas promesas. Y estas promesas se han cumplido ahora.

Se *puede* llevar al Hombre a *Clear*. Lo puede llevar a Clear (al estado que se describe en el Capítulo Dos del Primer Libro) un auditor bien instruido y competente, en un tiempo relativamente corto.

Este libro contiene los procesos con los que se puede lograr el clearing. Esto no quiere decir que no haga falta entrenar a los auditores; porque hemos encontrado que sí hace falta. Quiere decir que un auditor que se haya entrenado y procesado ahora puede tomar estos procesos más recientes (y recorrerlos como se indica) y puede alcanzar el resultado de *Clear*.

Así pues, en *¡Dianética 55!* tenemos, de hecho, el Segundo Libro de Dianética. Todo el mundo ha asignado el título de "Primer Libro" a *Dianética: La Ciencia Moderna de la Salud Mental*. Pero nadie se ha referido a *La Ciencia de la Supervivencia*, que se publicó en 1951, como el "Segundo Libro". No lo han hecho porque obviamente no lo era. *La Ciencia de la Supervivencia* fue un "Primer Libro" por derecho propio. Fue el primer libro de acuerdo y conforme al "Plan C" del último capítulo del *verdadero* Primer Libro. *La Ciencia de la Supervivencia* se aventuró en las causas, no en la resolución de los problemas esbozados en el Primer Libro.

Así pues, nunca ha habido un Segundo Libro de Dianética. Tal libro tendría que tomar los problemas exactos del Primer Libro y, en los términos y premisas del Primer Libro, resolver esos problemas.

Bueno, cuando uno examina las novelas de ficción y las obras técnicas en general, se encuentra que un retardo de cuatro años (casi cinco) entre el primer y segundo volumen de un autor, vería una gran mengua de su público. Pero cuando abordamos un tema de la categoría de Dianética y cuando nos damos cuenta de que está condensando en unos cuantos años varios miles de años de actividad, vemos que un retraso de cuatro o cinco años entre volúmenes no está tan mal.

¿Qué ocurrió en esos cuatro o cinco años? Muchas cosas. De alguna manera, por un lado, se financiaron la investigación y el desarrollo, y la organización básica, tras muchos tropiezos, sobrevivió. También sucedieron un montón de cosas insignificantes que en otra década serán puras cenizas. Porque a ninguna de estas cosas, a ninguno de los cuentos de terror, los ataques, la financiación, las propuestas comerciales, se les permitió interrumpir lo único que *puede* suponer diferencia alguna: el producto de años de logros constantes en la ruta del conocimiento hacia la meta de la verdad fundamental.

Conocimiento, Verdad, Secretos: estos son las entrañas y la anatomía de la vida. No deben, pues, tener dueño. No deben, pues, esconderse ni distorsionarse. Se les debe permitir destacar a plena luz del Sol para que todos los vean. Pues sólo cuando se les pone a la vista no hay riesgo en tenerlos, conservarlos, conocerlos.

Este es el Segundo Libro de Dianética. *Podría* significar una nueva Tierra. Podría significar una nueva Libertad. Pero signifique lo que signifique, no puede significar *nada* en el sentido en que el Hombre usa esa palabra. Pues no se puede desvelar el SECRETO y hacer que este vuelva a ser tan secreto nunca más.

L. RONALD HUBBARD
PHOENIX, 1954

CAPÍTULO

DIANÉTICA

CAPÍTULO UNO

DIANÉTICA

¿**P**OR QUÉ HABRÍA DE QUERER ALGUIEN saber algo acerca de la Mente Humana? Y, si a eso vamos, ¿por qué habría de creer alguien que el conocimiento de la mente humana es inalcanzable o bien indeseable? ¿Por qué los hombres, aparentemente buscando respuestas sobre la mente, habrían de desviarse tanto de ello, hasta el punto de examinar ratas y evitar totalmente observar a los seres humanos? ¿Y por qué cualquiera, que supuestamente tratara la mente, habría de desviarse hasta el punto del electrochoque?

Las respuestas son relativamente simples. Es muy difícil controlar a cualquiera que conoce la estructura, la función y la dinámica de la mente humana. La única forma en que se puede controlar una mente es imponiendo sobre ella *ignorancia* acerca de sí misma. En lo que al estudio del tratamiento se refiere, a una mente a la que se ha hecho ignorante de sí misma, habría que devolverle una *consciencia* de sus fundamentos antes de que se pudiera considerar que se había recuperado. Cuando se le devuelve a una mente una consciencia plena, ya no es posible hacer de ella una víctima. Y una profesión o una sociedad tendrían que abandonar la "tendencia esclavista" y avanzar hacia la acción basada en la "libertad y el concierto", para ser eficaz.

En la medida en que no quieras que otros te controlen, deberías desear el conocimiento de ti mismo y de los demás. En la medida en que luches por alejarte del conocimiento de ti mismo, se te controlará.

Una Ciencia de la Mente simple y concluyente es una necesidad vital en cualquier sociedad que desee llegar a ser libre y permanecer libre. Los únicos elementos en una sociedad que combatirían o discutirían u objetarían a los esfuerzos por lograr una ciencia así, serían aquellos intereses que desearan, mediante la ignorancia, mantener el control de un sistema basado en la esclavitud. Todos y cada uno de los impulsos de libertad son un impulso hacia la cordura, hacia la salud, hacia la felicidad. Todo impulso hacia la esclavitud es un impulso en dirección a la desdicha, la enfermedad y la muerte. Puede decirse por igual del artrítico y del neurótico que la causa básica del trastorno (físico o mental), tuvo su raíz en los esfuerzos por reducir la libertad del individuo, el grupo o la Humanidad.

Dianética es un esfuerzo por que el Hombre alcance un nivel de libertad en el que la decencia y la felicidad puedan prevalecer y en el que el conocimiento de la mente en sí evite el uso desaprensivo de los mecanismos de la esclavitud. A Dianética se le puede discutir, se le puede calumniar, su fundador y los que la practican pueden ser objeto de escarnio público. Pero a Dianética no se le puede ignorar. Tampoco se podría ahogar en alabanzas ni quemar en alguna purga hasta su completa erradicación. Pues es un hecho maravillosamente observable que el único impulso del Hombre que no se puede borrar es su impulso hacia la libertad, su impulso hacia la cordura, hacia niveles de logro más elevados en todos sus empeños. Esta es la sola bendición que salva al Hombre. Y debido a que Dianética es un impulso así y debido a que sus propósitos básicos desde el momento de su concepción se han dedicado de manera inquebrantable a lograr una libertad aún mayor, no puede perecer: un hecho que indudablemente se volverá más molesto para los patrones esclavistas con el paso de los años.

Existe mucha polémica, sobre la que podríamos aventurarnos, acerca de si Dianética es un arte o una ciencia, si se trata de una humanidad o de un fraude. Pero todo esto nos serviría de muy poco, pues sólo estaríamos entrando en discusiones bizantinas. Dianética es lo que es. Y la mejor forma de resumirla en su totalidad es describirla como: "Una comprensión del Hombre". No nos importa si es o no una ciencia. No nos importa si se le debería catalogar más apropiadamente como "aventura" o como "misterio". Lo que sí nos importa es que se divulgue y se conozca, pues dondequiera que llega la esclavitud cesa. La mente que se comprende a sí misma es la mente de un hombre libre. Ya no es propensa al comportamiento obsesivo, a las obediencias irreflexivas, a las insinuaciones encubiertas. Se siente en casa en cualquier entorno, no como un extraño. Es la solucionadora de problemas y la creadora de juegos. Una mente que está esclavizada es débil. Una mente que es libre es poderosa. Y todo el poder que existe está definido y contenido en la *libertad*.

¿Por qué habrías de saber algo sobre tu mente? Una pregunta de magnitud similar sería: "¿Por qué habrías de vivir?".

En una ocasión, un escritor de ciencia ficción concibió un mundo compuesto enteramente de máquinas; hasta tal punto que unas máquinas reparaban a otras máquinas que, a su vez, eran reparadas por aun otras máquinas, y así se formaba un círculo y las máquinas sobrevivían. Escribió este relato basándose en la creencia favorita de los físicos nucleares de que sólo existe la máquina, que el origen del Hombre fue una cierta combustión espontánea de barro, que el alma no existe, que la libertad es imposible, que todo el comportamiento es estímulo-respuesta, que el pensamiento causativo no puede existir. Menudo mundo sería este. Y sin embargo, este mundo, este modelo, es la meta de los esclavistas. Si se pudiera reducir la libertad de todo hombre hasta que llegara a creer que no es más que una rueda dentada en el engranaje de una máquina inmensa, entonces se podrían esclavizar todas las cosas.

¿Pero quién estaría ahí para disfrutarlas? ¿Quién estaría ahí para sacarles provecho?

No el esclavista, pues él es el primero que sucumbe. Sucumbe a sus propios mecanismos. Recibe todo el impacto de sus propios empeños de atrapar.

¿Cuál sería el propósito de este mundo de máquinas?

No puede haber un propósito que merezca la pena contemplar que no incluya *felicidad y experiencia*. Cuando un hombre ya no es capaz de concebir la felicidad como parte de su futuro, ese hombre está muerto. Se ha convertido en un mero robot animado, sin comprensión, sin humanidad, perfectamente dispuesto, entonces, a hacer proyectiles de tal poder detonante que una civilización entera puede perecer y la felicidad de todos puede quedar destruida al experimentar la radiación: una experiencia que podría considerarse digerible quizá para un reactor atómico, pero no para un ser humano.

Por tanto, conforme nos desviamos de los conceptos de libertad, nos desviamos adentrándonos en una oscuridad donde la voluntad, el miedo y la brutalidad de uno o de unos pocos, sin importar lo cultos que sean, puede todavía hacer pedazos todo aquello por lo que hemos trabajado, todo aquello en lo que hemos puesto nuestras esperanzas. Esto es lo que pasa cuando la máquina anda fuera de control, y cuando el Hombre, convertido en máquina, anda fuera de control. El Hombre sólo puede convertirse en máquina cuando ya no es capaz de comprender su propio beingness (condición de ser) y ha perdido contacto con él. Por lo tanto, es de una enorme importancia que comprendamos algo sobre la mente, que comprendamos que *somos* mentes, que *no* somos máquinas. Y es de una enorme importancia que el Hombre alcance, de inmediato, un nivel más elevado de libertad; en el que pueda controlarse la reacción destructiva de la máquina y en que el propio Hombre pueda disfrutar de algo de la felicidad a la que tiene derecho.

Dianética: La Ciencia Moderna de la Salud Mental se escribió en un mundo en que la fisión atómica estaba aún en sus etapas iniciales. *¡Dianética 55!* se está escribiendo en un mundo en que existen bombas de tal furia que podrían convertir todo un continente en desechos. La reciente declaración del Secretario de Defensa de los Estados Unidos de que tales armas existen y que pueden usarse, y el que diera por hecho que existen hombres con tal carencia de humanidad como para usar tales armas, nos dice que ya es hora de que alguien, en algún lugar, tome cartas en este asunto.

La proximidad de sus promesas no puede pasar desapercibida. Pensarías que cualquiera que pretendiera destruir todos los libros que existen en todas las bibliotecas de los Estados Unidos y de Rusia era un loco. Pensarías que un hombre estaba bastante trastornado si insistiera en destruir todas tus posesiones personales. Sabrías que estaba loco si insistiera en que el único camino para el futuro era la destrucción de tu cuerpo y de cualquier raza futura que lo pudiera recordar. Sólo un demente delirante y babeante podría planear el final de todas las metas en todas partes en la Tierra. Y sólo un apático idiota se quedaría ahí inmóvil ante la destrucción inevitable de sus sueños más íntimos, de sus esperanzas más queridas, de sus posesiones, incluso hasta de su carnet de identidad y del dinero de su billetera. Tal destrucción no deja lugar a la herencia. Significa el fin de todo aquello por lo que todos nosotros hemos albergado esperanzas, aquello por lo que nosotros y nuestros antepasados hemos luchado. Y soy de la opinión que un individuo que pueda contemplar esto con indiferencia y sin un impulso por actuar está tan perdido para la especie humana y tan perdido para sí mismo, para su familia y para sus amigos que personalmente debe de creer que no hay ninguna esperanza en absoluto, en ningún lugar, en ningún momento. Tal grado de depravación es difícil de concebir.

Nosotros sabemos, definitivamente, que lo incorrecto es no hacer nada. En cualquier momento ante cualquier situación que pueda surgir, siempre tenemos esa respuesta: *es incorrecto no hacer nada.* La única ocasión en que alguien se ha metido en problemas serios fue cuando decidió que no podía hacer nada acerca de algo. Este fue el umbral de entrada hacia la muerte. Cuando uno *supo* finalmente que se encontraba impotente ante todos los destinos o ante cualquier destino en concreto, él se convirtió en esa medida en esclavo de esos destinos. Por lo tanto, lo incorrecto en este mundo, en este momento, es no hacer nada. No importa lo fantástico o increíble que sea el plan en que nos aventuremos, no importa cómo lo planteemos, aún sería mejor que el abandono de todo plan y toda acción. Puede que nosotros tengamos mejores planes que "planes quiméricos". Puede que nosotros, en posesión del conocimiento de la mente y del Hombre, podamos todavía impedir que ocurra este espantoso crimen de relegarlo todo al olvido.

Dianética, pues, es un arma. Un arma oportuna. Es la única arma defensiva existente que puede confrontar, con aplomo, la fisión nuclear. Dianética puede fracasar sólo si no se usa, sólo si los que la conocen no la usan en toda su extensión.

Si tomaras las tecnologías de Dianética de hoy y buscaras a alguien que tuviera alguna relación, aunque fuera remota, con la responsabilidad de llevar a cabo una guerra atómica y le aplicaras estas técnicas, pronto tendrías a esa persona en un nivel de humanidad suficientemente alto para reconocer por lo menos una parte de su responsabilidad para con la especie humana. Tu tarea se haría difícil, pues la ley no permite que las personas relacionadas con llevar a cabo una guerra con la fisión atómica reciban psicoterapia alguna. Si esto te parece increíble, deberías darte cuenta de que cualquiera en la clasificación de "máximo secreto" o "confidencial" en un gobierno, no debe dar a conocer ningún tipo de información de su ocupación. Y los gobiernos temen que pueda darse a conocer algo de esta información a alguien que ejerza en el campo de la salud mental. Así pues, si se descubriera que cualquier persona relacionada con la fisión nuclear estaba recibiendo cualquier tipo de procesamiento, sería relevado de su puesto de inmediato y se cancelaría su clasificación de máximo secreto.

Pero esta no es una situación desesperanzada. Suponiendo que los procesáramos a todos y que se les cancelaran todas sus clasificaciones de máximo secreto, ¿quién quedaría? O bien, supongamos que señaláramos esta estupidez con suficiente convicción a los que están a cargo de los destinos del Hombre, pero que no son responsables de ellos, e hiciéramos que se volviera obligatorio que cualquier persona que tuviera alguna relación con la creación o el uso de la fisión atómica necesitara un pasaporte de cordura. Sólo los dementes destruyen. Recuerda eso. Sólo los dementes causarían el fin de la Tierra. Uno de estos hombres (moviéndose a tropezones, incapaz de comprender, estrictamente una máquina), al recibir procesamiento comienza a darse cuenta de que no carece de responsabilidad por la seguridad de la humanidad. Sólo siendo esclavo se le podría forzar a usar esas armas contra la Humanidad.

No hay disputa alguna sobre la faz de la Tierra de tal urgencia o violencia como para requerir una guerra, mucho menos una guerra mediante la fisión atómica, que traería como consecuencia la destrucción de al menos un continente y en unos pocos años la destrucción del planeta Tierra. ¿Quién creería que alguien podría dejar sin vida un continente sin a su vez contaminar de inmediato la atmósfera de la Tierra y poner en peligro a todos los demás seres vivos de este planeta o erradicarlos? ¿Qué disputa podría haber entre los hombres que le pudiera acarrear un destino así a la Tierra? No existe tal disputa entre los hombres. Una disputa así podría surgir entre máquinas que, sin consciencia, mediante botones apretados, llegaran a conclusiones por las que no tuvieran responsabilidad alguna.

Hay muchas maneras en que se podría lograr para la Tierra un nivel más alto de seguridad. Ninguna de estas maneras incluye la violencia ni la revolución. Todas ellas incluyen una mayor libertad para la Humanidad. Dianética es la tecnología clave necesaria para el control de la fisión atómica. Recuerda eso. Y recuerda también que Dianética es una ciencia de precisión, que sólo funciona cuando se usa como ciencia de precisión. Pues si vas a lograr algo con ella, ya sea rescatar a un pariente (del dolor de una enfermedad psicosomática continua), o a un grupo, una nación o un mundo, funciona ateniéndose exactamente a las directrices según las que fue diseñada. No funciona con innovaciones. Es una ciencia de precisión. Tiene una misión de precisión. Contiene más respuestas de las que el Hombre haya tenido jamás. Y contiene suficientes respuestas para hacer libre al Hombre; *¡si se usa!*

CAPÍTULO

DOS

LOS FUNDAMENTOS DE LA VIDA

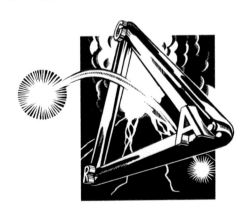

LOS FUNDAMENTOS DE LA VIDA

RATADOS CON MUCHA MÁS AMPLITUD en Scientology, los fundamentos de la vida sin embargo, no son diferentes de ninguna manera para el Hombre.

La subdivisión básica en la vida es entre:

CAPACIDAD y FACTORES MECÁNICOS.

Esto podría describirse también (aunque con menos precisión) como una subdivisión de:

CUALIDAD y CANTIDAD.

Cuando los factores mecánicos tienen capacidad, la capacidad es sólo aparente, y es la vida la que los ha dotado de ella. Está muy bien suponer que un cerebro electrónico es capaz de pensar, siempre y cuando uno se dé cuenta de que la vida en sí debe necesariamente estar presente para otorgar causa y cualidad, o dirección, a ese cerebro. Un cerebro electrónico se quedará inerte e inactivo todo el día a menos que la vida ponga la máquina en marcha. Dará millones de respuestas. Pero ninguna de ellas, sin importar lo aguda que sea, tendrá significado alguno hasta que la vida las observe. La máquina nunca es más que un servomecanismo para la vida. De hecho, una máquina ni siquiera puede existir en la ausencia de vida.

Con factores mecánicos queremos decir "todos y cada uno de los objetos, movimientos o espacios que existen". El principal de estos, que es primordial en cualquier disposición mecánica, es el *espacio*. El siguiente es la *energía*. El siguiente es la energía condensada o solidificada que llamamos *materia*. Y finalmente, siempre presente en cualquier sistema mecánico o factor mecánico, ese cambio de posición relativa de partículas u objetos conocido como *tiempo*. Por tanto tenemos espacio, energía, materia y tiempo. Ya sea que estemos considerando un cuerpo (que funciona con cualquier tipo de energía), un automóvil o una montaña, nos estamos aún ocupando de lo que aquí llamamos "factores mecánicos". Los factores mecánicos son siempre cuantitativos. Siempre hay una cierta distancia, una cierta masa o una cantidad determinada de horas. La cualidad del espacio, la energía, la materia y el tiempo sólo tiene valor cuando la vida la observa, la usa o la regula; y, de hecho, no puede existir en la ausencia de vida. Correcto o no, esto es funcional y es nuestra suposición primaria. Tenemos una palabra para designar los factores mecánicos (compuesta a partir de Materia, Energía, Espacio y Tiempo), que es *MEST* (del inglés *Matter, Energy, Space* y *Time*). Con MEST queremos decir "todas y cada una de las disposiciones de energía de cualquier tipo, ya sea en forma de fluido o de objeto, en el espacio o espacios". No concebimos que la vida tenga energía, y por lo tanto, se puede encontrar que el término cuantitativo MEST abarca cualquier energía, aunque esta sea producto directo de la vida.

La vida, en sí, tiene cualidad y capacidad. Los productos de la cualidad y de la capacidad son factores mecánicos. La capacidad se demuestra mediante el manejo de la materia, la energía, el espacio y el tiempo. Cualidad significa, sencillamente, "valorado" o "que tiene un valor". No existe ningún valor (es decir, opinión) en la ausencia de vida. En lo que respecta a tal cosa como un interruptor automático, podríamos considerar que el interruptor es capaz de tomar la decisión: estar "apagado" o "encendido". Sin embargo, debemos recordar que la decisión original de que "se hiciera un interruptor", y de que "pudiera estar apagado y encendido" y, de hecho, el propio diseño del interruptor dependió totalmente de la cualidad de la vida.

En el campo de los factores mecánicos no descubrimos *creatividad*. Descubrimos condiciones variables, disposiciones variables, deterioro y destrucción de una u otra forma. Pero no descubrimos ninguna alteración en la cantidad. De hecho, toda la ciencia de la física se basa en la suposición de la "conservación de la energía" (es decir, que la energía en sí no se puede crear ni destruir, sino que sólo puede alterar sus formas). A esto le podríamos añadir "la conservación del espacio", "la conservación de la materia" y "la conservación del tiempo". Ninguna de estas cosas son capaces, en sí mismas, de alterarse. No son capaces de nada más que de cambiar de posición o alterar forma. El físico es muy aficionado a demostrar que el romper un jarrón no hace más que alterar la posición relativa de las partículas y la forma. Y que quemar un pedazo de carbón no cambia las partículas básicas de la materia (pues si juntaras todo el humo, todas las cenizas y las partículas irradiadas durante la quema y lo pesaras todo, tendrías el mismo peso que antes de que se quemara el carbón). En otras palabras, la cantidad de materia no cambia y, como se ha dicho arriba, no se crea a sí misma, ni se aumenta a sí misma en modo alguno.

La vida (como se ha demostrado adecuadamente) puede, sin embargo, *crear*. Puede crear partículas y puede aumentar la masa. La demostración de esto en un hombre es algo que se puede lograr con facilidad y que resulta bastante concluyente. Un proceso que se conoce como el "Remedio del Havingness" puede alterar el peso de un hombre, aumentándolo por encima de nueve o dieciséis kilos, aunque no haya ningún cambio de ningún tipo en la dieta o en los hábitos de vida de esa persona. En otras palabras, la vida que está en el cuerpo del hombre (y que *es* de hecho el hombre) puede, mediante un proceso determinado, incrementar la cantidad de masa de este hombre. Otro proceso que se conoce como "Duplicación Perfecta" puede invertir esto y, de nuevo, sin cambio de dieta o de hábitos de vida de un hombre, reducir la cantidad de masa de un hombre sin que estén presentes las complicaciones relativas al calor o a los productos residuales. Así, directa e inmediatamente, en el mismo marco de referencia que usa el físico, se demuestra fácilmente que la vida sí crea masa y puede hacer que la masa desaparezca.

"Así, directa e inmediatamente, en el mismo marco de referencia
que usa el físico, se demuestra fácilmente que la vida sí crea
masa y puede hacer que la masa desaparezca".

Capítulo Dos
Los Fundamentos de la Vida

Hace ya cincuenta años, como lo presenta un artículo de la *Enciclopedia Británica,* se daba bastante por entendido que el estudio de la física debería haber comenzado con un examen de la mente. Este artículo, en el apartado de "Tiempo y Espacio", afirma que "como el espacio y el tiempo son fenómenos mentales, su descripción y estudio adecuados comienzan en el campo de la mente". Las "ciencias mentales" del siglo XIX no estaban lo bastante instruidas en la ciencia para comprender esto. Y el físico, que comúnmente no era consciente de este hecho, no consideró que la mente fuera de su incumbencia. Por lo tanto existía un malentendido en las humanidades y en las ciencias, en el que dependía la una de la otra. Y se dio el resultado de que ninguna supo cuál era su esfera de acción adecuada. Emprendiendo el estudio de la mente a partir de la orientación de la física y con la aplicación de todos los principios conocidos en la química, la física y las matemáticas (cosas con las que el psicólogo del siglo XIX no estaba familiarizado en absoluto y que el psicólogo del siglo XX desdeña totalmente), sólo entonces fue posible producir alguna comprensión de esto que llamamos "vida", en este lugar que llamamos el "universo físico".

Por lo tanto, aquello que considera, aquello que tiene opiniones, aquello que crea, aquello que regula, aquello que tiene metas y deseos, y que puede experimentar, es la *vida.* Lo que llamamos espacio, tiempo, energía, materia y formas de todo tipo, son los subproductos de la vida y es la vida la que los regula. La energía, ya sea en forma de una imagen mental, un cuerpo, un árbol o una roca, es también un subproducto de la vida. No hay la más mínima diferencia, salvo en la densidad y la longitud de onda, entre el espacio que contemplas a tu alrededor con tus ojos *físicos*, y los espacios y las formas que ves cuando los cierras y contemplas una imagen *mental.* Todas estas cosas son igualmente energías, y obedecen a las diversas leyes de la energía.

Aquí, pues, tenemos una unidad, o una cualidad, capaz de dar existencia a cantidades como son los espacios, la energía, las masas y el tiempo; capaz de cambiar y controlar estas masas y energías; capaz de aumentarlas o reducirlas.

En *Dianética: La Ciencia Moderna de la Salud Mental* se llevó a cabo una considerable disertación acerca de la "unidad con consciencia de consciencia". La primera vez que este tema se sometió a investigación, se estableció que todo no era una máquina. En algún lugar, al remontar por las diversas líneas, era necesario, dar con un punto-causa; ya fuera suponiendo sencillamente que existía un punto-causa o bien, descubriéndolo. Se usaron dos nombres en relación con este agente causativo. Uno de ellos fue "mente analítica", y el otro, mucho más adecuadamente, "unidad con consciencia de consciencia". La unidad con consciencia de consciencia era (como su nombre implica), consciente de ser consciente, o consciente de estar viva. Cuando uno examinaba la mente analítica o hablaba acerca de ella, era consciente de algo más: que la unidad con consciencia de consciencia se relacionaba de alguna manera con las computadoras o "analizadores", con el fin de manejar y controlar el resto del beingness físico. El término mente analítica significaba entonces "la unidad con consciencia de consciencia *más* un circuito o circuitos o maquinaria de evaluación, para hacer posible el manejo del cuerpo".

El otro tema que se trató ampliamente en *Dianética: La Ciencia Moderna de la Salud Mental* fue la "mente reactiva". Esta mente era una mente de estímulo-respuesta que dependía de dirección exterior para su acción y reacción. Se concibió a la mente reactiva como una colección de grabaciones, en forma de imágenes, dispuestas de tal manera que constituyeran una pauta de experiencia capaz, con tan sólo su pauta, de evaluar la conducta y el comportamiento del individuo. A los cuadros que contiene la mente reactiva se les llama ahora "facsímiles". Puesto que no son ni más ni menos que cuadros (como fotografías) tomados del universo que rodea al individuo, y que él retiene. Un tipo especializado de facsímil era el "engrama". Este difería de otros cuadros mentales en que tenía, como parte de su contenido, *inconsciencia y dolor físico*. La definición de engrama es "cuadro de un momento de dolor e inconsciencia". Se concibió que la mente reactiva tenía más de estos engramas que el analizador. Pero se vio que el analizador contenía algunos de estos también, excepto que eran más ligeros y eran un "candado" sobre un engrama que estaba en el banco de memoria reactivo. De hecho, cuando uno consideraba la mente reactiva, en realidad estaba considerando lo que es, en un cerebro electrónico, un "banco de memoria". En lugar de fichas o un sistema de archivos, la mente reactiva contenía cuadros. Estos cuadros estaban archivados. Y el entorno, al contener "reestimuladores", los sacaba de los archivos. La presencia de estos cuadros podía alterar la forma y podía alterar el comportamiento. Se encontró que la erradicación de uno de estos engramas, mediante las primeras técnicas de borradura de Dianética, alteraba el comportamiento de estímulo-respuesta del individuo.

Estábamos confrontando, aquí, tres tipos de mente. Una era el agente causativo (la unidad con consciencia de consciencia) que no parecía tener subproductos, pero que incidía en otra mente (llamada mente analítica) que de un modo automático analizaba situaciones racionalmente y era cuerda y racional; y un tercer tipo de mente (la mente reactiva) aún más lejana de la unidad con consciencia de consciencia, que actuaba sin el consentimiento del agente causativo y al cual no consultaba en absoluto. Ahora, en una revisión muy cuidadosa de esto, hemos visto que tanto la mente analítica como la mente reactiva son mentes mecánicas que son subproductos. Dependen, por igual, de la energía, de los espacios, de la capacidad de almacenamiento y de otros elementos cuantitativos. No obstante, la unidad con consciencia de consciencia es en sí *decisión,* es en sí *knowingness* (conocimiento con certeza). Le entrega a la mente analítica y a sus sistemas diversos "knowingnesses" para que se manejen de forma mecánica; e inadvertidamente pone en manos de la mente reactiva, que es por completo una cosa mecánica, el derecho de alterar y corregir a la mente analítica. Aparentemente, pues, tenemos aquí un agente causativo y dos máquinas. Igualmente podríamos, pues, sacar la conclusión obvia de que existe la unidad con consciencia de consciencia y que esta, de alguna manera, maneja maquinaria. Y que la mente analítica, la mente reactiva e incluso el cuerpo y el entorno son mecánicos.

Uno de estos elementos es cualitativo y capaz de tomar decisiones: la unidad con consciencia de consciencia. Todos los demás están subordinados a ella y sus conclusiones dependen de ella o del entorno. De nuevo, tenemos aquí cualidad frente a cantidad.

Una demostración adicional de esta unidad con consciencia de consciencia en acción es bastante convincente. Un aparato (un medidor), que se construye siguiendo todas las tradiciones de la física y la electrónica, y que está compuesto ni más ni menos que de los medidores, indicadores y electrodos usuales, puede detectar la producción de energía por la mente analítica. Esta máquina (hay una en la sede del Colegio Profesional Hubbard) demuestra de forma concluyente que la unidad con consciencia de consciencia puede predecir y causar a voluntad una reacción de energía. Llega más lejos y demuestra que la unidad con consciencia de consciencia puede producir, sin más contacto, un flujo de energía en un cuerpo a distancia. Esta es una demostración muy sorprendente, y es uno de los descubrimientos más significativos en el campo de la electricidad en los últimos tiempos. Las condiciones del experimento son suficientemente rigurosas para disipar cualquier duda, en la mente de un físico, en cuanto a la autenticidad de la corriente.

Si una unidad con consciencia de consciencia no estuviera creando energía, uno estaría perdido al tratar de explicar los cuadros de energía mental. Pues estas cosas, que se hacen a una velocidad enormemente rápida, contienen una masa considerable: masa que puede medirse con algo tan común y tan cotidiano como una báscula de baño.

En cuanto se descubrió cómo se producían los facsímiles (estos cuadros de energía mental), se descubrió también que eran energía real y no "una idea de energía", como en el pasado se había supuesto que eran. El facsímil y el engrama entran en acción por *resistencia*. La unidad con consciencia de consciencia se resiste a una escena del universo físico, bien resistiéndose a su acercamiento o a su alejamiento, y así, mediante esta resistencia, crea una "impresión". Esta impresión se hace con movimiento (como una película), y está completa con todo detalle.

Más tarde, el individuo puede recuperar esta impresión (y echarle un vistazo), y encontrará que contiene las fuerzas exactas que había en la versión original en el universo físico. La unidad con consciencia de consciencia hace esto con tanta facilidad que no se ha dado cuenta en absoluto de lo que estaba haciendo. Ahora, cuando la unidad con consciencia de consciencia hace una impresión (tratando de impedir que algo se aleje, o tratando de impedir que se acerque) y considera que se está violando o amenazando la supervivencia de su cuerpo, archiva esta impresión de tal manera que no tenga que volver a mirarla. Pero esto no significa que una aproximación de dicha impresión por el universo físico no pueda reactivar la impresión de forma independiente. En otras palabras, cuando la unidad con consciencia de consciencia aparta a un lado uno de estos facsímiles y no quiere volver a mirarlo, el facsímil en sí comienza a tener poder sobre la unidad con consciencia de consciencia. Los archivos recopilados de estas experiencias contrarias a la supervivencia se reúnen y son la mente reactiva. La unidad con consciencia de consciencia podría ser consciente de ellos, pero opta por no serlo. Así, el entorno puede reestimular esta mente reactiva y puede causar cambios en el comportamiento y en la forma del cuerpo, como sobrepeso, enfermedades psicosomáticas, e incluso gestos o expresiones fijas.

La esencia del tiempo es el *cambio*. Donde no hay cambio, no hay tiempo. Así, algo que permanezca sin cambio, perdura. Si algo no contiene cambio dentro de sí, entonces "flotará" en la totalidad del tiempo (pues no se asigna a sí mismo a una "condición de cambio", al ser una cosa de ningún cambio). De este modo, descubrimos que los silencios y los no-movimientos "flotan" en el tiempo. Y descubrimos que cada lugar de la línea temporal donde la unidad con consciencia de consciencia ha hecho un cuadro de silencio (se ha resentido del silencio o lo ha refrenado), tiene entonces una masa de energía que "flotará", o se quedará con ella, independientemente del tiempo que se asigne a sí misma. Y tenemos la composición del universo físico. El universo físico está compuesto de energía "flotante" o *para siempre*. Si esto no funcionara en el procesamiento y si no fuera un principio útil, no se habría incluido en este texto.

En vista del hecho de que estos facsímiles (en particular los de silencio) pueden "permanecer con" el individuo, tenemos el mecanismo completo que llamamos "reestimulación", donde el entorno reactiva un facsímil que luego reacciona contra el cuerpo o contra la unidad con consciencia de consciencia de la persona. Este es un sistema de estímulo-respuesta muy sencillo. Descubrimos, pues, que los engramas, o los facsímiles en general, tienen tendencia a "quedarse colgados" en todos sus puntos silenciosos o inmóviles. En consecuencia, un facsímil puede contener una acción considerable y sin embargo estar atorado en un punto de no-movimiento. Aquí tenemos un no-movimiento, a cada lado del cual hay movimiento. El punto de no-movimiento se queda colgado, y la unidad con consciencia de consciencia no contacta con él, pues la unidad con consciencia de consciencia busca, por lo general, movimiento. Así tenemos un fenómeno conocido como "atorado en la línea temporal", en el que un individuo puede creer que él mismo está en algún punto distante del "pasado". El facsímil o engrama en que está "atrapado" tiene tanta realidad para él, como una condición de la existencia, como su entorno de tiempo presente. Cuando el individuo se vuelve totalmente psicótico, el facsímil o el engrama tiene mucha más realidad para él que su entorno de tiempo presente. Y así tenemos la aberración y la enfermedad psicosomática.

En los inicios de Dianética, la forma de aliviar esta condición era abordar los cuadros en sí y persuadir a la unidad con consciencia de consciencia para que los borrara relatándolos y volviendo a experimentarlos. Como esto llevaba mucho tiempo y como los auditores tenían tendencia a abandonar incidentes a medio borrar, las tecnologías, aunque funcionales, no eran concluyentes. Por lo tanto, se tuvo que emprender más búsqueda e investigación para determinar la mejor manera de resolver esta situación.

"… un facsímil puede contener una acción considerable y sin embargo estar atorado en un punto de no-movimiento".

CAPÍTULO

LA UNIDAD CON CONSCIENCIA

TRES

DE
CONSCIENCIA

CAPÍTULO TRES

LA UNIDAD CON CONSCIENCIA DE CONSCIENCIA

A L EXAMINAR la individualidad e identidad del individuo, uno descubre que el individuo *es* él mismo, y no sus subproductos. El individuo no es su mente analítica, no es su mente reactiva, no es su cuerpo más de lo que es su casa o su auto. Puede que se considere a sí mismo como asociado a su mente analítica, su mente reactiva, su casa, su cuerpo, su auto; pero no es estas cosas. Es él mismo.

EL INDIVIDUO, LA PERSONALIDAD, *ES* LA UNIDAD CON CONSCIENCIA DE CONSCIENCIA, Y LA UNIDAD CON CONSCIENCIA DE CONSCIENCIA *ES* LA PERSONA.

A medida que esta unidad con consciencia de consciencia se confunde a sí misma cada vez más con los cuadros que ha hecho de sus alrededores, se concibe a sí misma cada vez más como un objeto, hasta que, al final, cuando ha llegado al fondo de la Escala Tonal, ha llegado al punto en que su más preciada creencia es que *es* un objeto.

Así como no dirías que Pepe Pérez es su auto, también debes decir (cuando captas esto con claridad) que Pepe Pérez no es su mente analítica ni su mente reactiva, su cuerpo ni su ropa. Pepe Pérez es una unidad con consciencia de consciencia. Y todo lo que hay en él que sea capaz de conocer y de ser consciente es Pepe Pérez, una unidad con consciencia de consciencia.

Cuando hemos llegado a un estado en que el propio Pepe Pérez *sabe* que él es una unidad con consciencia de consciencia, y que no es su mente analítica, su mente reactiva, su cuerpo, su ropa, su casa, su auto, su mujer ni sus abuelos, tenemos lo que en Dianética se llama *Clear*. Un Clear es simplemente una unidad con consciencia de consciencia que sabe que es una unidad con consciencia de consciencia, puede crear energía a voluntad y puede manejar y controlar, borrar o volver a crear una mente analítica o una mente reactiva.

La diferencia de enfoque es esta: en lugar de borrar todas las cosas con las que la unidad con consciencia de consciencia está en conflicto, hacemos que la unidad con consciencia de consciencia sea capaz de derrotar y controlar todas aquellas cosas con las que pensaba que debía estar en conflicto. En otras palabras, elevamos el determinismo de un individuo hasta un nivel en que sea capaz de controlar sus cuadros mentales y los diversos subproductos de la vida. Cuando es capaz, en lo que respecta a su capacidad, de controlar y determinar la acción de estas cosas, deja de estar aberrado. Puede recordar cualquier cosa que quiera recordar sin la ayuda ni asistencia de masas de energía. Puede ser lo que quiera ser. Se le ha devuelto una libertad considerable.

Casi la única dificultad que tenemos para lograr este estado de Clear, con todo el poder y toda la capacidad que lo acompañan, es el hecho de que los individuos llegan a creer que tienen que *tener* ciertas cosas para continuar sobreviviendo. De hecho, una unidad con consciencia de consciencia no puede hacer otra cosa más que sobrevivir. No se le puede matar. Sin embargo, sus subproductos se pueden destruir. Y (al confundirse a sí mismo con sus subproductos) empieza a creer que tiene que tener o hacer ciertas cosas para sobrevivir. Su ansiedad llega a ser tan grande con relación a esto, que incluso creerá que tiene que tener problemas para poder sobrevivir. Una unidad con consciencia de consciencia es muy desdichada a menos que tenga algo de masa o espacio de algún tipo y tenga diversos problemas que resolver.

En Dianética, hemos buscado durante muchísimo tiempo el "Clear de Un Solo Golpe". Algo así ya existe, y es viable en más del cincuenta por ciento de la población actual de la Humanidad. El Clear de Un Solo

Golpe depende, por supuesto, de hacer que la unidad con consciencia de consciencia se sitúe a cierta distancia de sus diversos subproductos y con control sobre ellos de tal manera que ya no se confunda a sí misma *con* sus subproductos. La sorprendente velocidad con que se puede llevar a Clear al cincuenta por ciento de la especie humana es creíble sólo cuando lo pones en acción. Las palabras mágicas son:

"Ponte un metro detrás de tu cabeza".

Este es el Clear de Un Solo Golpe. Si la gente no puede digerir la existencia del Clear de Un Solo Golpe (o el proceso) es porque han contemplado objetos durante tanto tiempo y tienen su atención tan profundamente fija en objetos que ya no son capaces de ver espacio. Y la idea de ver espacio, la idea de estar sin objetos, les produce tal aversión que sienten que deben condenar cualquier esfuerzo que pudiera quitarles la proximidad de algunas de sus posesiones más queridas.

Mirar al espacio le causa una aversión tan fuerte al Hombre que uno de los procesos básicos de Dianética (hacer que mire *puntos en el espacio*) causará que un individuo bastante bajo de tono se ponga violentamente enfermo del estómago. La náusea resultante, de tan sólo contemplar el espacio vacío, se puede descubrir únicamente en aquellos que tienen muchos problemas con las posesiones y que son incapaces de tener cosas. De tener que tener cosas, han llegado a un punto en que creen que ya no pueden tener nada. Por lo tanto, que se les pida que contemplen un vacío de cualquier tipo, es suficiente para causar una violenta reacción física.

Por consiguiente, todo este tema del Clear y la "exteriorización" (como se le denomina técnicamente) le causa gran aversión al cincuenta por ciento restante de la especie humana, a los que no se puede alcanzar al instante con este botón de un solo golpe.

Un cincuenta por ciento de las personas a quienes te acercas, si no haces una selección previa de tus "preclears" (personas que están en camino de ser Clear), se exteriorizarán de inmediato (estarán a cierta distancia de su cuerpo) y se considerarán capaces de manejar un gran número de cosas que antes consideraban imposibles de controlar, en cuanto les digas: *"Ponte un metro detrás de tu cabeza"*. El cincuenta por ciento restante te mirará con diversos grados de perplejidad. Estos "saben" que son un cuerpo, "saben" que son un objeto y "saben" (la mayoría de ellos) que se les revolvería el estómago si contemplaran la posibilidad de estar solos sin apoyo alguno en el espacio. Creerían que sería imposible controlar un cuerpo mientras están a un metro detrás de él. Por tanto, uno se mete en una discusión inmediata con estas personas y ellas desean meterse en las diversas "significaciones más profundas".

Aunque estas personas estuvieran fuera de nuestro alcance con los procesos actuales de Dianética, aún habríamos superado considerablemente los porcentajes respecto a cualquier esfuerzo anterior por hacer algo por la especie humana o acerca de la mente. En el pasado, incluso cuando miramos hacia una fecha tan reciente como 1949, descubrimos que el Hombre en general no poseía la capacidad de obtener un porcentaje de recuperación en los pacientes superior al veintidós por ciento. Por extraño que parezca, ya fuera un hechicero, un psicoanalista, un psiquiatra, un psicólogo, un médico, o cualquier otro profesional, una simple afirmación con confianza y una palmadita en la espalda lograban la curación de ese veintidós por ciento. Este hecho, que los profesionales no examinaron con mucho cuidado, causó que la gente creyera que lo único que andaba mal en la mente era que "la gente pensaba que algo andaba mal en la mente", y que lo único que cualquiera necesitaba era "una palabrita de ánimo" y todo iría bien. Un veintidós por ciento de cualquier población se recuperará si se hace cualquier cosa por ellos. El setenta y ocho por ciento restante no es tan afortunado.

Si podemos elevar el porcentaje, aunque sea al treinta por ciento, estamos haciendo más de lo que jamás se ha hecho antes. Cuando cualquier práctica obtiene un porcentaje de recuperación menor del veintidós por ciento, entonces esa práctica, en realidad, está perjudicando claramente a la gente. Ya que si lo único que el profesional hiciera fuera colgar el cartel de "abierto" en su consultorio e inspirar confianza y optimismo en sus pacientes, obtendría este veintidós por ciento.

Tendría que ser muy activo y deprimente para reducir este número de "curaciones". Ahora bien, cuando de pronto damos un salto a la cifra del cincuenta por ciento, sabemos que nos estamos acercando a la respuesta. Por lo tanto, podríamos relajarnos justo en este mismo punto, con la confianza de haber hecho más en el campo de la curación de lo que jamás se haya hecho antes.

Sin embargo, esto no es lo bastante bueno dentro de nuestros esquemas. En primer lugar, si queremos tratar a la gente relacionada con el gobierno, a la gente relacionada con dirigir, a la gente relacionada con las ciencias de la materia (como los físicos y los químicos), estamos tratando casi enteramente con el cincuenta por ciento "resistivo" restante. Esto no significa que una persona sólo por exteriorizarse sea más débil. Significa que una persona que está en contacto continuo con el universo físico y siempre está hostigada y preocupada por el estado de los objetos o la energía, es propensa a quedarse lo que llamamos "interiorizada".

Una serie reciente de casos que se abordaron para demostrar hasta dónde teníamos que llegar y qué teníamos que hacer para producir resultados en ese cincuenta por ciento restante se ha terminado ahora con éxito. Con técnicas modernas, seguidas muy, muy de cerca, los auditores entrenados por la Organización Central han estado llevando con éxito a Clear casos que eran resistivos y no mejoraban al usarse todos los anteriores procesos de 1951, 1952, 1953 y la mayor parte de 1954. A la certeza de poder llevar a Clear al primer cincuenta por ciento simplemente con las "palabras mágicas", le ha seguido ahora la certeza de poder manejar al cincuenta por ciento restante. Esto presenta una situación y una actitud bastante diferentes a las de 1950, cuando un auditor tenía que ser "intuitivo" y tenía que trabajar interminablemente (al parecer) para producir ganancias en los casos; ni hablar de clearing.

Mis propios porcentajes en llevar a Clear a la gente no cuentan. Y pronto aprendí (con cierta perplejidad) que lo que yo hacía con un preclear y los resultados que yo obtenía con un preclear no eran los resultados que obtendría otro auditor. Este solo hecho fue lo que hizo que se continuaran la búsqueda y la investigación tan extensamente y que se codificaran los procesos con tanta exactitud. Pues primero teníamos que conocer los procesos. Y luego teníamos que saber cómo entrenar a los auditores. Y al final estamos obteniendo estos resultados en el clearing.

A cualquier Clear, que se obtuvo anteriormente, se le consideraba Clear simplemente por el hecho de que pudiera recordar a voluntad, mediante cuadros, o que pudiera llevar a cabo algunas otras proezas. En realidad, una persona sólo podía ser Clear y *seguir siendo* Clear mientras no estuviera directamente involucrada con su mente analítica ni su mente reactiva. Y a aquellos Clears que permanecían estables se les había colocado inadvertidamente en un estado mucho más avanzado de lo que incluso el auditor había supuesto. Fue una investigación de estos Clears lo que abrió paso a las técnicas que ahora tenemos. Se encontró que muchos de ellos eran simplemente "casos abiertos de par en par", que se habían vuelto bastante capaces de leer sus propios facsímiles. Varios otros simplemente habían aumentado su capacidad hasta un punto tan por encima de la capacidad de otras personas, que todos llegaron al acuerdo de que se les debería llamar "Clear". Y luego estaba el *verdadero* Clear. El verdadero Clear, al interrogarlo a fondo, aunque no siempre lo hubiera notado él mismo, consideraba que él mismo estaba ahora a cierta distancia de su cuerpo. Los Clears que permanecieron estables y continuaron actuando y funcionando a pesar de las convulsiones de la vida, fueron los que se habían exteriorizado de manera estable. Este puede ser un dato muy difícil de asimilar para algunos dianeticistas. Pero una vez más, cualquier dificultad provendría sólo del hecho de que estos no estarían dispuestos a mirar el espacio o tendrían miedo de perder sus prerrogativas (tales personas tienen mucho miedo de perder sus cuerpos).

Pero este es un hecho con el que no podemos discutir: que en lo que respecta a la enfermedad psicosomática, la mejor manera de resolverlas es la exteriorización. Se hace que el individuo se coloque detrás de su cuerpo, lo mire y lo componga. Y eso es prácticamente todo lo que hay respecto a la enfermedad psicosomática. Hay, por supuesto, una estructura electrónica en el cuerpo, hacia la que uno puede dirigir la atención de la persona. Pero he visto cambiar en un momento la forma de una cara; he visto desaparecer enfermedades psicosomáticas en segundos; y siempre y cuando quedara la más mínima estructura física con la que trabajar, he visto el problema de las enfermedades psicosomáticas quedar tan relegado a un segundo plano como "problema" que ya no pensamos más en estos términos, y, de hecho, no consideramos que Dianética se esté usando bien si se dedica únicamente a las enfermedades psicosomáticas y a la aberración.

Nuestro énfasis hoy en día se centra en la *capacidad*. Hemos descubierto que cuanto más aumentamos la capacidad de una persona, mejores llegan a ser los subproductos a su alrededor. Simplemente elevando la capacidad de un individuo para caminar o para hablar, podemos cambiar su beingness físico y su actitud mental.

Según esta teoría, sería suficiente hacer que alguien aprendiera a crear cerámica, conducir un auto, cantar o hablar en público, para aumentar su salud mental y física. Y, de hecho, en la investigación, descubrimos que estas cosas son terapéuticas. Pero descubrimos también que son limitadas como terapia porque los talentos que un individuo adquiere de esta manera, son aptitudes completamente relacionadas con el manejo y la orientación del cuerpo. Y él no está bajo la influencia enteramente de su cuerpo. Está también bajo la influencia de la maquinaria de computación que llama su mente analítica y de la maquinaria más insidiosa y menos obvia llamada su mente reactiva. Más aún, mediante estos aumentos en su capacidad no se le lleva hasta un punto en que pueda controlar o manejar todo su entorno. Este tipo de capacidad sólo puede desarrollarse *por* la propia unidad con consciencia de consciencia, y *dentro* de la unidad con consciencia de consciencia en sí. Cuando está aprendiendo a hacer algo a través del cuerpo, no está aprendiendo a hacerlo directamente. Está aprendiendo a hacer algo con ayuda: la ayuda de los brazos y las piernas, la cara, la voz y los ojos; y esa es la razón por lo que la "terapia ocupacional" es limitada, aunque es bastante positiva.

Analizando esto un poco más a fondo, uno descubre que la unidad con consciencia de consciencia tiene capacidades peculiares. La primera y principal de sus capacidades es "estar donde quiere estar" y "mirar". No necesita ojos. No necesita un vehículo para viajar. Todo lo que necesita es "postular" su existencia en una ubicación determinada y luego mirar desde ese punto de existencia. Para hacer esto, tiene que estar dispuesta a ser *causa,* tiene que estar dispuesta a ser *efecto*. Pero si puede hacerlo, puede llegar mucho más lejos. Puede crear y cambiar el espacio. Más aún, puede borrar facsímiles y engramas de un vistazo.

Ahora, cuando entramos en este tipo de capacidades es probable que la gente crea que hemos entrado en el campo del misticismo o del espiritismo. Pero una inspección de estos campos demuestra que la gente que hay en ellos no es muy capaz. El misticismo y otras prácticas similares son prácticas inversas. En lugar de controlar el banco reactivo, la mente analítica, el cuerpo y el entorno, estas tratan muy marcadamente de retirarse de la necesidad de controlar. Esta es una capacidad descendente. (Y aunque se me podría acusar de difamar a estos campos, no puedo más que considerar a la gente que he conocido en estos campos y el hecho de que yo mismo he estudiado estos campos en Oriente y conozco sus limitaciones).

La gente tiende a confundir la exteriorización con el "viaje astral". Mientras estás sentado ahí, leyendo este libro, tú eres definitiva y positivamente consciente de estar ahí sentado y de este libro. No hay duda de si estás o no mirando un libro. No crees que tú mismo estés proyectado. Y no tienes que hacer conjeturas respecto a dónde estás, y no crees que tengas que crear algún tipo de imagen para mirar nada. Sencillamente estás ahí leyendo un libro. Esto es la exteriorización. Si fueras Clear y (habiendo dejado tu cuerpo en casa) estuvieras en una biblioteca, podrías leer con la misma facilidad; con la limitación de que tal vez no podrías agarrar bien las páginas. Sabrías con certeza que estabas en la biblioteca. No habría ninguna duda al respecto. No habría ninguna duda sobre el texto de las revistas que hubiera sobre la mesa. No habría ninguna duda sobre el carácter y la personalidad de la bibliotecaria ni de otras personas que estuvieran ahí.

"Analizando esto un poco más a fondo, uno descubre que la unidad con consciencia de consciencia tiene capacidades peculiares. La primera y principal de sus capacidades es 'estar donde quiere estar' y 'mirar'".

El ser Clear no tiene nada que ver con las "conjeturas". No estarías involucrado en telepatía, en leer la mente de la gente ni otras menudencias así. Simplemente sabrías lo que quisieras saber. Es más, no tendrías que usar un "sistema" para averiguar lo que sabes. Simplemente lo *sabrías*.

Si el Hombre no puede encarar lo que es, entonces el Hombre no puede ser libre. Pues una unidad con consciencia de consciencia, rodeada por completo de masas de energía y creyendo que ella misma es totalmente estas masas, se encuentra en un estado difícil y desesperado. Cree, por ejemplo, que para ir de una ubicación física a otra tiene que llevar consigo la masa de energía. Esto no es cierto. Uno puede cargar por ahí con un cuerpo para acelerar su conversación, para tener un problema, para obtener algo de atención y algo de interés de la gente. Pero uno no cargaría con un cuerpo por ahí porque uno "tiene que tener un cuerpo".

La actitud general de una persona que es Clear es de lo más interesante de observar. Sólo una persona que es Clear tiene una tolerancia muy clara hacia el comportamiento de los demás. Antes de llegar a Clear, las personas se encuentran en grados variables de desconfianza con respecto a otra gente. Están escondiendo, o protegiendo, o poseyendo cosas hasta el punto de no atreverse a separarse de ellas.

Existe un cierto miedo de una persona exteriorizada. Existe la creencia de que ella podría hacerles daño. De hecho, los que se portan mal con uno son los debiluchos de este mundo, no los hombres fuertes. Uno no tiene que esclavizar y controlar mediante la fuerza a aquellos cuya conducta no teme. Cuando te encuentras con un individuo que está fuerte y completamente inclinado a controlar rigurosamente los movimientos de los demás, tienes ante ti a un hombre que tiene miedo. Por su miedo los conocerán.

Otra leve dificultad del estado de exteriorización es que uno tiene tendencia a dejar que las cosas sean más o menos como son. Hasta cierto punto, uno está satisfecho con permitir que el juego transcurra y tomar parte en él y divertirse jugándolo. La cuestión, por supuesto, es la destrucción del terreno de juego. La vida, para un Clear no es ni más ni menos que un juego. Y lo único que él consideraría de algún modo imperdonable en el comportamiento, sería que se arrasara ese terreno de juego. Pero si estuviera aún más alto, en tal estado podría, en teoría, crear su propio terreno de juego. Sin embargo, si lo hiciera, tendría dificultad para establecer comunicación con otros seres vivos; a menos, por supuesto, que los hiciera él mismo; lo cual es una situación bastante poco satisfactoria, ya que uno nunca olvida del todo que él los hizo.

La conducta moral es "una conducta de acuerdo a un código de leyes arbitrarias". La conducta ética es "una conducta que se deriva del propio sentido de la justicia y la honestidad". Cuando obligas a la gente a seguir un código moral, te alejas considerablemente de cualquier cosa que se parezca a la ética. La gente obedece un código moral porque tiene miedo. La gente es ética sólo cuando es fuerte. Podría decirse que los criminales de la Tierra son aquellos a los que se les han impuesto códigos morales con demasiada fuerza. (Como ejemplo de esto, tomemos el cliché: el hijo del predicador). Conducta ética no significa conducta promiscua, desenfrenada o contra la ley. Significa una conducta que se adopta y se sigue porque se tiene sentido de la ética, sentido de la justicia y sentido de la tolerancia. Esto es moralidad auto-determinada.

Un Clear la posee en un grado muy marcado. Como se ha comprobado en muchos casos así, su comportamiento moral es muy superior al de los que se precian de "ser buenos". Se menciona esto porque "la ley y el orden" dependen, para su existencia, de su necesidad en el campo de la moral. Y miran con una especie de horror a alguien que sea bueno sin "recurrir a" las fuerzas de la ley y el orden, o sin que estas lo "amenacen". Sería bastante duro tener cerca a alguien así; reduciría muy notablemente la cantidad de personal en los cuerpos policiales.

Así pues, el estado de Clear se puede alcanzar y es deseable. Y ahora que podemos lograrlo con una certeza mayor que en 1950, hemos encontrado que es superior a lo que se describe en el segundo capítulo de *Dianética: La Ciencia Moderna de la Salud Mental*.

La forma en que uno aborda el asunto de llegar a Clear o de crear un Clear es sencilla. Pero requiere un cierto código de conducta (llamado el "Código del Auditor"), y requiere, según hemos descubierto, una cantidad considerable de entrenamiento. Llevar a otra persona a Clear es una destreza muy especializada. Esta destreza debe desarrollarse en los individuos antes de que puedan emprender semejante proyecto con facilidad y éxito. Como prueba de lo anterior, tenemos el hecho de que aunque muchos de los procesos relacionados con el clearing han estado disponibles durante mucho, mucho tiempo, muy pocas personas los han usado con éxito. El descubrimiento de la razón de esto fue tan importante como el estado de Clear en sí. El remedio a esta incapacidad se encuentra en el entrenamiento y el procesamiento. La actividad de crear un Clear se conoce como "procesamiento", y la lleva a cabo un individuo para beneficio de otro individuo. No se ha encontrado que el "auto-clearing" fuera posible cuando el individuo estaba gravemente hundido y enredado en su propio caso.

Sumamente subordinados a la meta de Clear, pero sumamente superiores a las diversas actividades curativas del Hombre respecto a la mente, el espíritu y el cuerpo, los mismos procesos que llevan hasta Clear resuelven, tanto si uno quiere que lo hagan como si no, una gran cantidad de los males del individuo. Se puede tomar uno de estos procesos modernos, recorrerlo de forma totalmente aislada y lograr con Dianética más de lo que el Hombre había logrado antes en el campo de la curación. Cuando se tienen las respuestas, por supuesto, aplicar esas respuestas a las dificultades psicosomáticas leves, o a las aberraciones, o al malestar espiritual es elemental. Pero por otra parte, hemos descubierto que no existe un sustitutivo válido para el entrenamiento, ya sea en manos de un auditor ya entrenado y diestro o, mejor aún, de la Organización Central.

La unidad con consciencia de consciencia no se pudo descubrir fácilmente en el campo de la física porque la física se ocupa por completo de los factores mecánicos. La física parte de la suposición de la conservación de la energía, la existencia del espacio, y a partir de ahí se mete en complejidades mayores. La unidad con consciencia de consciencia está un paso antes de todo esto y no se sospechó de su existencia debido a una definición errónea en el campo de la física. Era la definición de "estático".

Un estático, en física, se define como "algo que está en un equilibrio de fuerzas". Este "objeto en reposo en un equilibrio de fuerzas" es un interesante rompecabezas semántico.

Si ponemos un vaso sobre la mesa y luego decimos que es un estático, estamos diciendo una mentira demasiado grande. No está en un equilibrio de fuerzas. Resulta que ese vaso se está moviendo a una velocidad de más de 1,500 kilómetros por hora, sólo porque la Tierra está girando. Tiene otras siete direcciones y velocidades diferentes por ser parte del planeta Tierra, del sistema solar y de esta galaxia. No se puede considerar, entonces, que esté "en reposo". Por lo tanto, ningún objeto puede considerarse que esté en reposo a menos que uno considere algo en "reposo relativo" (el vaso se encuentra en reposo con relación a la mesa), pero esta no es la definición que se da en la física.

La definición de un estático reveló otra cosa interesante. En el campo de las matemáticas faltaba una definición y esa era la definición de "cero". El matemático ha usado durante años en todas sus fórmulas una variable incontrolable sin sospechar que estaba ahí. No se encontró con ella realmente hasta que entró en los campos superiores de la física nuclear. En este punto se topó con ella con tal contundencia y sabiendo tan poco de ella que tuvo que alterar la mayoría de sus conceptos matemáticos para poder trabajar en grado alguno con la física nuclear. Esta variable incontrolable no era ni más ni menos que el cero. El cero, colocado como un "huevo de ganso" en una fórmula matemática, introduciría muchas variables interesantes.

Para empezar, un cero absoluto no se ha obtenido nunca en este universo. Sólo ha habido una aproximación a él (eso es, en cuanto a temperatura, eso es en cuanto a inexistencia). Podemos decir que hay un "cero de manzanas", pero eso todavía es un cero modificado. Podemos decir que "no había manzanas", pero eso lo modificaría aún más como algo que está en el pasado, y es un cero en el *pasado*. Podemos decir que "no habrá manzanas" y, de nuevo, tendremos un cero modificado, pues está en el *futuro*. El cero representaba "una *ausencia* de algo" y esto violaba de inmediato la definición de cero como "*ninguna* cosa".

Se tuvo que examinar el carácter absoluto de "ninguna cosa" mientras examinábamos el campo de la mente y esto condujo de hecho a algunos descubrimientos muy asombrosos con relación a la vida en sí y de inmediato señaló con precisión la existencia de la unidad con consciencia de consciencia.

La definición adecuada y correcta de cero sería "algo que no tuviera masa, que no tuviera longitud de onda, que no tuviera ubicación en el espacio, que no tuviera ninguna posición o relación en el tiempo". Eso sería un cero. Se podría definir de manera más breve, aunque un poco menos correcta, como "algo sin masa, significado ni movilidad".

Sería casi imposible hacer que un físico recalcitrante se separara del concepto de que "todo era un somethingness" (estado o condición de algo) y que en realidad había un "nothingness" (estado o condición de nada). Sin embargo, existe un nothingness que tiene cualidad. Tiene potencial. Tiene capacidad. Tiene la capacidad de percibir, la capacidad de crear, la capacidad de comprender y la capacidad de aparecer y desaparecer, a su gusto, en diversas posiciones en el espacio. Es más, esta cosa podría (como hemos demostrado concluyentemente) fabricar espacio, energía y masas, o causar la desaparición de estos, y podría realmente, además, cambiar la posición del tiempo.

Estos nuevos conceptos representan de hecho avances en los campos de la física y las matemáticas, y desde el punto de vista del físico y del matemático, serían aplicables a la mente sólo de manera incidental.

De estos datos, obtenemos la definición fundamental de un estático, que es "una auténtica ausencia de masa, longitud de onda, posición en el espacio y conexión con el tiempo, pero con la cualidad de crear o destruir masa o energía, de ubicarse a sí misma o de crear espacio, y de volver a establecer una relación con el tiempo".

Y así tenemos la definición de una unidad con consciencia de consciencia. *Es* la definición de un estático. No tiene cantidad, tiene cualidad. No tiene factores mecánicos, puede producir factores mecánicos. Y sí tiene capacidad.

"De estos datos, obtenemos la definición fundamental de un estático, que es 'una auténtica ausencia de masa, longitud de onda, posición en el espacio y conexión con el tiempo, pero con la cualidad de crear o destruir masa o energía, de ubicarse a sí misma o de crear espacio, y de volver a establecer una relación con el tiempo'".

La capacidad principal de la unidad con consciencia de consciencia es tener una idea y continuar esa idea y percibir la idea y su continuidad en forma de masa, energía, objetos y tiempo. En el campo de Scientology, el hecho de que esta unidad con consciencia de consciencia pueda también controlar o incluso hacer cuerpos físicos es casi incidental. Eso es sólo una rama especializada del juego. En Dianética esta es una función muy importante, pues en Dianética uno se está ocupando del Hombre.

A un estático también se le podría llamar "punto de orientación". Sería desde ese punto desde donde él crearía y dirigiría espacio, energía y objetos. Sería desde ese punto desde donde él asignaría significados. Y así tenemos una diferencia esencial entre la unidad con consciencia de consciencia y sus subproductos. Estos subproductos los podemos clasificar como "símbolos". Cuando decimos "factores mecánicos", en realidad, en cierta medida, queremos decir símbolos. Un símbolo es "algo que tiene masa, significado y movilidad ('tres emes')" [del inglés *mass, meaning, mobility*]. Esa es la definición técnica de símbolo. Un punto de orientación es "algo que controla símbolos". La diferencia de capacidad en una unidad con consciencia de consciencia depende de cuánto sea esta un punto de orientación en relación con cuánto crea ser un símbolo, o tener masa, significado y movilidad. La reducción desde el estado de consciencia es hacia la condición del símbolo (masa, significado y movilidad).

Para obtener una idea más clara de esto, mira la palabra "un" en esta página. Tiene *masa*, aunque se trate de una masa muy pequeña. Tiene *significado*, pues transmite una idea al echarle un vistazo. Y sin duda tiene *movilidad*, pues puedes mover el libro de un lado a otro. Ahora, tú, al mirar el libro, asumes el papel de un punto de orientación en la medida en que no concibes que tienes una identidad fija, una posición fija o una masa fija. Si tú, al mirar este libro, no tienes masa real, si tu nombre no es una idea tremendamente fija en ti, y si sabes que puedes mover tu cuerpo por ahí sin tener que moverte con él, entonces serías, clara e incuestionablemente, un punto de orientación. Pero si piensas que tienes masa y que eres masa, y si piensas que eres tu nombre, y si piensas que tienes que moverte sólo por mover el cuerpo de un lado a otro, entonces, por supuesto, alguna otra persona, alguna otra cosa, puede ser tu punto de orientación. Puede ser tu madre. Puede ser tu ciudad natal. O si eres un místico, podría ser incluso algún espíritu. Te considerarías a ti mismo un símbolo. De manera similar, un símbolo no recuerda más de lo que simboliza. Y así tu memoria podría ser, en gran medida, la memoria de aliados del pasado (gente que cuidó de ti y a la que estabas afectivamente unido). Y si estuvieras en una conferencia, probablemente tomarías notas en lugar de recordar lo que se estaba diciendo. Un punto de orientación tiene la facultad de memorizar *sin* registro. Un símbolo tiene la facultad de recordar sólo en la medida en que *sea* un registro.

Vemos pues, que es deseable que un individuo no se *identifique* con masas, sino que conserve su capacidad para *manejar* masas y objetos y energía, para recordar a voluntad sin necesidad de "registros" (como los que hay en el banco reactivo), o de "máquinas de facsímiles" (como las que hay en el banco de la mente analítica).

En cualquier investigación buena, concienzuda, uno investiga para ver qué descubrirá y para encontrar mejores formas de hacer las cosas. En cualquier informe fiable de investigación, se dice qué se descubrió, y se informa del carácter y la naturaleza del descubrimiento. En esta ciencia estamos haciendo precisamente eso. Cuando hablamos de la unidad con consciencia de consciencia, no lo decimos para ser "agradables", para "ganar amigos" o "influir en los profesores". Simplemente te estamos diciendo lo que se ha descubierto después de veinticinco años de búsqueda e investigación en el campo de la mente, habiendo despegado de la plataforma de la física y las matemáticas más que de la filosofía. La unidad con consciencia de consciencia es un hecho. Es un hecho demostrable y la mejor manera de demostrarlo es usar los procesos que lo logran, y luego descubrir que el individuo está más sano, tiene mejor memoria, está mejor orientado, es más capaz, es más ético, es más feliz, controla mejor el tiempo, puede comunicarse mejor, está más dispuesto a tener amigos, es menos antisocial que la persona común y corriente, y tiene un mayor entusiasmo por vivir y por realizar cosas. Todas estas cosas se pueden lograr, según los tests.

En 1950 tuvimos a menudo la ocasión de demostrar la existencia del engrama. Parecía muy cuestionable para aquellas personas que estaban "extremadamente especializadas" (eso decía en sus diplomas), en el campo de la mente. El ser un consumado experto en el campo de la mente y, sin embargo, no saber nada sobre engramas o facsímiles sería una condición realmente estúpida. Pues la mente *está* compuesta de facsímiles y engramas, si lo que se desea es examinar cosas o productos de la energía.

Bueno, entonces igual que ahora, sólo estamos interesados en resultados. ¿Qué podemos *hacer* con esta tecnología?

Si podemos demostrar con esta tecnología que podemos mejorar las vidas, las tolerancias, las capacidades de los que nos rodean, entonces sin duda habremos hecho algo. Nosotros no damos cabida a discusiones filosóficas sobre esta información. Es sencillamente una información funcional. Uno no discute las instrucciones sobre cómo se abre una lata envasada al vacío. Si no las sigues, no abres la lata. O sin seguir las instrucciones y empeñándote en ello, aplastas la lata y arruinas el contenido. Uno no se metería en disertaciones filosóficas sobre las instrucciones para abrir una lata. Obviamente, están escritas por alguien que sabe cómo abrir latas y cualquier cantidad de tiempo empleado en hacer que esa persona demostrara que "de verdad podía" abrir latas sería una pérdida de tiempo. Lo correcto es simplemente leer las instrucciones, seguirlas con mucha exactitud y ver si la lata se abre o no. Aunque este ejemplo parece demasiado ordinario para aplicarlo a esa noble criatura, el Hombre es, sin embargo, la declaración más categórica que pudiera hacerse sobre el estatus de Dianética y Scientology, así como sobre sus usos y propósitos.

Dianética tiene como meta reparar y componer por completo esta cosa llamada (por los profanos) "Una Civilización", quitando el destino de esta de las manos de dementes que piensan que el organismo entero es sencillamente una máquina y poniéndolo en manos de la misma gente; sólo que esta vez con el ingrediente añadido de la *cordura*.

No sirve de nada siquiera tratar de clasificar a Dianética o decir que es "comparable" a la psicología o a las matemáticas o a la ingeniería o a cualquier otra actividad, porque obviamente es superior a todas estas actividades y no necesita tener en cuenta ninguna de estas actividades para funcionar. Todo lo que necesita Dianética para funcionar es un auditor entrenado, un preclear, y un poco de tiempo para llevar a cabo sus procesos. Si no se dispusiera de estos ingredientes (el auditor, el preclear y un poco de tiempo), entonces no habría ninguna razón para tener Dianética alguna, pues no habría ninguna especie humana.

El espíritu con que se dan a conocer estas conclusiones es intensamente práctico. Y ahora que algunos papanatas (que probablemente no se llevan bien con sus esposas y odian a los perros, pero que se han agenciado una posición en la que lo pueden llevar a cabo) pueden hacer chocar un par de átomos, ya sea mediante órdenes o mediante destreza real, y destrozar así un terreno de juego muy bonito, la presencia de Dianética en este mundo no es sólo algo práctico, *sino una urgencia.*

CAPÍTULO

CUATRO

ÉNFASIS EN LA
CAPACIDAD

ÉNFASIS EN LA CAPACIDAD

CASI CUALQUIERA SE DA CUENTA de que puede ser mejor de lo que es, de que puede hacer las cosas mejor de como las ha estado haciendo. Es algo totalmente diferente pedirle a alguien que se dé cuenta de que está enfermo, de que está aberrado o de que es estúpido.

¿A qué se debe que un hombre pueda comprender que puede ser más capaz y muy a menudo no pueda comprender que es incapaz? Parecería tener sentido que si un hombre se diera cuenta de que podría ser más capaz, entonces se daría cuenta de inmediato de que hasta cierto punto era menos capaz de lo que podría ser.

Sin embargo, por diversas razones, esto no es así. Con demasiada frecuencia nos vemos frente a un hombre muy estúpido que insiste en que es inteligente. Podría decirse, con cierta veracidad, que, con un examen, se descubriría que la persona que asegura que "no necesita saber más para ser por completo tan brillante como sus semejantes", es bastante deficiente en facultades y comprensión.

La Tierra ha tenido muchos ejemplos de esto. Tal vez como mejor se describiría a un fascista es como "un hombre muy estúpido que insiste en un *statu quo* que resulta intolerable para todos los demás, que sin embargo se cree más inteligente que todos los demás". Pero incluso el fascista de tipo más moderno; el "fascista de la fisión", sería el primero en admitir que tanto él como los demás podrían llevar a cabo mejor su tarea de ser fascistas.

La razón básica de esto es muy simple, casi estúpidamente simple. Uno puede comprender "la comprensión", y puede ver que la comprensión puede aumentar. La estupidez, la ignorancia, la enfermedad, la aberración, la incapacidad son sólo un alejamiento de "la comprensión" y, en sí mismas, constituyen "*menos* comprensión", y por lo tanto son menos comprensibles. Uno no comprende que podría empeorar, así que no tiene una gran comunicación con la gente que le dice que empeorará. El moribundo cree, hasta el momento mismo de su último aliento, sin importar lo que esté diciendo a su médico o a su familia, que se va a poner mejor. No tiene comprensión alguna de ese estado de no-comprensibilidad llamado "muerte". Uno puede comprender lo comprensible. Uno no puede comprender lo incomprensible, porque la definición de "incomprensibilidad" es "ininteligibilidad". Como dije, esta es una situación casi estúpidamente simple.

La vida, en su estado más elevado, es comprensión. La vida, en sus estados más bajos, está en un nivel más bajo de comprensión. Y donde la vida ha dejado de funcionar y ha llegado a lo que podríamos llamar una "incapacidad total", no hay ninguna comprensión en absoluto.

En Dianética y Scientology, tenemos mucho que ver con este tema llamado comprensión. La comprensión tiene componentes muy específicos. Estos componentes son:

AFINIDAD, REALIDAD y COMUNICACIÓN.

La Afinidad, la Realidad y la Comunicación forman un Triángulo interdependiente.

"*La comprensión tiene componentes muy específicos. Estos componentes son: Afinidad, Realidad y Comunicación*".

Se descubre fácilmente, con un poco de inspección, que uno no puede comunicarse en ausencia de realidad y afinidad. Además, uno no puede tener realidad con respecto a algo con lo que no puede comunicarse y por lo que no siente afinidad. Y de manera similar, uno no tiene afinidad por algo sobre lo que no tiene realidad y sobre lo que no se puede comunicar. De manera aún más exhaustiva, uno no tiene afinidad por aquellas cosas sobre las que no tiene realidad y acerca de las cuales no se puede comunicar. Uno no tiene realidad acerca de las cosas por las que no tiene afinidad y sobre las que no puede comunicarse. Y uno no se puede comunicar sobre las cosas acerca de las que no tiene realidad y por las que no tiene afinidad.

Un ejemplo gráfico de esto sería el enojo. Uno se enoja, y lo que uno dice no le comunica a la persona con quien uno podría estar enojada. De forma aún más rudimentaria, la forma más rápida de dejar de estar en comunicación con una máquina sería dejar de sentir afinidad alguna por ella y negarse a tener realidad alguna respecto a ella.

Llamamos a este triángulo el TRIÁNGULO DE A-R-C.

Las definiciones exactas de estos tres elementos son las siguientes:

1. COMUNICACIÓN es el intercambio de ideas o partículas entre dos puntos.

De manera más precisa, la Fórmula de la Comunicación es:

Causa, Distancia, Efecto con Intención y Atención y una Duplicación en el Efecto de lo que emana de la Causa.

Las Partes Componentes de la Comunicación son:

Consideración, Intención, Atención, Causa, Punto-Fuente, Distancia, Efecto, Punto-Receptor, Duplicación, la Velocidad del impulso o partícula, Nothingness o Somethingness. Una no-Comunicación consta de Barreras. Las Barreras constan de Espacio, Interposiciones (como paredes y pantallas de partículas en rápido movimiento) y Tiempo.

2. REALIDAD es el grado de acuerdo alcanzado por dos extremos de una línea de comunicación. En esencia, es el grado de Duplicación que se logra entre Causa y Efecto. Lo que es real, es real sencillamente porque existe un acuerdo sobre ello y por ninguna otra razón.

3. AFINIDAD es la distancia y la similitud relativas de los dos extremos de una línea de comunicación. La Afinidad tiene en sí una connotación de masa. La palabra, en sí, implica que la mayor afinidad que podría haber sería la ocupación del mismo espacio. Y esto, mediante la experimentación, se ha demostrado. Cuando las cosas no ocupan el mismo espacio, su afinidad se delimita mediante la distancia relativa y el grado de duplicación[*].

Puede demostrarse que estos tres elementos (AFINIDAD, REALIDAD y COMUNICACIÓN) equivalen a COMPRENSIÓN.

Por encima de la comprensión está el knowingness sin fórmula ni diseño. Y se podría considerar que es una actividad unitaria. Bajando desde un knowingness completo, llegaríamos al ámbito de la comprensión. Pues esta es una manifestación de "Tercera Dinámica", característica de dos o más individuos.

Si fueras un matemático sagaz, podrías descubrir mediante la lógica simbólica cómo todas las fórmulas matemáticas podrían deducirse a partir de este principio de que la comprensión está compuesta de afinidad, realidad y comunicación. Ningún tipo de matemática que se clasifique fuera de este triángulo es válida para el Hombre. La comprensión no contiene ningún factor adicional excepto la "significación". Pero esta, por supuesto, es la *idea* o la *consideración* que se menciona en el punto 1 anterior (COMUNICACIÓN).

Es una verdad que cae por su propio peso que si pudiéramos comprender toda la vida, toleraríamos toda la vida. Además, y más estrechamente relacionado con la *capacidad*, si uno pudiera ocupar la posición de cualquier parte de la vida, sentiría suficiente afinidad por la vida para poder combinarse con ella o separarse de ella a voluntad.

---

[*] Véase la tabla desplegable en la parte de atrás de este libro que proporciona estas definiciones para tenerlas como referencia respecto al texto que sigue.

Cuando decimos "vida", todos sabemos más o menos de qué estamos hablando. Pero cuando usamos esta palabra, "vida", *de manera práctica*, debemos examinar sus propósitos y comportamiento y, en particular, las fórmulas desarrolladas por la vida para tener un juego llamado vida.

Cuando decimos "vida", queremos decir comprensión. Y cuando decimos "comprensión", queremos decir afinidad, realidad y comunicación. Comprenderlo *todo* sería vivir en el nivel más elevado de acción y capacidad potenciales. La cualidad de la vida existe en presencia de la comprensión; en presencia, pues, de afinidad, realidad y comunicación. La vida existiría en un grado mucho menos activo en los niveles de mala comprensión, ininteligibilidad, enfermedad psicosomática y falta de facultades físicas y mentales. Como la vida es comprensión, intenta comprender. Cuando da un giro y se enfrenta a lo incomprensible, se siente frustrada y confundida, siente que hay un "secreto", y siente que el secreto es una amenaza para la existencia.

Un secreto es algo que le produce aversión a la vida. Y por lo tanto, la vida, al buscar esas cosas que parecerían reducirla, se topará con diversos secretos que debe descubrir. El secreto básico es que un secreto es una *ausencia de vida*. Y un secreto total sería un *no-livingness total* (condición o estado de no-vivir).

Veamos ahora esta Fórmula de la Comunicación, y descubramos que tenemos que tener "una Duplicación en el Efecto de lo que emana de la Causa". El ejemplo clásico de esto es un telegrama que se manda de Nueva York a San Francisco y que dice: "Te extraño". Cuando llega a San Francisco, la maquinaria de comunicación lo ha tergiversado de tal manera que dice: "Te engaño". Esta falta de Duplicación se considera un error y causaría grandes problemas y líos. No se podría considerar entonces una comunicación muy buena. No había nada malo en la Intención básica. No había nada malo en la Atención que se le prestara al cable en San Francisco. La única cosa que estaba mal fue una falla en "Duplicar, en el Efecto, lo que emanó de la Causa".

Ahora, si la vida es comprensión, sería muy, muy difícil comunicarse con algo que fuera no-comprensión. En otras palabras, la vida, al verse frente a una cosa que fuera no-comprensión, se sentiría frustrada. Porque la vida, siendo comprensión, no podría convertirse en no-comprensión sin asumir el papel de ser incomprensible. Y así es como el buscador de secretos, a menos que sus pasos sean cuidadosamente encauzados, se queda atrapado convirtiéndose él mismo en un secreto.

Cuando uno tiene un punto-Efecto que es una cosa incomprensible, y cuando uno está ocupando el punto-Causa, para hacer llegar cualquier comunicación en grado alguno al punto-Efecto, sería necesario que el que está en el punto-Causa redujera de una forma u otra su comprensión hacia la incomprensibilidad. El vendedor conoce muy bien este truco. Mira a su cliente, se da cuenta de que su cliente está interesado en el golf, y entonces aparenta que a él también le interesa el golf, para hacer que su cliente escuche sus argumentos de venta. El vendedor establece puntos de acuerdo (y una Duplicación potencial), y luego procede hacia una comunicación.

Así, los buscadores en pos de la verdad a menudo se han adentrado sólo en laberintos de mentiras (secretos) y se han vuelto ellos mismos incomprensibles llegando a conclusiones compuestas de incomprensibilidad. Así pues tenemos el estado de existencia en que se encuentran los libros de texto filosóficos de la Tierra. Un ejemplo maravilloso de esto es Immanuel Kant, el "Gran Chino de Königsberg", cuyas frases de participio y proposiciones adverbiales en alemán (y cuyo cambio completo de opinión entre su primer y su segundo libro) frustran toda comprensión por parte nuestra, como han frustrado la comprensión de los estudiantes de filosofía desde finales del siglo XVIII. Pero el mismísimo hecho de que *es* incomprensible ha hecho que perdure. Porque la vida se siente desafiada por esto que, fingiendo ser comprensión, es sin embargo una incomprensibilidad. Esta es la fosa sepulcral en la que se adentran tantos filósofos. Este es el clavo que cierra el ataúd en el que el matemático, buscando mediante las matemáticas los secretos del universo, finalmente se encierra a sí mismo.

Pero no hay razón por la que nadie tenga que sufrir simplemente porque mire unos cuantos secretos. Aquí la prueba es si el individuo posee el poder de *ser* por su *propio determinismo*. Si alguien puede determinar ser incomprensible a voluntad, entonces puede, por supuesto, determinar ser comprensible de nuevo. Pero si de manera obsesiva y sin comprensión está decidido a adentrarse en las incomprensibilidades, entonces desde luego está perdido.

Así descubrimos que la única trampa en la que puede caer la vida es hacer cosas sin *saber* que las está haciendo. Así obtenemos una descripción adicional del secreto y descubrimos que el secreto, o cualquier secreto, sólo podría existir cuando la vida decidiera encararlo sin saber y sin comprender que ella había decidido así esta acción. El secreto de clasificación más elevada, pues, sería algo que hiciera que la vida también tendiera a olvidar que estaba mirando un secreto.

Uno siempre puede comprender que su capacidad puede aumentar porque en la dirección de un incremento de la capacidad hay mayor comprensión. La capacidad depende por completo de una comprensión mayor y mejor de ese campo o área en el que uno quiere ser más capaz. Cuando uno intenta comprender menos capacidad, por supuesto está mirando a una menor comprensibilidad, a una menor comprensión, y por tanto no entiende la capacidad en disminución ni por asomo tan bien como entiende la capacidad en aumento. En ausencia de comprensión de la capacidad, tenemos miedo a la pérdida de la capacidad, que es simplemente el miedo a algo desconocido, o a algo que se considera imposible-de-conocer. Pues hay menos condición de ser conocido y menos comprensión en una capacidad menor.

Como la vida no quiere encarar las cosas que se asemejan menos a la vida, tiene tendencia a resistirse y refrenarse a la hora de confrontar lo menos comprensible. Es esta resistencia, en sí misma, lo que produce la "espiral descendente": el descenso a una capacidad menor. La vida no *desea* este descenso a una capacidad menor (a menos que no sea consciente de los principios involucrados). La vida se *resiste* a caer en esta capacidad menor.

Aquí hay una regla primaria en funcionamiento:

UNO SE CONVIERTE EN AQUELLO A LO QUE UNO TEME.

Cuando alguien se niega a duplicar algo y sin embargo permanece en el entorno de ello, su propia resistencia a la cosa que se niega a duplicar provocará que, tarde o temprano, posea tantos cuadros de energía de esa cosa que se niega a duplicar, que para tener alguna masa, se encontrará en posesión de esos cuadros de energía y, sin darse cuenta realmente de lo que ha pasado, es muy probable que acepte, al nivel de estas, aquellas cosas que antes se negó a duplicar. Así nos encontramos con el enigma del engrama, del facsímil, si al mismo tiempo comprendemos que a la vida no necesariamente le parece mal tener cerca masas de energía y que, de hecho, no es feliz a menos que *sí* tenga algo de energía. Pues si no hay energía, entonces no hay juego.

La vida tiene un lema:

CUALQUIER JUEGO ES MEJOR QUE NINGÚN JUEGO.

Tiene otro lema:

CUALQUIER HAVINGNESS ES MEJOR QUE NINGÚN HAVINGNESS.

Así descubrimos a individuos que se aferran a los facsímiles y mecanismos más complejos y destructivos. No necesariamente quieren estas complejidades. Y sin embargo quieren la energía o el juego que estas complejidades parecerían ofrecerles.

Si desearas mejorar a alguien, entonces tendrías que concentrarte en un incremento de la capacidad, un incremento de la comprensión. La única razón de que las cosas malas cobren vida es porque la *comprensión* las *ha* dotado de más vida. Cuando un individuo encara algún secreto, el solo hecho de encararlo y de infundir vida en él provoca que el secreto se active y tenga fuerza y acción. La única manera en que una mala situación existente puede seguir teniendo vida es tomando esa vida de fuentes de comunicación cercanas.

Las cosas malas de la vida, entonces, tienen vida sólo en la medida en que se invierte comprensión en ellas. Tenemos un ejemplo en la poliomielitis, que en algún tiempo fue una enfermedad muy minoritaria e insólita. Mediante diversas publicaciones, una gran cantidad de publicidad y muchas invitaciones a combatir esta enfermedad, se hace que cobre prominencia y se manifieste en la sociedad. En realidad, la única vida que tiene la poliomielitis es la cantidad de vida que pueda invertirse en la poliomielitis. Sin embargo, uno cree que la poliomielitis seguiría existiendo y avanzando si se ignorara. Si uno siguiera ignorando la poliomielitis ahora que ya se sabe sobre la poliomielitis; sí, así sería, esta enfermedad seguiría existiendo aunque todos la ignoraran aplicada y cuidadosamente. De hecho, empeoraría. Sin embargo, si se comprendiera completamente y si existiera en los individuos una capacidad de encararla sin tener que resistirse a ella, entonces el asunto estaría resuelto.

Uno se pregunta por qué todas las enfermeras y los médicos que trabajan en pabellones de enfermedades contagiosas no contraen la enfermedad de inmediato. Y tenemos aquí otro factor que es el mismo factor que la comprensión, pero expresado veladamente de manera diferente:

LA GENTE NO ADQUIERE OBSESIVAMENTE AQUELLAS COSAS QUE NO TEME.

Un individuo tiene que resistirse a algo, tiene que tener miedo a algo, tiene que temer las consecuencias de algo antes de que ese algo pueda tener un efecto adverso, obsesivo sobre él. En cualquier momento, podría experimentar una duplicación auto-determinada de ello. Pero esto, al no ser obsesivo, al no ser contra su voluntad, por supuesto no produciría ningún síntoma de enfermedad que superara el periodo de tiempo que él determinara.

Una parte de la comprensión y de la capacidad es el CONTROL.

Por supuesto, no es necesario controlar todas las cosas en todas partes si uno las comprende por completo.

Sin embargo, con una comprensión menor de las cosas, y por supuesto, movido por el ánimo de tener un juego, el control se convierte en un factor necesario.

La anatomía del control es COMENZAR, PARAR y CAMBIAR.

Saber esto es tan importante como la propia comprensión, y como el triángulo que compone la comprensión (Afinidad, Realidad y Comunicación).

Los médicos y las enfermeras que están en un pabellón de enfermedades contagiosas tienen cierta sensación de control sobre las enfermedades que ven ante ellos. Sólo cuando empiezan a reconocer su incapacidad para manejar estas enfermedades o a estos pacientes, ellos mismos sucumben a esto. En vista del hecho de que en siglos recientes hemos tenido mucho éxito en controlar enfermedades contagiosas, los médicos y las enfermeras pueden caminar con impunidad por los pabellones de enfermedades contagiosas. Los que combaten la enfermedad, al tener cierto control sobre ella, ya no temen a la enfermedad, y por tanto esta no les puede afectar. Naturalmente, habría un nivel de comprensión corporal en esto que aún podría, sin embargo, reflejar el miedo, pero veríamos que la misma afirmación se mantendría:

LA GENTE QUE PUEDE CONTROLAR ALGO NO NECESITA TENER MIEDO DE ELLO Y NO SUFRE EFECTOS NOCIVOS A CAUSA DE ELLO.

LA GENTE QUE NO PUEDE CONTROLAR COSAS PUEDE RECIBIR EFECTOS NOCIVOS DE ESAS COSAS.

Aquí tenemos un ejemplo de lo que podría pasar en el campo de la enfermedad. ¿Qué pasa con la aberración humana?

Descubrimos que los manicomios del mundo están ocupados demasiado a menudo, además de por los pacientes, por aquellas personas que antes trabajaban en estos centros. Es algo bastante impresionante descubrir en el Pabellón 9 a la enfermera que antaño fuera supervisora de un hospital mental.

Ahora, aquí teníamos una condición en la que no había ni control ni comprensión. La gente no comprendía la enfermedad mental, la aberración, la demencia, la neurosis. El primer esfuerzo real en este campo, que redujo el número, fue el análisis freudiano. Y sin embargo, este, al requerir demasiado tiempo, no era un arma eficaz. Estos médicos y enfermeras en centros, quienes son después pacientes de los mismos centros, sabían sin ningún tipo de duda que no tenían ningún verdadero control sobre la demencia. Así pues, al no tener control sobre ella, se volvieron víctimas de ella.

No podían *comenzar, parar* y *cambiar* la demencia.

El carácter desesperado de este estado queda retratado en las torturas medievales que se han utilizado en estos centros como curas. Con "cura", la gente encargada de estos centros simplemente quería decir "más quieto y silencioso". El transcurso natural de la existencia los llevaría a pensar en la eutanasia, y así ha sucedido; que sería "mejor" matar al paciente que permitir que continuara su demencia. Y esto incluso lo han llevado a cabo a razón de dos mil pacientes muertos por año con los aparatos de electrochoque. Y lo han llevado a cabo mediante un porcentaje muy alto de muertes en operaciones cerebrales. La única "eficacia" del electrochoque y de las operaciones cerebrales sería dejar al paciente menos vivo y más muerto. Y el producto final tantas veces logrado de la muerte, sería por supuesto "la única forma de parar la demencia". Estas personas, por supuesto, no podían concebir el hecho de que la inmortalidad, (y la demencia en una generación futura), surgirían como problema. Tenían que concebir que si mataban al paciente, o simplemente le dejaban más quieto y silencioso, habrían "triunfado" en cierta medida. El hecho de que el Hombre, cuerdo o demente (de acuerdo a la ley) no debe ser destruido, es un factor en contra de esta "solución".

Con Dianética, usando el estudio en un campo de aplicación relativamente limitado, hemos asumido cierto control sobre la demencia, la neurosis y la aberración, y podemos, de hecho, *comenzar, parar* y *cambiar* la aberración.

En el Primer Libro, *Dianética: La Ciencia Moderna de la Salud Mental*, se presentaron técnicas que habrían sacado a la luz y después habrían derrotado casi cualquier manifestación mental conocida en el campo de la demencia y de la aberración. Cuando un auditor no era capaz de hacer algo por el demente o el neurótico, la falla (si es que hubo falla) por lo general estaba en el hecho de que el auditor en realidad tenía miedo. Su miedo procedía por completo de su inseguridad para comenzar, parar y cambiar la condición.

En la instrucción moderna que se imparte en el Colegio Profesional Hubbard, se pone muy poco o ningún énfasis en el caso del estudiante.

Y sin embargo cuando el estudiante se gradúa, se descubre que está en un tono muy alto. Toda la atención se centra en darle al estudiante la capacidad de manejar cualquier tipo de caso. Y él adquiere suficiente seguridad en su capacidad (si se gradúa) como para atravesar sin miedo y con una calma considerable áreas de psicosis, neurosis y enfermedades físicas. Se le han dado las tecnologías con las que se pueden controlar estas conductas inadecuadas de la vida. En vista del hecho de que puede comenzarlas, pararlas y cambiarlas, ya no necesita tenerles miedo, y podría trabajar con impunidad entre los dementes; si esta fuera su misión.

Resulta que la misión del auditor no es resolver la psicosis, la neurosis ni la enfermedad psicosomática. De hecho, estas cosas mejoran con que sólo se ignoren más o menos. Mientras el énfasis se centre en la capacidad, cualquier disfunción tarde o temprano desaparecerá. La misión del auditor va en la dirección de la capacidad. Si él aumenta la capacidad general del preclear en todas y cada una de las áreas, entonces, por supuesto, cualquier discapacidad como las que representan la psicosis, la neurosis y la enfermedad psicosomática, desaparecerá. El auditor, sin embargo, no está interesado ni siquiera de forma encubierta en estas manifestaciones. A su alrededor, él ve un mundo que podría ser mucho más capaz. Es su tarea lograr que lo sea. Aunque el mundo empresarial en general no reconoce que haya nada mal respecto a sus capacidades, puede reconocer que sus capacidades pueden mejorar.

Un auditor bien entrenado, trabajando con Procesamiento de Grupo en la Fuerza Aérea de los Estados Unidos, podría triplicar el número de pilotos que se gradúan con éxito en las academias, y podría reducir la siniestralidad en aviones de alta velocidad hasta en tres cuartas partes. Esta no es una declaración disparatada. Es simplemente una aplicación de los datos de investigación que ya tenemos a mano.

La misión es una mayor capacidad, no la erradicación de la incapacidad.

Se podría decir que simplemente "darle más comprensión a aquellos que rodean a uno" es una misión suficiente para un auditor bien entrenado. Pues haciéndolo, sin duda incrementaría la capacidad de estas personas. Al incrementar su capacidad, él sería capaz de incrementar su dotación de vida. El denominador común de toda neurosis, psicosis, aberración y enfermedad psicosomática es "no poder trabajar". Cualquier nación con una alta incidencia de estas ve disminuida su producción, ve disminuida su longevidad. ✳

¿Y qué hace uno con respecto a "lo mal que está"?

Si alguien depende de los demás o del entorno para hacer algo al respecto, fracasará. Desde su punto de vista, el único que puede poner más vida, más comprensión, más tolerancia y más capacidad en el entorno es él mismo. Con sólo existir en un estado de mayor comprensión, incluso sin estar activo en el campo de la auditación, simplemente siendo más capaz, un individuo podría resolver muchos de los problemas y dificultades de las personas que lo rodean.

El énfasis está en la *capacidad*.

*Amongst the unable is the criminal, who is _unable_ to think of the other fellow, _unable_ to determine his own actions, is _unable_ to follow orders, _unable_ to make things grow, is unable to determine the difference between good and evil, is _unable_ to think at all on the future — Anybody has some of these, the criminal has _all_ of them — LRH

*Entre los incapaces está el criminal, que es incapaz de pensar en su prójimo, <u>incapaz</u> de determinar sus propias acciones, <u>incapaz</u> de seguir órdenes, <u>incapaz</u> de hacer crecer las cosas, incapaz de determinar la diferencia entre el bien y el mal, <u>incapaz</u> totalmente de pensar en el futuro: cualquier persona tiene alguna de estas características; el criminal las tiene <u>todas</u>. -LRH

CAPÍTULO

EL

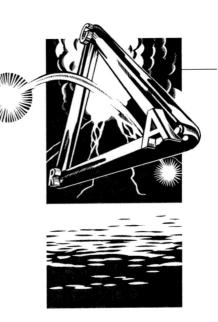

CINCO

CÓDIGO
DEL AUDITOR

EL CÓDIGO DEL AUDITOR

EXISTEN VARIOS CÓDIGOS en Scientology y Dianética. El único que debe obedecerse, si deseamos obtener resultados en un preclear, es el CÓDIGO DEL AUDITOR 1954.

En el Primer Libro, *Dianética: La Ciencia Moderna de la Salud Mental,* teníamos un Código del Auditor proveniente más o menos de un ideal, más que de la experiencia práctica.

En los años siguientes, se ha llevado a cabo una gran cantidad de auditación y los auditores han cometido muchos errores. Y cuando hemos buscado el denominador común de lo que ha causado que los preclears lograran un progreso pequeño o negativo, descubrimos que estos errores pueden codificarse para informar al auditor que desee obtener resultados de lo que debe evitar en su procesamiento.

Cuando un psicoanalista o un psicólogo usa Dianética, tiene una gran tendencia a actuar siguiendo su propio marco de conducta. Es la conducta del que la practica casi tanto como los procesos, lo que hace que Dianética funcione.

En el psicoanálisis, por ejemplo, descubrimos que la falla básica del trabajo de Freud en la práctica, y según lo usan los analistas, es principalmente dos cosas que el analista hace en la consulta. Independientemente del valor de la teoría de Freud sobre la libido, su eficacia se ve reducida por la *evaluación* del paciente por parte del analista. Al paciente no se le permite resolver sus propios problemas o llegar a sus propias conclusiones. Se le dan interpretaciones prefabricadas.

En psicología, no hay un código de actuación. Pues la psicología clínica no se practica mucho y, de hecho, es ilegal en muchos estados.

Aunque el psiquiatra puede que tenga un *"modus operandi"*, ninguno de los conocedores de este manejo del demente, (la "función" de la psiquiatría), diría que es "un código destinado a producir un mejor estado de beingness en el paciente".

En la educación, que es en sí misma una terapia, descubrimos una ausencia casi total de conducta codificada, más allá de la establecida por las juntas escolares para regular la actitud social de los educadores y refrenar su posible crueldad. Aunque la educación está muy extendida y, de hecho, es la práctica mejor aceptada por la sociedad para el mejoramiento de los individuos, esta carece, sin embargo, de un acuerdo estricto sobre una codificación del método o de la conducta para transmitir los datos al estudiante. La costumbre ha dictado una cierta cortesía por parte del profesor o maestro. Por lo general, se cree necesario examinar con rigor y con minuciosidad. Los estudiantes no deben hablar en voz baja ni masticar chicle. Pero la educación en general no tiene un código diseñado para facilitar el flujo de datos desde el estrado al pupitre del estudiante. Por el contrario, una buena cantidad de estudiantes declararía que cualquier código existente estaba diseñado para parar cualquier flujo en absoluto.

Dianética está en una posición interesante puesto que es *ella misma*. Y aunque la gente puede tratar de clasificarla dentro de la terapia mental, está más cerca del nivel de la educación en lo que se refiere a la sociedad en sí. Su meta es el mejoramiento de la mente de forma auto-determinada y está destinada a usarse en individuos y grupos. Puesto que es una acumulación de datos que son aparentemente los factores convenidos sobre los que se ha construido la existencia, y aunque la mera lectura relajada de estos datos muy a menudo libera a un individuo, también se diseminan de forma individual o en grupo (directamente a individuos y a grupos), y constituye una forma de auto-reconocimiento.

Para progresar lo máximo posible en cualquier autopista, sería bueno que siguieras sus señales. En el Código del Auditor de 1954, tenemos bastantes señales. Y si se siguen sus instrucciones, se logrará un máximo de resultados. Si no se siguen, uno se expone a encontrar al preclear "tirado en la cuneta", necesitando una grúa en forma de un mejor auditor. Además del dominio de los procesos en sí, la diferencia entre el Auditor de Libro y el Auditor Profesional se encuentra en la observación de este código.

En el Colegio Profesional Hubbard, se invierte una gran cantidad de tiempo en demostrarle al auditor los efectos que provoca la desobediencia de este código y la obediencia a este; y guiarlo para que lo practique rigurosamente. Esta supervisión en el Colegio Profesional Hubbard es relativamente sencilla. Uno le echa un vistazo a la clase y encuentra a alguien que no esté en buena forma. Se descubre quién lo audito y entonces uno sabe qué auditor no está siguiendo el Código del Auditor. Luego se llama aparte al estudiante infractor, y se le vuelve a instruir.

Un auditor que se gradúa tiene que saberse este código de memoria y, lo que es más importante, tiene que ser capaz de aplicarlo con la misma facilidad instintiva con la que un piloto pilotea un avión.

El Código del Auditor aparece a continuación:

EL CÓDIGO DEL AUDITOR
1954

1 No evalúes por el preclear.

2 No invalides ni corrijas los datos del preclear.

3 Usa los procesos que mejoren el caso del preclear.

4 Cumple con todas las citas una vez que hayan sido acordadas.

5 No proceses a un preclear después de las 10:00 P.M.

6 No proceses a un preclear que se haya alimentado de forma inadecuada.

7 No permitas un cambio frecuente de auditores.

8 No te compadezcas del preclear.

9 Nunca permitas que el preclear finalice la sesión por su propia decisión independiente.

10 Nunca abandones al preclear durante una sesión.

11 Nunca te enojes con un preclear.

12 Reduce siempre todo retardo de comunicación que encuentres, mediante el uso continuado de la misma pregunta o proceso.

13 Continúa siempre un proceso mientras produzca cambio y no más.

14 Estate dispuesto a otorgar beingness al preclear.

15 Nunca mezcles los procesos de Dianética con los de otras prácticas diversas.

16 Mantén comunicación en dos direcciones con el preclear.

Si se clasifican estas diferentes estipulaciones, se descubriría que todas son importantes, pero que tres de ellas se relacionan de forma más vital con el procesamiento que las demás. Y que estas tres, si se pasan por alto, darían siempre como resultado inevitable una falla del caso. Estas tres son la diferencia entre un buen auditor y un mal auditor. Son las números 12, 13 y 16.

En la número 12, descubrimos que el auditor debe "Reducir siempre todo retardo de comunicación que encuentre mediante el uso continuado de la misma pregunta o proceso". Casi todas las fallas del caso contienen algo de esto. Donde mejor se ve la diferencia entre un Auditor Profesional y un Auditor de Libro es en esta y en las otras dos estipulaciones mencionadas. Un buen auditor comprendería lo que es un "retardo de comunicación" (el tiempo que transcurre desde que se hace una pregunta hasta que se recibe una respuesta directa a esa pregunta, sin importar lo que ocurra en el intervalo). Y tendría mucho cuidado de usar con el preclear sólo aquellos procesos a los que el preclear pudiera razonablemente responder. Y se aseguraría muy bien de no abandonar un retardo de comunicación en que hubiera entrado la sesión. Un mal auditor creería, al toparse con un retardo de comunicación, haber entrado en un callejón sin salida y cambiaría apresuradamente a alguna otra pregunta.

En la número 13: "Continúa siempre un proceso mientras produzca cambio y no más", encontramos el mayor punto débil de los auditores. Un auditor que no está en buenas condiciones o que no está bien entrenado, hará "Q y A" con el preclear. Cuando el preclear comienza a cambiar, el auditor cambiará el proceso. Con Q y A queremos decir que "la *respuesta* a la pregunta es la *pregunta*" e indicamos una duplicación. Aquí encontramos a un auditor que posiblemente está hasta tal punto bajo el control del preclear, más que al contrario, que el auditor simplemente duplica de manera obsesiva lo que el preclear está haciendo. El preclear comienza a cambiar, así que el auditor cambia. Un proceso debería recorrerse mientras produzca cambio. Si el preclear está cambiando, eso es lo que quiere el auditor. Si el auditor parara y cambiara a algún otro proceso sólo porque el preclear hubiera logrado algún cambio, descubriríamos algunos preclears muy enfermos. Además, un auditor es propenso también a continuar un proceso mucho después de que haya dejado de producir cambio. Él y el preclear se meten en una especie de maratón (un tedioso y arduo trabajo por impulso maquinal), en el "Procedimiento de Apertura por Duplicación", el cual tras diez horas probablemente no producía ninguna alteración más en el preclear. Sin embargo, esta pareja podría seguir hasta las cincuenta horas con el proceso y sería bastante descorazonador descubrir que durante cuarenta horas no había pasado nada. Esto, sin embargo, es mucho menos dañino como acción que el cambio del proceso simplemente porque esté produciendo cambio.

"Mantener una comunicación en dos direcciones" constituye la actividad más delicada en la auditación. Un auditor que está siendo el auditor y está concentrado en controlar al preclear, demasiado a menudo olvida escuchar cuando el preclear habla. Más de un auditor está tan abstraído en el proceso que cuando este produce un cambio que el preclear cree que debe notificar, el auditor no le hace caso. No hacer caso al preclear en un momento en que desea dar alguna información vital generalmente envía al preclear directamente a apatía. Al mismo tiempo, un auditor no debería permitir que un preclear hablara sin parar, como en el caso de una señora que, según se informó hace poco, le habló al auditor durante tres días y tres noches. El valor terapéutico de esto fue cero, pues el auditor estaba escuchando a una "máquina", no al preclear. Uno debería comprender bastante a fondo la diferencia entre una línea de comunicación *obsesiva* o *compulsiva*, y una comunicación *auténtica*. Escuchar a los "circuitos", naturalmente valida los circuitos. El auditor debería prestar atención a las manifestaciones del preclear racionales, usuales, sobre las que hay un acuerdo, y debería dejar a un lado por completo las grotescas, las extravagantes, las compulsivas y las obsesivas. Mantener una comunicación en dos direcciones es en realidad un proceso en sí y es el primer proceso, el más básico, de Dianética y continúa a lo largo de todos los demás procesos.

Sólo porque hayamos señalado tres de estos puntos no es razón suficiente para no hacer caso de los demás. Siempre que ha habido un "colapso psicótico" debido a la auditación o durante la misma, este ha ocurrido cuando el procesamiento se estaba llevando a cabo a una hora muy avanzada de la noche, cuando el preclear se había alimentado inadecuadamente, cuando el preclear había tenido un cambio frecuente de auditores y cuando no se había mantenido comunicación en dos direcciones y se ignoró el esfuerzo por parte del preclear por manifestar un cambio vital al auditor. Todos estos "colapsos psicóticos" se repararon. Pero su reparación fue bastante difícil debido a la presencia de estos factores. Audítalos a una hora temprana, audítalos cuando estén en plena forma, escucha lo que tengan que decir sobre lo que está pasando, asegúrate de que coman con regularidad y cambia de auditor a un preclear lo menos posible, y no sucederá ningún "colapso psicótico".

Si estás simplemente investigando Dianética para descubrir si funciona o no, debes darte cuenta del hecho de que el Código del Auditor (seguirlo) es un aspecto esencial de Dianética. Dianética funciona de forma muy deficiente sin el Código del Auditor. Es parte del proceso, no sólo una manera cortés de tratar a la gente. Así pues, si pones Dianética a prueba sin el Código del Auditor, no creas que la has puesto a prueba en absoluto.

Se podría haber agregado otra frase a este código, pero estaría más íntimamente relacionada con la vida que con la auditación. Y esa frase sería: "Guarda silencio cuando estés cerca de personas inconscientes o semi-inconscientes". (La razón de esto se explica en *Dianética: La Ciencia Moderna de la Salud Mental,* en el Capítulo Dianética Preventiva. Tales comentarios se vuelven "engrámicos"). No resulta práctico, sin embargo, añadir esto al Código del Auditor. Pues el auditor con frecuencia se encuentra hablándole a un preclear "grogui". Como el auditor está reduciendo todo retardo de comunicación que encuentra mediante la repetición de la pregunta, hacer una pregunta o dar una orden a un preclear semi-inconsciente se vuelve de esta forma relativamente no aberrativo. Pues, tarde o temprano, la pregunta enterrada en la inconsciencia se soltará y, de hecho, el retardo de comunicación no se "agotará" hasta que esto suceda. Por tanto, sencillamente la reducción del retardo de comunicación en sí mismo erradica estas frases. Por lo tanto, esto no es parte del Código del Auditor.

Sin embargo, cuando nos encontramos con inconsciencia o semi-inconsciencia, como en los momentos que siguen inmediatamente a la lesión de un niño, un accidente en la calle o una operación, guardamos silencio, ya que no estamos auditando a la persona. Los padres se ahorrarían una buena cantidad de futuro malestar mental en sus hijos si conocieran y siguieran este precepto. Y de muchas otras maneras, es un precepto muy importante. Se puede matar a un hombre con demasiada conversación a su alrededor mientras está herido. No importa lo profundamente inconsciente que parezca estar, siempre hay algo que está grabando. El que la policía haga preguntas en el escenario de un accidente, donde la persona a la que se está interrogando está en un estado de shock, o donde están presentes otras víctimas del accidente, es probablemente la conducta más aberrativa de esta sociedad. El que la policía haga preguntas es, en cualquier caso, bastante reestimulativo, y se ha encontrado que esta actividad de la policía era el origen directo de muchas complicaciones graves después de accidentes. Puede que sea muy importante para algún libro de registros, en alguna parte, saber quién lo causó. Es más importante que la gente implicada en el accidente viva y sea feliz después. No es que no nos guste la policía. No se trata de eso. Sencillamente creemos que la policía debería ser civilizada también.

La sola memorización de este código no es suficiente. Se recomienda memorizarlo para practicarlo. Pero es la *práctica* de este código lo que es importante. La observación de este es el sello de un buen auditor y señala la recuperación del caso.

Para que un auditor eleve la capacidad del preclear, su capacidad en el campo de la auditación tiene que ser considerable. Esa capacidad comienza con la comprensión y la observación del *Código del Auditor,* 1954.

"Para que un auditor eleve la capacidad del preclear,
su capacidad en el campo de la auditación tiene que ser
considerable. Esa capacidad comienza con la comprensión
y la observación del Código del Auditor, 1954".

CAPÍTULO

SEIS

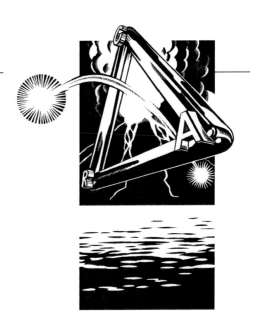

ATRAPADO

ATRAPADO

E N GRECIA, en Roma, en Inglaterra, en las colonias británicas de América, en Francia y en Washington, se ha invertido una gran cantidad de conversación en el tema de la libertad. La libertad, aparentemente, es algo que es muy deseable. De hecho, se considera que la libertad es la meta de una nación o de un pueblo.

De manera similar, si le estamos restituyendo la capacidad a un preclear, debemos restituirle la libertad. Si no restituimos la libertad, no podemos restituir la capacidad. El luchador de lucha libre envuelto en músculos, el conductor tenso, el astronauta con un tiempo de reacción congelado, por igual, no son capaces, ninguno de ellos. Su capacidad radica en un aumento de la libertad, un alivio de la tensión y una mejor comunicación con su entorno.

El problema principal con la libertad es que no tiene una anatomía. Lo que es libre es libre. No es libre con cables, vías, desvíos o barreras. Simplemente es libre. Hay algo más relacionado con la libertad que es sumamente interesante: no se puede *borrar*. En *Dianética: La Ciencia Moderna de la Salud Mental,* averiguamos que los "momentos de placer" no se podían borrar. Lo único que se podía borrar era el dolor, el malestar, la deformación, la tensión, la agonía, la inconsciencia.

En lenguaje más moderno de Scientology, a la libertad no se le puede hacer "As-is". Es algo que es imperecedero. Tal vez puedas lograr que alguien concentre su atención en algo que no es libre y llevarlo de esta forma a un estado en el que crea que la libertad no existe. Pero eso no significa que hayas "borrado" la libertad del individuo. No lo has hecho. Toda la libertad que él haya tenido alguna vez todavía está ahí. Más aún, la libertad no tiene cantidad. Y por definición, no tiene ubicación en el espacio ni en el tiempo. Así vemos que la unidad con consciencia de consciencia es potencialmente lo más libre que podría existir. De ahí la concentración del Hombre en la libertad.

Pero si la libertad no tiene anatomía, entonces, por favor, que alguien explique cómo va alguien a alcanzar algo que no se puede explicar por completo. Si alguien habla de una "ruta hacia la libertad", está hablando de una línea recta. Esta, pues, tiene que tener límites. Si hay límites, no hay libertad.

Esto nos hace reparar en la interesante proposición de que el mejor de los procesos consistiría, teóricamente, en hacer que el individuo "supusiera que es libre". Y luego simplemente se le pediría que volviera a "suponer que es libre". De hecho, en muchos casos de una variedad de tono alto, este proceso es bastante funcional. Un individuo está enfermo. Generalmente está en muy buen tono. El auditor simplemente le pide que suponga que es libre y dejará de estar enfermo.

Esta magia, sin embargo, se limita a aquellas personas que tienen alguna idea de lo que significa "libre". Hablas con una persona que trabaja desde las ocho de la mañana hasta las cinco de la tarde, (que no tiene metas, ni futuro ni fe en la organización ni en sus metas, al que los plazos, el alquiler y otras barreras de tipo económico le exigen todo su salario tan pronto como se lo pagan), y tenemos a un individuo que ha perdido la noción de la libertad. Su concentración está tan fija en las barreras, que sólo concibe la "libertad" en términos de "menos barreras". Por lo tanto, en el procesamiento, tenemos que auditar en la dirección de que cada vez haya menos y menos barreras, con el fin de alcanzar la libertad.

*Hablas con una persona que trabaja desde las ocho de la
mañana hasta las cinco de la tarde… y tenemos a un individuo
que ha perdido la noción de la libertad. Su concentración está
tan fija en las barreras que sólo concibe la 'libertad'
en términos de 'menos barreras'".*

Si la libertad atrae con tal fuerza y es tan útil, y si es en sí algo parecido a un sinónimo de la capacidad (aunque no del todo), entonces nuestra tarea es comprender un poco más acerca de la libertad, en sí misma, para lograr alcanzarla. Pues por desgracia, para la mayoría de la especie humana no es suficiente simplemente decir "sé libre" para hacer que el individuo se recupere.

La vida es propensa a caer en la estupidez, en muchos casos, en los que no es consciente de un desastre hasta que este ha ocurrido. El granjero del Medio Oeste tenía un dicho al respecto: "Poner un candado en la puerta después de que te hayan robado el caballo". Se necesita un desastre para concienciar a la gente de la existencia de tal desastre. Esto es concienciación mediante el dolor, mediante el impacto, mediante el castigo. Por lo tanto, una población que afrontara un desastre repentino que destruyera el globo no tendría oportunidad de aprender mucho sobre el globo antes de que este fuera aniquilado. Así, si insistieran en "aprender mediante la experiencia" para evitar tal desastre, nunca tendrían la oportunidad. Si en la Segunda Guerra Mundial no se hubiera arrojado ningún tipo de bomba atómica, es probable que no hubiera la menor preocupación acerca de la fisión atómica; aunque la fisión atómica podría haberse perfeccionado justo hasta el punto de tener un "aniquilador de planetas" que nunca se hubiera usado contra el Hombre y entonces, como "aniquilador de planetas", al usarse sobre la Tierra, destruirla.

Si una persona no supiera lo que es un tigre, y deseáramos demostrarle que no hay ningún tigre presente, pasaríamos un rato difícil. Tenemos aquí "libertad con respecto a los tigres" sin saber nada sobre tigres. Antes de que pudiera entender lo que es una ausencia de tigres, tendría que entender lo que es una presencia de tigres. Este es el proceso de aprendizaje que conocemos como "mediante la experiencia".

Para conocer algo (si vamos a usar métodos educativos), es necesario, entonces, conocer también lo opuesto. Lo "opuesto en cuanto a tigres" probablemente exista en las junglas malayas, en donde los tigres son tan frecuentes que su ausencia sería de hecho una novedad. Un país que estuviera totalmente oprimido por los tigres podría no entender en absoluto la idea de que no hubiera tigres en algunas partes del mundo. Y habría que meterse en muchas discusiones con la población de una zona oprimida por los tigres, para lograr que tuvieran una noción de lo que sería la ausencia de tigres.

En el procesamiento muchos casos de pronto han perdido un somático para descubrir que se encuentran en un nuevo e insólito estado. Este somático era tan habitual, tan constante y tan generalizado, que no podían concebir intelectualmente cómo sería la vida sin ese somático en particular.

La comprensión de la libertad es, pues, un tanto compleja, pues es probable que los individuos que no la tengan no la comprendan. Y así encontramos que un individuo, que no sabe nada sobre la exteriorización pero lo sabe todo respecto a estar en contacto constante con las sensaciones de un cuerpo, no logrará captar la idea de la libertad que la exteriorización produce. Estas personas ni siquiera creen que pueda existir la exteriorización y por lo tanto la combaten. Son tan inexpertos en el tema de la libertad, que para ellos este tipo de libertad "se sabe que no existe".

La manera de demostrar la existencia de la libertad es invitar al individuo a experimentar la libertad. Pero si no sabe lo que es la libertad, entonces no se exteriorizará. Tenemos que dar con algún tipo de "escala de gradiente" en el tema. O hacer que el individuo se dé la vuelta y mire directamente a lo opuesto a la libertad.

Pero lo opuesto a la libertad es la esclavitud, todo el mundo lo sabe.

¿No es así?

No creo que estas dos cosas formen una dicotomía. La libertad no es lo "positivo" de una condición en la que la esclavitud sea lo "negativo", a menos que sólo nos estemos refiriendo al organismo político.

Donde estemos tratando con el individuo, se necesita una mejor terminología y una mayor comprensión de la anatomía de la libertad negativa:

La libertad negativa es el atrapamiento.

La libertad es la ausencia de barreras.

Una menor libertad es la presencia de barreras.

La libertad negativa total sería la omnipresencia de las barreras.

Una barrera es materia, energía, tiempo o espacio.

Cuanto más poder de mando asuman la materia, la energía, el tiempo o el espacio sobre el individuo, menos libertad tiene ese individuo. Esto se entiende mejor como "atrapamiento" pues la "esclavitud" denota una intención y se podría considerar que quedar atrapado casi carece de intención. Una persona que cae en una trampa para osos, quizá no tuvo ninguna intención de caer en ella en lo más mínimo. Y quizás la trampa para osos no tuvo la intención de que una persona cayera sobre su estaca. Sin embargo, ha habido un atrapamiento. La persona está en la trampa para osos.

Si uno desea comprender la existencia y su desdicha con respecto a ella, debe comprender el atrapamiento y sus mecanismos.

¿En qué puede quedarse atrapada una persona? Básica y principalmente, puede quedarse atrapada en *ideas*. En vista del hecho de que la libertad y la capacidad, según se puede observar, son en cierto modo como sinónimos, entonces las ideas de incapacidad son las primeras y primordiales en lo que se refiere al atrapamiento. Me atrevo a decir que se ha podido dar el caso entre los hombres de que una persona haya estado sentada en una llanura pelada completamente convencido de estar totalmente atrapado por una cerca. En el libro *Autoanálisis,* se menciona el episodio de la pesca en el Lago Tanganica, donde los rayos del Sol, al ser ecuatoriales, penetran abrasadoramente hasta el fondo del lago. Los nativos del lugar pescan amarrando una serie de tablillas a una larga cuerda. Atan los extremos de la cuerda a dos canoas que llevan remando hacia los bajos del lago, con la cuerda con las tablillas estirada entre ambas canoas. Los rayos del Sol proyectan las sombras de las tablillas hasta el fondo del lago y así una "jaula de sombras" avanza adentrándose hacia aguas menos profundas. Los peces al ver esta "jaula" que se contrae sobre ellos, que está compuesta de nada más que ausencia de luz, nadan torpe y desesperadamente hacia las aguas menos profundas, donde no pueden nadar y por lo tanto se les captura, se les recoge en cestos y se les cocina. Sin embargo no había nada que temer excepto sombras.

Cuando salimos del campo de los factores mecánicos, el Hombre se encuentra sobre terreno incierto. El concepto de que las *ideas* puedan ser tan fuertes y dominantes es ajeno a la mayoría de los hombres.

Por ejemplo, un gobierno atacado por los comunistas no se da cuenta de que sólo está siendo atacado por ideas. Cree que se le está atacando con armas de fuego, bombas, ejércitos. Y sin embargo, no ve armas de fuego, ni bombas, ni ejércitos. Sólo ve hombres, que están juntos, intercambiando ideas. Que estas ideas sean sensatas o no, no viene al caso. Estas al menos son penetrantes. Ningún blindaje de 40 centímetros podría parar una idea. Así, a un país se le puede atrapar, tomar y convertir al comunismo, con sólo esparcir la idea comunista. Un país que no comprende esto se armará, mantendrá su armamento montado y listo para el ataque, sus ejércitos alerta, y al final sucumbirá ante la *idea;* que ya habrá entrado en las fuerzas armadas que tan esperanzadamente contrató. Un ejemplo de esto fue el colapso de Alemania en la Primera Guerra Mundial. Todos sus ejércitos y su gran flota ondeaban la bandera roja. Aunque la presión de los aliados y las condiciones de inanición en Alemania tuvieron mucho que ver con esta derrota, fue no obstante la idea comunista, infiltrada en las mentes de hombres a los que originalmente se había armado y entrenado para proteger a Alemania, lo que la ocasionó. Y el comunismo, simplemente como idea, atrapa las *mentes* de los hombres. Estos se encuentran organizados en células, se encuentran con sus costumbres abandonadas, y esclavos de una tiranía reglamentada, militar, biológica y desalmada. Aquí tenemos una idea convirtiéndose en un tipo de trampa.

Así pues, ante todo, tenemos la *idea*. Luego, siendo en sí el producto de las ideas, tenemos los factores mecánicos del atrapamiento más obvios en la *materia,* la *energía,* el *espacio* y el *tiempo.*

La barrera más común, que el Hombre reconoce como tal, sería una pared. Esta es una barrera tan obvia que, por lo general, los individuos suponen que todas las barreras están compuestas de paredes sólidas. Sin embargo, casi cualquier objeto puede convertirse en una barrera. Un uso menos común de un objeto como barrera sería un objeto que inhibiera, mediante alguna clase de succión o fricción, un alejamiento de él. Un pedazo de material sólido con considerables propiedades magnéticas mantendrá sujeto contra sí un pedazo de acero. La gravedad es, pues, más o menos, una especie de barrera. Mantiene unidas a la Tierra a las personas o a las unidades de vida de la Tierra.

Otra barrera sería la *energía*. Una placa de energía o algo que llevara energía, como una valla electrificada, puede resultar una barrera formidable. Una nube de partículas radiactivas que obstruyera el paso hacia otro espacio también sería una barrera. Los rayos de tipo tractor, como en el caso de la gravedad, podrían verse como una especie de barrera, pero en forma de energía.

Otra barrera adicional, que se comprende con facilidad, es la del *espacio*. Demasiado espacio siempre será una barrera. El espacio le impide a un individuo avanzar hacia otra parte de la galaxia. Una de las prisiones más refinadas que pudieran imaginarse sería una que estuviera ubicada sobre un pequeño pedazo de materia rodeado de una cantidad de espacio tal que nadie pudiera cruzarlo. El espacio es una barrera tan eficaz que la gente del Suroeste de Estados Unidos que ha cometido crímenes, encuentra bloqueado su camino en todas direcciones por lo gigantesco del espacio. En una ciudad como Nueva York les sería muy fácil desaparecer después de cometer un crimen. Pero al intentar cruzar un espacio de las dimensiones del Suroeste, están expuestos a que los vean por todas partes, al no haber otra cosa que pueda atraer la atención de la policía.

Otra barrera completamente distinta, peor comprendida, pero rigurosa en extremo, es la barrera del *tiempo*. El tiempo te impide pasar al año 1776 y te impide que vuelvas a tener las cosas que tuviste en tu juventud. También te impide tener cosas en el futuro. El tiempo es una barrera extremadamente eficaz. La ausencia de tiempo puede ser también una barrera, porque en este caso, el individuo no puede llevar a cabo sus deseos, y está, pues, coartado por la presión del tiempo en sí.

La materia, la energía, el espacio y el tiempo pueden todos, pues, ser barreras.

Sin embargo, una unidad con consciencia de consciencia, que es la personalidad y el beingness de la persona, y que está compuesta de *cualidad,* no de *cantidad,* puede estar en cualquier lugar que quiera estar. No hay pared de suficiente espesor, ni espacio de suficiente amplitud, que le impidan a la unidad con consciencia de consciencia reaparecer en algún otro lugar. Dado que esta unidad *es* el individuo (y no algún fantasma del individuo) y dado que el individuo en sí es una unidad con consciencia de consciencia (y no su maquinaria ni su cuerpo), vemos que en cuanto uno comprende a fondo que *es* una unidad con consciencia de consciencia, deja de estar limitado por las barreras. Así pues, aquellos que intentan atrapar a los individuos, son completamente hostiles a la idea de la exteriorización. Y una persona que no conoce otra cosa sino barreras, tiende a creer que no podría existir una condición de no-barreras. Sin embargo, una condición de no-barreras sí puede existir. Y esto es, en sí mismo, la *libertad.*

Al examinar la libertad, pues, tenemos que examinar por qué la gente no la alcanza con facilidad ni la comprende. No alcanzan la libertad porque tienen su atención fija en barreras. Miran la pared, no el espacio que existe a ambos lados de ella. Tienen "entidades" y "circuitos demonio" que exigen su atención. Y de hecho, el cuerpo en sí, podría considerarse que es un organismo que exige atención. Podría creerse que la única función del cuerpo era suscitar interés y atraer atención. Es tan interesante, que la gente no concibe que *detrás de ellos* se encuentra toda la libertad que alguien haya deseado alguna vez. Llegan incluso al extremo de creer que *esa* libertad no es deseable y que si pudieran alcanzarla, no la querrían.

Esto le recuerda a uno a los reclusos que de vez en cuando se vuelven lo bastante "locos de atar" como para exigir, después de salir de la cárcel, muros de confinamiento y espacios restringidos.

Manuel Komroff, escribió una vez un relato apasionante sobre este tema: la historia de un anciano que había pasado en la cárcel veinticinco años (o un cantidad de tiempo así) y que, al salir libre, sólo pidió el cuarto más pequeño de la casa de su hijo, y cuyos momentos más felices eran cuando podía ver, en el tejado de enfrente, a alguien que se pareciera a un guardia, y que se afanó en volver a poner rejas en su ventana. Podría considerarse que una persona que haya pasado mucho tiempo dentro del cuerpo, estará tan fija en las barreras que impone el cuerpo que siempre que el auditor trate de eliminarlas, el preclear las volverá a poner rápidamente. Podría decirse que esta persona está "loca de atar"; sin embargo, esta condición se puede remediar.

La anatomía del atrapamiento es interesante. Y la razón de que la gente se quede atrapada y, de hecho, todos los factores mecánicos del atrapamiento, ahora se han comprendido en Scientology. Se llevó a cabo un gran número de experimentos para determinar los factores que resultaban en atrapamiento y se descubrió que la respuesta a todo el problema era la "comunicación en dos direcciones".

Aproximadamente, las leyes en que se basa esto son:

LA FIJACIÓN OCURRE SÓLO CUANDO EXISTE COMUNICACIÓN EN UNA SOLA DIRECCIÓN.

EL ATRAPAMIENTO SE PRODUCE SÓLO CUANDO UNO NO HA DADO O RECIBIDO RESPUESTAS A LA COSA QUE LE ATRAPA.

Así vemos el Triángulo de A-R-C en sí, y lo que es más importante, el factor de Comunicación de ese Triángulo, surgiendo imponente para proporcionarnos una senda hacia la libertad.

Podría decirse que:

EL ÚNICO ATRAPAMIENTO QUE EXISTE, ES LA ESPERA QUE UNO LLEVA A CABO POR UNA RESPUESTA.

Aquí encontramos al Hombre. Básicamente, él es una unidad con consciencia de consciencia, que es capaz de producir, y lo hace activamente, materia, energía, espacio y tiempo así como ideas.

Descubrimos que cada vez está más obsesionado con las ideas, la materia, la energía, el espacio y el tiempo, y los procesos y funciones que estos implican. Y descubrimos que estos, al ser el producto de la unidad con consciencia de consciencia, no le proporcionan respuestas a la unidad con consciencia de consciencia a menos que la unidad con consciencia de consciencia se proporcione esas respuestas *a sí misma*.

El atrapamiento es lo opuesto a la libertad. Una persona que no es libre está atrapada. Puede estar atrapada por una idea. Puede estar atrapada por la materia. Puede estar atrapada por la energía. Puede estar atrapada por el espacio. Puede estar atrapada por el tiempo. Y puede estar atrapada por todos ellos. Cuanto más atrapado esté el preclear, menos libre es. No puede cambiar, no se puede mover, no puede comunicarse, no puede sentir afinidad ni realidad. La muerte, en sí, se podría decir que es lo máximo para el Hombre en cuanto a atrapamiento. Porque cuando un hombre está totalmente atrapado, está muerto.

Nuestra tarea en la investigación y en la auditación es encontrar una senda hacia una mayor libertad para el individuo y para el grupo, que es la senda hacia una capacidad mayor.

Los procesos que un auditor usa en la actualidad se diseñaron totalmente para asegurar una libertad mayor para el individuo, para el grupo, para la Humanidad. Cualquier proceso que lleve a una mayor libertad para todas las dinámicas es un buen proceso. Debería recordarse, no obstante, que un individuo funciona en todas las dinámicas. Y que la supresión de la Tercera o la Cuarta Dinámicas por parte del individuo conduce a una menor libertad para el propio individuo. Así el delincuente, al volverse inmoralmente libre, daña al grupo y daña a la Humanidad y, así, se vuelve menos libre. Así pues no hay libertad en ausencia de afinidad, acuerdo y comunicación. Cuando un individuo se aleja de estas cosas, se reduce notablemente su libertad y se encuentra a sí mismo confrontando barreras de gran magnitud.

Las partes componentes de la libertad, cuando la miramos por primera vez, son entonces la afinidad, la realidad y la comunicación, que equivalen a comprensión. En cuanto se logra la comprensión, se obtiene la libertad. Pues al individuo que se encuentra profundamente enredado en los factores mecánicos del atrapamiento, es necesario restituirle la suficiente comunicación para permitir su ascenso a un estado más elevado de comprensión. Una vez que se ha logrado esto, su atrapamiento acaba.

Nada de esto es realmente un problema muy difícil, y la auditación que se hace en la actualidad es muy sencilla. Pero cuando la auditación la lleva a cabo una persona que en el fondo no desea la libertad del individuo, es probable que se produzca en consecuencia un mayor atrapamiento en vez de una mayor libertad. Los que están obsesivamente atrapados son, pues, enemigos del preclear. Porque atraparán a otros.

El individuo puede alcanzar una mayor libertad. El individuo desea de hecho una mayor libertad en cuanto obtiene alguna noción de lo que esta es. Y la auditación, de acuerdo a las reglas de precisión y los códigos de Dianética y Scientology, guía al individuo para sacarlo de las primeras zonas de atrapamiento y llevarlo a un punto en que pueda alcanzar niveles de libertad más elevados; ya sea mediante más auditación o por sus propios medios. La única razón por la que necesitamos un régimen con el que empezar, es hacer que el individuo comience a salir de un laberinto de espejos tan complejo que él mismo, al tratar de seguir su camino, sólo logra perderse.

Esto es *¡Dianética 55!*

"Pues al individuo que se encuentra profundamente enredado en los factores mecánicos del atrapamiento, es necesario restituirle la suficiente comunicación para permitir su ascenso a un estado más elevado de comprensión. Una vez que se ha logrado esto, su atrapamiento acaba".

CAPÍTULO

SIETE

LA COMUNICACIÓN

LA COMUNICACIÓN

L A COMUNICACIÓN ES tan sumamente importante hoy en Dianética y Scientology (como siempre lo ha sido en la línea temporal completa) que se podría decir que si pusieras a un preclear en comunicación harías que se pusiera bien. Este factor no es nuevo en la psicoterapia. Pero la concentración en él es algo nuevo y la interpretación de la capacidad como comunicación es algo totalmente nuevo.

Si estuvieras en total y completa comunicación con un auto y una carretera, seguro que no tendrías ninguna dificultad conduciendo ese auto. Pero si estuvieras sólo en comunicación parcial con el auto y no estuvieras en comunicación con la carretera, es bastante seguro que ocurriría un accidente. La mayoría de los accidentes ocurren, de hecho, cuando el conductor está distraído por alguna discusión que ha tenido, o por un arresto, o por una cruz blanca al lado de la carretera señalando dónde se mató algún conductor, o por sus propios temores a los accidentes.

Cuando decimos que alguien debería estar "en tiempo presente", queremos decir que debería estar en comunicación con su entorno. Queremos decir, además, que debería estar en comunicación con su entorno *tal y como* existe, no como existió. Y cuando hablamos de "predicción", queremos decir que debería estar en comunicación con su entorno tal y como *va a* existir, además de *como* existe.

Si la comunicación es tan importante, ¿qué *es* la comunicación? La mejor manera de expresarlo es con su Fórmula, la cual ha sido aislada, y con cuyo uso se pueden producir muchos resultados interesantes en cuanto a cambios en la capacidad.

Hay dos tipos de comunicación, y ambos dependen del punto de vista que se asuma. Hay comunicación de "flujo de salida" y comunicación de "flujo de entrada". Una persona que esté hablando con otra, le está comunicando algo *a* esa persona (esperamos), y la persona a quien se le está hablando está recibiendo comunicación *de* esa persona. Ahora, a medida que cambia la conversación, encontramos que la persona a quien se ha hablado, ahora está hablando, y le está hablando *a* la primera persona, quien ahora está recibiendo comunicación *de* ella.

Una conversación es el proceso de alternar comunicación de flujo de salida y comunicación de flujo de entrada. Y aquí mismo está el factor singular y peculiar que crea la aberración y el atrapamiento. Aquí hay una regla fundamental:

AQUEL QUE ENVÍE UN FLUJO DE SALIDA DEBE RECIBIR UN FLUJO DE ENTRADA;

AQUEL QUE RECIBA UN FLUJO DE ENTRADA DEBE ENVIAR UN FLUJO DE SALIDA.

Cuando encontramos que esta regla se desequilibra, en cualquiera de los dos sentidos, descubrimos dificultades.

Una persona que sólo está enviando flujo de salida de comunicación, en realidad no se está comunicando en absoluto, en el más pleno sentido de la palabra. Pues para comunicarse plenamente, tendría que recibir un flujo de entrada además de enviar un flujo de salida. Una persona que sólo esté recibiendo un flujo de entrada de comunicación, también está funcionando mal. Pues si recibe un flujo de entrada, debe entonces enviar un flujo de salida. El origen de todas y cada una de las objeciones que alguien tenga a las relaciones sociales y humanas se encontrará, básicamente, en esta regla de la comunicación (donde no sea observada). Cualquiera que esté hablando, si no está en un estado compulsivo u obsesivo de beingness, se consterna cuando no recibe respuestas. Similarmente, cualquiera a quien se le esté hablando, se consterna cuando no se le da la oportunidad de dar sus contestaciones.

Incluso el hipnotismo se puede comprender mediante esta regla de la comunicación. El hipnotismo es una recepción continua de flujo de entrada sin una oportunidad por parte del sujeto de enviar flujo de salida. Esto se lleva hasta tal punto en el hipnotismo, que el individuo está realmente atrapado en el lugar donde se le está hipnotizando y seguirá atrapado en ese lugar, en cierta medida, de ahí en adelante. Así pues, se podría llegar al extremo de decir que la llegada de una bala es una especie de hipnotismo pesado. El individuo que recibe una bala no envía un flujo de salida de una bala y, así, resulta dañado. Si pudiera enviar un flujo de salida de una bala inmediatamente después de recibir una bala, podríamos plantear esta interesante pregunta: "¿Resultaría herido?". De acuerdo a nuestra regla, no. En realidad, si estuviera en perfecta comunicación con su entorno, ni siquiera podría recibir una bala que lo hiriera. Pero echémosle una mirada a esto desde un punto de vista sumamente práctico.

Mientras observamos a dos unidades de vida en comunicación, podemos designar a uno de ellos como A, y al otro como B. En un buen estado de comunicación, A enviaría un flujo de salida y B lo recibiría. Entonces B enviaría un flujo de salida y A lo recibiría. Entonces A enviaría un flujo de salida y B lo recibiría. Entonces B enviaría un flujo de salida y A lo recibiría. En cada caso, tanto A como B sabrían que se estaba recibiendo la comunicación y sabrían cuál era y dónde estaba la fuente de la comunicación.

Muy bien, tenemos a A y a B frente a frente en una comunicación. A envía un flujo de salida. Su mensaje atraviesa una Distancia hasta B, que recibe un flujo de entrada. En esta fase de la comunicación, A es Causa, y B es Efecto, y al espacio que media entre ambos lo denominamos Distancia. Es de particular interés que tanto A como B son unidades de vida. Una comunicación verdadera se da entre dos unidades de vida. No se da entre dos objetos, ni de un objeto a una unidad de vida. A, una unidad de vida, es Causa. El espacio que media entre ambos es la Distancia. B, una unidad de vida, es Efecto.

Ahora la terminación de esta comunicación cambia los papeles. Al recibir una contestación, A es ahora el Efecto, y B es la Causa. De este modo tenemos un ciclo que completa una verdadera comunicación.

El ciclo es:

Causa, Distancia, Efecto, con Efecto convirtiéndose entonces en Causa y comunicando algo a través de una Distancia a la Causa original, que ahora es Efecto.

Y a esto lo llamamos una COMUNICACIÓN EN DOS DIRECCIONES*.

A medida que examinamos esto más a fondo, descubrimos que hay otros factores implicados. Está la Intención de A. Esta, en B, se convierte en Atención. Y para que tenga lugar una verdadera comunicación, debe tener lugar en B una Duplicación de lo que emanó de A. Por supuesto, para que A emita una comunicación tiene que haber prestado originalmente alguna Atención a B. Y B tiene que haberle puesto a esta comunicación alguna Intención, por lo menos de escuchar o recibir. Así tenemos que tanto Causa como Efecto tienen Intención y Atención.

Existe ahora otro factor que es muy importante. Este es el factor de la Duplicación. Podríamos expresarlo como "realidad" o podríamos expresarlo como "acuerdo". El grado de acuerdo que se alcance entre A y B, en este ciclo de comunicación, se convierte en su realidad. Y esto se logra, mecánicamente, mediante la Duplicación. En otras palabras, el grado de realidad alcanzado en este ciclo de comunicación depende de la cantidad de Duplicación. B, como Efecto, debe Duplicar en cierto grado lo que emanó de A, como Causa, para que tenga lugar la primera parte del ciclo. Y luego A, ahora como Efecto, debe Duplicar lo que emanó de B, para que se concluya la comunicación. Si se hace esto, no habrá consecuencia aberrativa.

Si no tiene lugar esta Duplicación en B y luego en A, tenemos lo que equivale a un ciclo-de-acción inconcluso. Si B, por ejemplo, no

---

*Véase la tabla desplegable en la parte de atrás de este libro para la Fórmula de la Comunicación, sus Partes Componentes y el Ciclo de Comunicación en Dos Direcciones para referencia continua en el estudio de este texto.

Duplicara en ninguna medida lo que emanó de A, la primera parte del ciclo de comunicación no se habría alcanzado, y el resultado podría ser una gran cantidad de randomity, explicaciones y discusión. Luego, si A no Duplicara lo que emanó de B, cuando B era Causa en el segundo ciclo, de nuevo tendría lugar un ciclo de comunicación incompleto con la consiguiente falta de realidad.

Ahora bien, naturalmente, si reducimos la realidad, reduciremos la afinidad. Así que, donde la Duplicación está ausente, se ve que la afinidad cae. Un ciclo de comunicación completo resultará en una afinidad alta y, de hecho, se borrará a sí mismo. Si trastocamos cualquiera de estos factores, obtenemos un ciclo de comunicación incompleto, y tenemos a A, a B o a los dos *esperando* el final del ciclo. De esa forma, la comunicación se vuelve aberrativa.

La palabra "aberrar" significa "hacer que algo se desvíe de una línea recta" (esta palabra proviene básicamente de la óptica). La aberración es simplemente algo que no tiene líneas rectas. Una confusión es un montón de líneas torcidas. Una masa no es ni más ni menos que una confusión de comunicaciones mal manejadas. Las masas y depósitos de energía (los facsímiles y engramas) que rodean al preclear no son ni más ni menos que ciclos de comunicación inconclusos que aún esperan sus respuestas adecuadas en A y en B.

Un ciclo de comunicación inconcluso genera lo que podría llamarse "hambre de respuestas". Un individuo que está esperando una señal de que se ha recibido su comunicación tiende a aceptar cualquier flujo de entrada. Cuando un individuo ha esperado constantemente, durante un largo periodo de tiempo, respuestas que no llegaron, atraerá hacia sí, *él mismo,* cualquier tipo de respuesta, que saque de cualquier sitio, en un esfuerzo por remediar su escasez de respuestas. Por lo tanto, pondrá en acción y operación frases engrámicas de su banco en su contra.

Los ciclos de comunicación incompletos producen una escasez de respuestas. *No* importa demasiado cuáles fueran o serían las respuestas, siempre que se aproximaran siquiera de manera imprecisa al asunto en cuestión. *Sí* importa si se da una respuesta que no se buscaba en absoluto, como en el caso de una comunicación compulsiva u obsesiva, o cuando no se da ninguna respuesta en absoluto.

La comunicación, en sí, es aberrativa sólo cuando la comunicación que emanó de Causa fue repentina e incongruente con el entorno. Tenemos aquí violaciones de la Atención y de la Intención.

Aquí también entra el factor del "interés", pero es mucho menos importante (por lo menos desde el punto de vista del auditor). No obstante, este factor explica bastantes aspectos del comportamiento humano y explica los circuitos considerablemente. A está interesado y tiene la Intención de interesar a B. B, para que se le hable, se vuelve interesante. De manera similar, B, cuando emana una comunicación, está interesado y A es interesante. Tenemos aquí, como parte de la Fórmula de la Comunicación (pero como dije, una parte menos importante), un constante cambio de estar interesado a ser interesante, por parte de cualquiera de los terminales A o B. Causa está interesado. Efecto es interesante.

El hecho de que la Intención de que se le reciba por parte de A, imponga en A la necesidad de ser Duplicable es de cierta mayor importancia. Si A no puede ser Duplicable en ningún grado, entonces su comunicación, por supuesto, no se recibirá en B. Porque B, al no poder Duplicar a A, no puede recibir la comunicación.

Como ejemplo de esto: digamos que A habla chino, y B sólo entiende francés. Es necesario que A se vuelva Duplicable hablándole en francés a B, que sólo entiende francés. En el caso de que A hable un idioma, y B otro, y no tengan un idioma en común, tenemos el posible factor de la "mímica", y aún podría ocurrir una comunicación. Suponiendo que A tuviera una mano, podría levantar la mano. B podría levantar la mano, suponiendo que tuviera una, podría levantar la mano. Luego B podría levantar su otra mano, y A podría levantar su otra mano. Y habríamos completado un ciclo de comunicación mediante mímica. La comunicación mediante mímica podría llamarse también comunicación a base de masa.

Vemos que la realidad es el grado de Duplicación entre Causa y Efecto. La afinidad está regulada por la Intención y el tamaño de las partículas implicadas, así como por la Distancia. La máxima afinidad que hay, por cualquier cosa, es ocupar su mismo espacio. Conforme se incrementa la Distancia, disminuye la afinidad. Más aún, conforme aumenta la cantidad de masa o de partículas de energía, cae nuevamente la afinidad. Además, conforme la Velocidad se aleja de lo que A y B han considerado como Velocidad óptima, ya sea una Velocidad mayor o menor de lo que ellos consideran que es la Velocidad apropiada, cae la afinidad.

Existe en la comunicación otro punto muy sutil, que es la "expectación".

Básicamente, todas las cosas son consideraciones. *Consideramos* que las cosas son, y por lo tanto *son*. La idea siempre es superior a los factores mecánicos de energía, espacio, tiempo y masa. Sería posible tener ideas totalmente diferentes a estas sobre la comunicación. Sin embargo, resulta que estas son las ideas acerca de la comunicación que se tienen en común en este universo y las que utilizan las unidades de vida de este universo. En la Fórmula de la Comunicación que se da arriba, tenemos aquí el "acuerdo" básico sobre el tema de la comunicación. Como las ideas son superiores a esto, una unidad con consciencia de consciencia puede tener (además de la Fórmula de la Comunicación) una idea peculiar sobre cómo debería llevarse a cabo exactamente la comunicación y, si estas ideas no tienen el "acuerdo" general, se puede encontrar a sí mismo definitivamente "fuera de comunicación".

Tomemos el ejemplo de un escritor modernista que insiste en que se deberían eliminar las tres primeras letras de cada palabra, o que no debería terminarse ninguna frase, o que la descripción de los personajes debería atenerse a una "interpretación cubista". No va a lograr acuerdo entre sus lectores y se convertirá, en cierta medida, en un "único". Podría decirse que existe una acción continua de selección natural que erradica las ideas extrañas o peculiares sobre la comunicación.

La gente, para estar en comunicación, se atiene a las reglas básicas que se dan aquí. Y cuando alguien trata de alejarse demasiado de estas reglas, sencillamente no se le Duplica; y así, en efecto, acaba fuera de comunicación.

Desde 1790 hemos visto desaparecer toda una raza de filósofos. Hemos visto a la filosofía convertirse en un tema sin la menor importancia, a pesar de que antaño fuera moneda común entre la gente. Los propios filósofos se pusieron fuera de comunicación con la gente al insistir en usar palabras con definiciones especiales que las personas en general no podían asimilar con facilidad. La moneda de cambio de la filosofía no podía ser duplicada por aquellos con vocabulario relativamente limitado. Toma palabras tan rompemandíbulas como "telequinesia". Aunque probablemente significa algo muy interesante y muy vital, si lo piensas detenidamente, ningún taxista te ha mencionado esta palabra cuando le pagabas la tarifa, o ni siquiera durante los momentos más verbosos del trayecto. Es probable que el problema básico de la filosofía fuera que se volvió germánica en cuanto a su gramática, ejemplo establecido por Immanuel Kant. (Y si recuerdas aquel maravilloso relato de Saki, en una ocasión un hombre fue pisoteado hasta morir ¡mientras trataba de enseñarle a un elefante los verbos irregulares del alemán!). La filosofía se despojó de parte de su responsabilidad por un ciclo de comunicación al volverse totalmente induplicable para sus lectores. Cualquiera que desee comunicarse tiene la responsabilidad de hablar con un vocabulario que pueda comprenderse. De ahí que la filosofía ni siquiera comenzara un ciclo de comunicación sensato durante unos ciento cincuenta años. Y por lo tanto, está muerta.

Tomemos ahora al individuo que se ha vuelto muy "experimentado" en la vida. Este individuo tiene una "línea temporal" en particular. Su línea temporal es su propia línea temporal. No es la línea temporal de ningún otro. Las individualidades fundamentales entre los hombres se basan en el hecho de que les suceden cosas diferentes y que ven esas cosas diferentes desde diferentes puntos de vista. Así tenemos individualización, y tenemos opinión, consideración y experiencia individuales. Dos hombres caminando por la calle presencian un accidente. Cada uno de ellos ve el accidente, desde un punto de vista al menos un poco diferente. Si interrogamos a doce testigos diferentes del mismo accidente, es posible que encontremos doce accidentes diferentes. Dejando totalmente a un lado el hecho de que a los testigos les gusta decirte lo que ellos *creen* que vieron en lugar de *lo que* vieron, hubo de hecho doce diferentes puntos desde los cuales se vio el accidente y por lo tanto doce aspectos diferentes de los hechos. Si se juntara a estos doce testigos, y si ellos se comunicaran entre sí sobre este accidente, entonces llegarían a un punto de acuerdo sobre lo que ocurrió en realidad. Este podría no haber sido *el* accidente. Pero sin duda es el accidente acordado, que se convierte entonces en el accidente *real*. Esto es lo que hacen los miembros de un jurado. Podrían dictaminar basándose o no en el delito real, pero indudablemente están dictaminando sobre un delito acordado.

En cualquier guerra, se necesitan dos o tres días para tener suficiente acuerdo sobre lo que pasó en una batalla. Aunque podría haber ocurrido una batalla real, una secuencia real de incidentes y sucesos, el hecho de que cada hombre que estuvo en la batalla la viera desde su propio punto de vista particular (con lo que queremos decir estrictamente "el punto desde el cual estaba mirando", en lugar de sus "opiniones"), nadie vio la batalla en su totalidad. Así pues, tiene que transcurrir un tiempo para que haya suficiente comunicación sobre el tema de la batalla de modo que todos lleguen a algo parecido a un acuerdo sobre lo que ocurrió. Por supuesto, cuando los historiadores llegan a esta batalla y comienzan a escribir diferentes versiones de ella sacadas de las memorias de generales, que estaban tratando de justificar sus derrotas, tenemos indudablemente una versión bastante tergiversada. Y sin embargo, esta versión se convierte en la batalla acordada, en lo que se refiere a la historia. Al leer a los historiadores, uno se da cuenta de que nunca se sabrá realmente lo que pasó en Waterloo, en Bennington, o en Maratón. Puesto que podemos considerar como "comunicación" el que un soldado le dispare a otro, vemos que estamos estudiando comunicaciones *acerca de* comunicaciones. Toda esta actividad académica está muy bien, pero no nos lleva muy lejos al tratar de resolver los problemas humanos.

Hemos visto que estas dos palabras, Causa y Efecto, desempeñan un papel destacado en la Fórmula de la Comunicación. Hemos visto que la *primera* Causa se convirtió, al final del ciclo, en el *último* Efecto. Más aún, el punto intermedio, el *primer* Efecto, cambió a Causa de inmediato para tener un buen ciclo de comunicación.

¿Qué queremos decir, pues, con Causa?

Causa es, sencillamente "el punto de emanación de la comunicación".

¿Qué es Efecto?

Efecto es "el punto-receptor de la comunicación".

Puesto que nos interesan sólo las unidades de vida, vemos que podemos determinar fácilmente la Causa en todo momento. No nos interesa la Causa secundaria o terciaria. No nos interesan en absoluto las Causas auxiliares. No nos interesan los Efectos secundarios o terciarios. No nos interesan en absoluto los Efectos auxiliares. Cada vez que observamos el punto-fuente de una comunicación, consideramos que estamos observando la Causa. Puesto que toda la línea temporal está compuesta por esta pauta de Causa y Efecto, un individuo es muy dado, siempre que ve un posible punto-Causa, a buscar un punto-Causa anterior, y luego uno anterior, y uno anterior, y uno anterior… y después de un tiempo se dedica a leer la Biblia (lo cual es muy duro para la vista).

En vista de que toda Causa es sencillamente una Causa *elegida,* y todo Efecto es sencillamente un Efecto *elegido,* y de que el estrato primario es el nivel de *idea* de la comunicación; es Causa aquello *que elegimos como Causa,* y es Efecto aquello *que elige ser Efecto,* y no hay nada más que se pueda decir al respecto.

En nuestro diccionario aquí, Causa sólo significa "punto-fuente".

Efecto sólo significa "punto-receptor".

Notamos que el punto-receptor, a la mitad del ciclo de comunicación, cambia y se convierte en punto-fuente. Podríamos clasificar este cambio,

"¿Qué queremos decir, pues, con Causa?
Causa es, sencillamente 'el punto de emanación de la
comunicación'. ¿Qué es Efecto?
Efecto es 'el punto-receptor de la comunicación'".

en este punto central del ciclo de comunicación, de alguna otra manera; pero no es necesario hacerlo. Nos estaríamos poniendo demasiado quisquillosos para nuestros fines.

Llegamos ahora al problema de qué tiene que estar *dispuesto a experimentar* una unidad de vida para comunicar. En primer lugar, el punto-fuente primario tiene que estar dispuesto a ser Duplicable. Tiene que poder prestar, al menos, cierta Atención al punto-receptor. El punto-receptor inicial tiene que estar dispuesto a Duplicar, tiene que estar dispuesto a recibir, y tiene que estar dispuesto a convertirse en punto-fuente para enviar de vuelta la comunicación, o una respuesta a esta. Y el punto-fuente inicial, a su vez, tiene que estar dispuesto a ser un punto-receptor. Como estamos tratando básicamente con ideas y no con factores mecánicos, vemos, pues, que entre un punto-Causa y un punto-Efecto tiene que haber un estado de ánimo de estar dispuestos, cada uno, a ser Causa o Efecto a voluntad, estar dispuestos a Duplicar a voluntad, estar dispuestos a ser Duplicables a voluntad, estar dispuestos a cambiar a voluntad, estar dispuestos a experimentar la Distancia que los separa y, en pocas palabras, estar *dispuestos a Comunicar.* Cuando tenemos estas condiciones en un individuo o en un grupo, tenemos gente cuerda.

Cuando no se está dispuesto a enviar o recibir comunicaciones, cuando la gente envía comunicaciones obsesiva o compulsivamente sin dirección y sin tratar de ser Duplicable, cuando los individuos al recibir comunicaciones se quedan en silencio y no dan acuse de recibo ni contestan, tenemos factores aberrativos. Y es muy interesante señalar, desde el punto de vista del procesamiento, que tenemos todos los factores aberrativos que existen.

No necesitamos saber nada más sobre la aberración, excepto que es un desarreglo del ciclo de comunicación. Pero para saber esto, por supuesto, tenemos que saber las Partes Componentes de la Comunicación y el comportamiento que podemos esperar.

Algunas de las condiciones que pueden ocurrir en una línea aberrada son: no ser Duplicable antes de emitir una comunicación; una Intención contraria a que se reciba; no estar dispuesto a recibir o Duplicar una comunicación; no estar dispuesto a experimentar Distancia; no estar dispuesto a cambiar; no estar dispuesto a prestar Atención; no estar dispuesto a expresar Intención; no estar dispuesto a dar acuse de recibo y, en general, no estar dispuesto a Duplicar. Podríamos llegar al extremo de decir que la razón por la que tiene lugar una comunicación, en lugar de ocupar el mismo espacio y *saber* (pues la comunicación introduce la idea de la distancia), es que uno no está dispuesto a *ser* en la medida necesaria para *ser cualquier cosa*. Uno prefiere comunicarse a ser.

Encontramos así que la incapacidad para comunicarse es una escala de gradiente que desciende junto con la incapacidad de ser. Tenemos a individuos que acaban solamente estando dispuestos a ser ellos mismos, sea eso lo que sea, y convertirse así en el "único". En la medida en que una persona se vuelve el "único", no está dispuesta a comunicarse en las demás dinámicas. Un individuo que se ha vuelto sólo él mismo está en la triste y lamentable situación de verse excluido de la Segunda, Tercera y Cuarta Dinámicas, al menos.

Podría parecerle a alguien que la solución a la comunicación es *no comunicarse*. Podría decirse que si, desde el principio, uno no se hubiera comunicado, no estaría ahora en problemas.

Tal vez haya algo de verdad en esto. Pero hay más verdad en el hecho de que el procesamiento enfocado a "hacer innecesaria la comunicación" o a "reducir la comunicación" no es procesamiento en absoluto, sino asesinato. Un hombre está tan muerto como *no pueda* comunicar. Está tan vivo como *pueda* comunicar. Mediante incontables pruebas he descubierto (hasta un grado que se podría considerar concluyente) que el único remedio para el livingness (condición o estado de vivir) es una condición de comunicar incrementada. Uno tiene que aumentar su capacidad de comunicar.

Es probable que el único error importante que exista en la filosofía oriental, (y probablemente el mismo que rehusé cuando era joven), sea esta idea de que uno debería "retirarse de la vida". Me parecía que todos los buenos amigos que tenía, entre los sacerdotes y los hombres devotos, estaban tratando de retraerse y de eliminar todas sus comunicaciones con la existencia. Digan lo que digan los libros de texto de filosofía oriental, esta era la práctica de la gente que estaba más versada en la pericia oriental sobre la mente y el espíritu. Vi así a hombres que se pasaban catorce o dieciocho años tratando de alcanzar un alto nivel de serenidad espiritual. Vi a muchos grandes hombres estudiar y muy pocos llegar. Para mi punto de vista occidental, impaciente y quizás "práctico", esto era intolerable.

Durante muchísimos años hice esta pregunta: "¿Comunicar o no comunicar?". Si uno se metió en tan serios problemas mediante la comunicación, entonces por supuesto uno debería dejar de comunicar. Pero esto no es así. Si uno se mete en problemas por comunicar, debería comunicar más. Más comunicación, no menos, es la respuesta. Y considero este enigma resuelto tras un cuarto de siglo de investigación y reflexión.

*"Si uno se mete en problemas por comunicar,
debería comunicar más.
Más comunicación, no menos, es la respuesta".*

CAPÍTULO

LA APLICACIÓN

OCHO

DE LA
COMUNICACIÓN

CAPÍTULO OCHO

LA APLICACIÓN DE LA COMUNICACIÓN

S I PIENSAS que estamos hablando de algo muy esotérico o altamente matemático, ten la amabilidad de leer de nuevo la Fórmula de la Comunicación*.

Simplemente porque estemos hablando de los fundamentos básicos de la cordura, la aberración, la libertad, la capacidad, la verdad, el conocimiento y los secretos, no es motivo para que tengamos que ser complicados. Esperamos que los fundamentos del comportamiento sean complicados, sólo porque demasiadas personas complicadas han discutido el tema. Aunque Immanuel Kant no pudo y aunque Adler nos alelara haciendo confusa la comunicación, no hay razón alguna para que nosotros debiéramos hacerlo.

Cuando hablamos de las aplicaciones de la comunicación, estamos hablando de combinaciones más complejas de estos elementos fundamentales. Y habiendo aislado los elementos fundamentales, entonces no vemos complejidad alguna en el producto de los elementos básicos.

* Véase la tabla desplegable en la parte de atrás de este libro para la Fórmula de la Comunicación y sus Partes Componentes.

Digamos que comprendemos perfectamente que dos y dos son cuatro. Ahora escribimos esto en un papel y lo ponemos sobre una mesa. Sigue siendo comprensible. Ahora escribimos en otro papel que "dos y dos son cuatro" y lo ponemos sobre la misma mesa. Ahora, en un tercer papel, escribimos que "dos y dos son cuatro", y lo juntamos con los que están sobre la mesa. Tomamos ahora cuatro cuadernos y escribimos en cada hoja que "dos y dos son cuatro", y arrancando cada hoja, las añadimos. Ahora tomamos algunos tacos de madera, y escribimos en ellos que "dos y dos son cuatro". Tomamos un trozo de cuero y un carboncillo y escribimos que "dos y dos son cuatro", y también se lo añadimos a la mesa. Luego conseguimos varias pizarras, y escribimos en cada una que "dos y dos son cuatro", y las colocamos sobre la mesa. Y tomamos algunas tizas de colores, y sobre otra pizarra escribimos en diversos colores que "dos y dos son cuatro", y lo ponemos sobre la mesa. Luego bordamos "dos y dos son cuatro" en un encuadernado de piel de cordero, y lo añadimos al montón que hay sobre la mesa. Luego conseguimos algunos ladrillos y marcamos en ellos que "dos y dos son cuatro", y los colocamos sobre la mesa. Ahora tomamos doce litros de tinta, la derramamos sobre "dos y dos son cuatro" e inundamos en tinta todo lo que hemos puesto sobre la mesa. Ahora tomamos un bulldozer y empujamos la mesa hasta que atraviese la pared. Tomamos una apisonadora y la pasamos por encima de los escombros. Tomamos algo de cemento y lo echamos sobre el montón y dejamos que se seque. Y aún no hemos alterado el hecho de que dos y dos son cuatro.

En otras palabras, no importa qué factores mecánicos añadamos a la Fórmula de la Comunicación, no importa qué forma usemos para comunicarnos, no importa cuántos tipos de palabras y significados introduzcamos en la Fórmula de la Comunicación para convertirlos en mensajes, no importa cómo revolvamos los significados, los mensajes, los puntos-Causa y los puntos-Efecto, seguimos teniendo la Fórmula de la Comunicación.

Tenemos aquí a un individuo. Ha estado viviendo una vida llena de andanzas. Digamos que comenzó la vida con una comprensión perfecta de la Fórmula de la Comunicación. Su experiencia ha consistido en desviaciones continuas de la Fórmula de la Comunicación, sólo en la medida en que él dejó de emanar o dejó de recibir, tergiversó, pervirtió o dejó de devolver comunicaciones. Y al final de esa vida, todo lo que tendríamos que hacer para ponerlo en una excelente condición sería restituirle su capacidad, (con toda claridad), para llevar a cabo la Fórmula de la Comunicación. Lo único que le ha pasado ha sido una violación de la Fórmula de la Comunicación. Emanó algo, no se recibió. Cuando se recibió, no se le dio acuse de recibo. Cuando se contestó, él no recibió la respuesta. Y así empieza a desviarse cada vez más y más en su búsqueda de comunicaciones, y se vuelve más complejo en su forma de ver las comunicaciones, se vuelve menos y menos Duplicable, es menos y menos capaz de Duplicar, sus Intenciones se desvían cada vez más, su Atención se altera cada vez más, lo que deberían haber sido líneas rectas acaban hechas un ovillo; y tenemos a nuestro preclear después de haber vivido una vida con el Homo sapiens.

Todo lo que tendríamos que hacer para llevarlo a la claridad más deseable sería restituirle la capacidad de ejecutar las diversas partes de la Fórmula de la Comunicación y su capacidad de aplicar esa Fórmula a cualquier cosa en este o en cualquier universo. Tendría que estar dispuesto a Duplicar cualquier cosa. Tendría que estar dispuesto a hacerse Duplicable. Tendría que ser capaz de tolerar Distancia, Velocidades y Masas. Tendría que ser capaz de formar sus propias Intenciones. Tendría que ser capaz de prestar y recibir Atención. Tendría que aceptar o rechazar a voluntad las Intenciones de otros. Y, lo que es más importante, tendría que ser capaz de *estar* en cualquier punto y convertirlo en punto-Causa o punto-Efecto a voluntad. Si fuera capaz de hacer esto, no sería posible atraparlo. Porque aquí estamos adentrándonos a fondo en el secreto más profundo de la trampa.

¿Qué es un secreto? Es la respuesta que nunca se dio. Y esto es todo lo que es un secreto. Así el conocimiento y el uso de la Fórmula de la Comunicación, dentro del marco de Dianética y Scientology, resuelven todos y cada uno de los secretos, e incluso la creencia en los secretos.

Podría decirse que lo único que aberra la comunicación sería la "restricción" o el "miedo a la restricción". Una persona que no se está comunicando es alguien que ha restringido comunicación. Una persona que se comunica compulsivamente tiene miedo de que se le restrinja en su comunicación. A una persona que está hablando de un tema diferente a aquel al que Causa estaba prestando su Atención, se le ha restringido tanto en el tema de la comunicación en alguna otra parte, o ha experimentado tal escasez de comunicación en alguna otra parte, que todavía está ocupada con la comunicación en alguna otra parte. Esto es lo que queremos decir con "no estar en tiempo presente".

Cuando examinamos los "problemas", sin los cuales la humanidad parece no poder vivir, descubrimos que un problema no es ni más ni menos que una confusión de líneas de comunicación; puntos-Causa o Efecto que faltan, Distancias que no se pueden determinar, Intenciones malinterpretadas, Atenciones que faltan, y fallas en la capacidad de Duplicar y ser Duplicable. Apártate de la Fórmula de la Comunicación, en cualquier dirección, y de ello resultará un problema. Un problema, por definición, es "algo que no tiene respuesta" (no porque las dos palabras sean similares, sino porque toda la humanidad las ha confundido). Descubrimos que la "respuesta a una comunicación" y la "respuesta a un problema" pueden, para nuestros fines, ser sinónimos.

Cuando uno, de forma continua, ha dejado de obtener respuestas a su comunicación, empieza a caer en una escasez de respuestas y se meterá en problemas con el fin de tener soluciones. Pero no resolverá ninguno de los problemas porque ya tiene una escasez de respuestas. Un auditor se topa con un preclear que tiene escasez de respuestas; encuentra que el preclear tiene un circuito de problemas; trata de resolver algunos de los problemas del preclear; descubre que el preclear crea problemas nuevos con más rapidez que la que se pueden resolver los viejos problemas. Si hay algo que el preclear "sabe", es que no hay respuestas; no para su clase de problemas en particular. Lo "sabe" hasta tal punto que no es capaz de concebir respuestas, lo cual significa para él que no puede concebir soluciones. Es como el anciano del cuento de Manuel Komroff quien, después de salir de la cárcel, creó su propia celda. No puede contemplar la libertad, no cree que la libertad exista, no puede imaginarse un mundo "sin tigres". El remedio para esto, por supuesto, es hacer que remedie su falta de respuestas haciendo que haga "mock-up" de respuestas.

La mirada confusa que ves en la cara de un matemático se debe a la tarea que se ha fijado de conseguir respuestas simbólicas a abstracciones hipotéticas (ninguna de las cuales, por supuesto, son respuestas humanas). Cuanto más simboliza, cuantas más fórmulas crea, más se aleja de la especie humana. Las respuestas son respuestas sólo cuando provienen de unidades vivientes. Todo lo demás es excedente en el mercado. Ninguna fórmula matemática le ha dado nunca a nadie una respuesta a ninguna cosa, a menos que fuera al problema de la comunicación en sí. Pero este, presta atención, no estaba implicado con las matemáticas y no se dedujo de ellas tal y como las conocemos. La Fórmula de la Comunicación se dedujo a partir de una observación de la vida y de trabajar con ella. Se pudo deducir sólo porque alguien había abandonado por completo la idea de que la energía pudiera decirle nada a nadie. La vida no es energía. La energía es el subproducto de la vida.

Tu ermitaño es alguien que ha llegado a estar tan completamente convencido de que no se pueden obtener respuestas de nadie que ha dejado de creer que la vida en sí exista. En su opinión, él es el único ser vivo con vida. ¿Por qué? Porque él es la única cosa que se comunica. Me atrevería a decir que todo ermitaño, todo "único", todo individuo que se comunique de manera obsesiva o compulsiva se ha relacionado tan profundamente con "unidades de vida" que estaban tan *muertas,* que llegó a parecerle "muy obvio" que nadie más estaba vivo.

La actitud del niño hacia un adulto contiene en sí la opinión de que "los adultos tienen muy poca vida en ellos". Un niño, con todo su entusiasmo, se encuentra dentro de su familia totalmente rodeado de bloqueos de comunicación de mayor o menor magnitud. Sus preguntas no obtienen respuestas. Las comunicaciones que se le dirigen no están planteadas de manera que se puedan Duplicar. En otras palabras, el adulto no se hace Duplicable. Freud y sus colegas estaban totalmente equivocados al creer que el niño es totalmente egocéntrico.

No es el niño quien es totalmente egocéntrico. Él cree que está en comunicación con el mundo entero. Una investigación de los niños demuestra que están muy orientados hacia la Primera, Segunda, Tercera y Cuarta Dinámicas. El niño está tan convencido de su capacidad para comunicarse que tocaría un horno encendido. La vida no tiene nada que le asuste. Todavía no ha "aprendido por experiencia" que no puede comunicarse. Es el adulto el que ha retrocedido hasta el "único". Y uno cree que la inspiración de esta continua creencia por parte de la psicología y del psicoanalista, (que "el niño es completamente egocéntrico y que tiene sólo su propio mundo"), tiene que ser la expresión de una opinión mantenida por el psicoanalista y el psicólogo sacada de sus propios bancos. Conforme uno crece, se pone cada vez menos en comunicación con el entorno, hasta que al final queda fuera de este por completo. Sólo que ha salido de este en la dirección equivocada: la muerte.

Donde veas aberración, allá donde detectes aberración, tienes que buscar violaciones de la Fórmula de la Comunicación. Puede sospecharse que la gente que viola de manera constante y continua partes de la Fórmula de la Comunicación está precisamente así: muerta. Cuanto más se aleja uno de la Fórmula de la Comunicación, más muerte existe para él. Cuanto más se concentra uno en los secretos, cuanto más cuestione las intenciones, menos posibilidades tendrá de asumir el punto de vista llamado Causa o el punto de vista llamado Efecto.

Uno no debería llegar al extremo de decir que la vida *es* comunicación. El poder comunicarse es, sin embargo, una condición innata de la vida. La vida, la unidad con consciencia de consciencia, la capacidad de tener una cualidad ilimitada sin cantidad o de producir cantidad, es capaz de comunicación. Y aquí, de nuevo, estamos deliberando acerca de la capacidad. La capacidad podría concebirse, ante todo, como la capacidad de ser, y también como la capacidad de variar el beingness. Y esto significa la capacidad de comunicarse. Una persona tiene que poder ser para comunicarse. Uno tiene que poder variar su beingness para devolver comunicaciones.

Existe, pues, la manifestación conocida como el "flujo atorado". Esto es comunicación en una dirección. El flujo puede atorarse al entrar o puede atorarse al salir. Puede ser que el flujo que esté atorado sea la parte de un ciclo de comunicación que va de la Causa primaria al Efecto. O podría ser el otro, el que regresa de B a A, el que estuviera atorado.

Tenemos aquí varios métodos posibles de obtener un flujo atorado y varias condiciones de flujo: cuatro, para ser exactos.

1. El flujo puede atorarse desde la Causa al Efecto primario, desde el punto de vista de la Causa primaria.

2. El flujo puede atorarse desde la Causa primaria al Efecto primario, desde el punto de vista del Efecto primario.

3. El flujo puede atorarse desde el Efecto-convertido-en-Causa al Efecto final, desde el punto de vista del Efecto-convertido-en-Causa.

4. El flujo puede atorarse desde el Efecto-convertido-en-Causa al Efecto final, desde el punto de vista del Efecto final.

Estos cuatro flujos atorados pueden convertirse, cualquiera de ellos o una combinación de ellos, en la anatomía del "retardo de comunicación" del caso. Una persona puede oír, pero no puede responder. Una persona puede causar el inicio de una comunicación, pero no puede recibir un acuse de recibo. Una Causa primaria puede estar totalmente enfrascada en evitar que el flujo llegue al Efecto primario. Y así sucesivamente.

Un fracaso en completar un ciclo de comunicación dejará en suspenso alguna parte de esa comunicación. La dejará, en otras palabras, en silencio. Y esto perdurará en la línea temporal, flotará en el tiempo, se reestimulará, atraerá y mantendrá la atención mucho después de que haya ocurrido.

La inconsciencia, en sí, es el resultado de recibir demasiada comunicación, demasiado pesada. De manera similar, aunque con menos frecuencia, puede ser el resultado de la emanación de demasiada comunicación, demasiado intensa, como cuando alguien infla un globo enorme y se marea por haber expulsado demasiado aire. Teóricamente, una persona que mandara una gran masa hacia otra persona podría quedar inconsciente como resultado de mandar lejos de sí demasiada masa demasiado súbitamente. Y descubrimos que esto puede ocurrir. Esto es una degradación debida a una pérdida. Uno da demasiado o pierde demasiado, y el que se vaya la masa, o incluso la idea, puede producir una caída de la consciencia. En vista del hecho de que una unidad con consciencia de consciencia puede crear a voluntad, esta no es una situación muy peligrosa. Uno puede recibir demasiada comunicación demasiado súbitamente, como en el caso de una bala de cañón. Inconsciencia será el resultado de esto. La mayoría de los engramas se componen de demasiada masa que entra y demasiada masa que sale, de tal manera que se crea una confusión en la que cualquier respuesta, cualquier frase que se agregue puede entonces ser efectiva; pues existe una escasez de frases y un exceso de masas. Se podría llegar al extremo de decir que la única razón por la que un intercambio de masa llega a ser efectivo en el aspecto de la inconsciencia es que no lleva consigo suficientes "razones". Supongo que si se le explicara con suficiente cuidado a un soldado por qué era necesario que le dispararan, la llegada de la bala no haría que quedara inconsciente ni lo heriría. Pero esto, una vez más, es teórico (pues en la guerra se usa muy poco la razón, y por tanto, nunca se ha sometido a experimentación clínica).

La solución a cualquier flujo atorado es remediar la escasez de aquello que atoró el flujo. Podrían ser "respuestas", podrían ser "comunicaciones originales", podrían ser "oportunidades para contestar".

Como mejor se entiende la Fórmula de la Comunicación en funcionamiento es a través del "retardo de comunicación".

"Un fracaso en completar un ciclo de comunicación
dejará en suspenso alguna parte de esa comunicación.
La dejará, en otras palabras, en silencio. Y esto perdurará
en la línea temporal, flotará en el tiempo, se reestimulará,
atraerá y mantendrá la atención mucho
después de que haya ocurrido".

CAPÍTULO

COMUNICACIÓN EN DOS

NUEVE

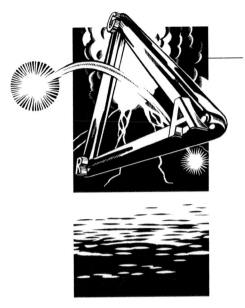

DIRECCIONES

CAPÍTULO NUEVE

COMUNICACIÓN EN DOS DIRECCIONES

U N CICLO DE COMUNICACIÓN y LA COMUNICACIÓN EN DOS DIRECCIONES son en realidad dos cosas diferentes. Si examinamos de cerca la anatomía de la comunicación, descubriremos que un ciclo de comunicación no es una comunicación en dos direcciones en su totalidad.

(siguiente página)

Si observas el siguiente Diagrama A, verás un ciclo de comunicación:*

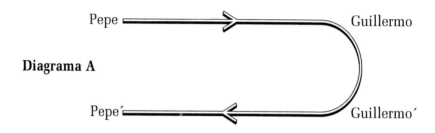

Diagrama A

Tenemos aquí a Pepe como la persona que origina una comunicación. Es su impulso primario. Este impulso va dirigido a Guillermo. Encontramos que Guillermo lo recibe. Y luego Guillermo origina una respuesta o un acuse de recibo como Guillermo', y este acuse de recibo se le envía de vuelta a Pepe'. Pepe ha dicho, por ejemplo: "¿Cómo estás?". Guillermo lo ha recibido. Y luego Guillermo (convirtiéndose en Causa secundaria) ha contestado a ello como Guillermo', diciendo: "Estoy bien", lo cual regresa a Pepe', y así cierra el ciclo.

Ahora, lo que llamamos ciclo de comunicación en dos direcciones puede resultar, como en el Diagrama B a continuación.

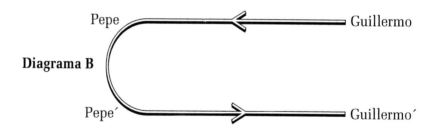

Diagrama B

Aquí tenemos a Guillermo originando una comunicación. Guillermo dice: "¿Cómo va eso?". Pepe recibe esto. Y luego, como Pepe' (o Causa secundaria) responde: "Bien, supongo", respuesta a la que Guillermo' da acuse de recibo.

---

*Véase la tabla desplegable en la parte de atrás de este libro que contiene estas ilustraciones gráficas para tenerlas como referencia a lo largo de este capítulo.

En ambos Diagramas descubrimos que (en el Diagrama A), el acuse de recibo a la Causa secundaria lo expresó Pepe′ asintiendo con la cabeza o con un gesto de satisfacción. Y de nuevo (en el Diagrama B), Guillermo′ da un acuse de recibo al "Bien, supongo" de Pepe′ asintiendo con la cabeza o con alguna expresión que indique que recibió la comunicación.

Si tanto Pepe como Guillermo son "hombres fuertes, reservados" (sumamente aberrados), omitirán alguna parte de estos ciclos. La omisión más flagrante, y la que el auditor considera con más frecuencia un "retardo de comunicación", sería que Pepe (en el Diagrama A), dijera: "¿Cómo estás?", y Guillermo se quedara ahí sin hablar. Aquí tenemos a Pepe causando una comunicación, y a Guillermo′ sin continuar el ciclo. No sabemos ni indagamos y no estamos interesados en si Guillermo, como punto-receptor, llegó a oírla en algún momento. Podemos suponer que al menos estaba ahí, y que Pepe habló lo suficientemente alto para que se le oyera y que la Atención de Guillermo estaba en algún punto en las inmediaciones de Pepe. Ahora bien, en lugar de seguir con el ciclo de comunicación, Pepe se queda ahí con un ciclo incompleto, y nunca tiene la oportunidad de convertirse en Pepe′.

Hay varias maneras en que un ciclo de comunicación podría no completarse y podríamos clasificarlas así:

1. Pepe dejando de emanar una comunicación.

2. Guillermo dejando de oír la comunicación.

3. Guillermo′ dejando de contestar a la comunicación que recibió.

4. Pepe′ dejando de dar acuse de recibo, mediante alguna señal o alguna palabra, indicando que ha oído a Guillermo′.

Podríamos atribuir diversas "razones" a todo esto. Pero nuestro propósito aquí no es atribuir razones de por qué ellos no completan un ciclo de comunicación. Nuestro único propósito tiene que ver con el hecho de que no se completa este ciclo de comunicación.

Ahora, como en el Diagrama A, digamos que tenemos a Pepe como una persona que está originando comunicaciones de forma compulsiva y continua, tenga o no tenga la Atención de alguien, y tengan o no tengan estas comunicaciones relación alguna con cualquier situación existente. Descubrimos que Pepe se expone a encontrarse, en su comunicación, con un Guillermo que no le presta atención y que no le oye. Y por lo tanto, con un Guillermo'ausente que no le responde. Y por lo tanto, un Pepe'ausente que nunca da acuse de recibo.

Examinemos la misma situación en el Diagrama B. Aquí tenemos, en Guillermo, la originación de una comunicación. Tenemos al mismo Pepe con un flujo de salida compulsivo. Guillermo dice: "¿Cómo estás?", y no se completa el ciclo porque Pepe, tan abstraído en su propia conducta compulsiva, no se convierte en Pepe', y nunca da a Guillermo la oportunidad de convertirse en Guillermo' y dar acuse de recibo.

Ahora consideremos otra situación. Encontramos a Pepe originando comunicaciones, y a Guillermo como una persona que nunca origina comunicaciones. Pepe no es necesariamente compulsivo u obsesivo al originar comunicaciones. Pero Guillermo está aberradamente inhibido en cuanto a originar comunicaciones. Descubrimos que Pepe y Guillermo, trabajando juntos, entran entonces en este tipo de actividad: Pepe origina comunicación, Guillermo la oye, se convierte en Guillermo', la contesta y le da a Pepe la oportunidad de convertirse en Pepe'.

Esto va bastante bien, pero tarde o temprano alcanzará un estancamiento en un ciclo en dos direcciones que se viola porque Guillermo nunca origina comunicación.

Un ciclo de comunicación en dos direcciones funcionaría así: Pepe, habiendo originado una comunicación y habiéndola completado, puede esperar entonces que Guillermo origine una comunicación para Pepe, completando así el resto del ciclo de comunicación en dos direcciones. Guillermo efectivamente, origina una comunicación, Pepe la escucha, Pepe' la responde y Guillermo' le da acuse de recibo.

Tenemos así el ciclo normal de una comunicación entre dos "terminales". Pues en este caso, Pepe es un terminal y Guillermo es un terminal y puede verse que la comunicación fluye entre dos terminales.

Los ciclos dependen de que Pepe origine comunicación, Guillermo oiga la comunicación, Guillermo se convierta en Guillermo′ y responda a la comunicación, Pepe′ dé acuse de recibo a la comunicación. Luego que Guillermo origine una comunicación, Pepe oiga la comunicación, Pepe′ responda a la comunicación y Guillermo′ dé acuse de recibo a la comunicación. Si hicieran esto, independientemente de sobre qué estuvieran hablando, nunca se meterían en una disputa y tarde o temprano llegarían a un acuerdo; aunque fueran hostiles el uno hacia el otro. Se resolverían sus dificultades y problemas, y estarían, el uno respecto al otro, en buen estado.

Un ciclo de comunicación en dos direcciones se estropea cuando cualquiera de los terminales, en su momento, deja de originar comunicaciones.

Descubrimos que toda la sociedad tiene inmensas dificultades en este sentido. Están tan acostumbrados a la diversión "enlatada", y están tan inhibidos en la originación de comunicaciones (por padres que no podían comunicarse y por la educación y otras causas), que la gente llega a un punto muy bajo en lo que se refiere a originar comunicación. La originación de la comunicación es necesaria para iniciar una comunicación en primer lugar. Encontramos así a la gente hablando principalmente de cosas que les son impuestas por causas externas. Ven un accidente y hablan de él. Ven una película y hablan de ella. Esperan que una fuente externa les dé la ocasión para una conversación. Pero en vista del hecho de que ambos están en un punto bajo en cuanto a originar comunicación (lo que también podría expresarse como un punto "bajo en cuanto a imaginación"), descubrimos que esa gente, dependiendo de impulsos primarios externos, es más o menos compulsiva o inhibitoria en la comunicación y por lo tanto, la conversación se desvía rápida y marcadamente y puede terminar con extraordinarias animosidades o conclusiones erróneas.

Supongamos que la falta de un impulso de Causa primaria en Pepe le haya llevado a una comunicación obsesiva o compulsiva. Y encontramos que está tan ocupado enviando flujo de salida que nunca tiene la oportunidad de oír a nadie que le hable, y en caso de que sí los oyera, no les respondería. Guillermo, por otra parte, podría estar tan, tan, tan abajo como Causa primaria (lo que quiere decir, abajo en cuanto a originación de comunicación) que nunca llegara siquiera a convertirse en Guillermo' o, si lo hiciera, nunca expondría su propia opinión, desequilibrando con ello a Pepe cada vez más hasta llevarlo a una comunicación cada vez más compulsiva.

Como puedes ver de acuerdo a estos Diagramas, podrían originarse algunas situaciones novedosas. Estaría el problema de la respuesta obsesiva así como de la respuesta inhibida. Un individuo podría pasarse todo el tiempo respondiendo, justificando o explicando (que es lo mismo) sin que se hubiera originado en él una comunicación primaria. Otro individuo (como Pepe' en el Diagrama A, o Guillermo' en el Diagrama B) podría pasarse todo su tiempo dando acuses de recibo, aunque no le llegara nada que requiriera un acuse de recibo. Las manifestaciones más comunes y más notorias, sin embargo, son la "originación obsesiva" y "compulsiva", "aceptar una no-respuesta", y "no dar acuse de recibo a la respuesta". Y en estos puntos podemos descubrir flujos atorados.

Como el único crimen de este universo parece ser *comunicar,* y como lo único que salva a la unidad con consciencia de consciencia *es* comunicar, podemos entender con facilidad que sin duda va a surgir un enredo en la comunicación. Lo que deberíamos comprender (y con mucha más alegría) es que ahora se puede resolver.

Lo que estamos tratando aquí es *mínimamente* teoría y se deriva *al máximo* de la observación. La prueba principal de esto es si resuelve los casos o no. Puedes estar seguro de que lo hace.

Los flujos se atoran, en este ciclo de comunicación doble e idéntico, donde hay una escasez de:

1. Originación de comunicación.

2. Recepción de comunicación.

3. Responder a la comunicación dada.

4. Dar acuse de recibo a las respuestas.

Así puede verse que sólo hay cuatro partes que pueden aberrarse (tanto en el Diagrama A como en el Diagrama B), sin importar la cantidad de manifestaciones peculiares que puedan ocurrir como resultado de eso.

Estas observaciones de la comunicación son tan vitales que se produce una diferencia considerable entre los resultados en los casos que logra un auditor que sí da acuse de recibo a cualquier cosa que responda su preclear, y los de otro auditor que no lo hace.

Tomemos al auditor G. Y descubrimos que le está recorriendo a un preclear el "Procedimiento de Apertura de 8-C", pero al cabo de dos horas de Procedimiento de Apertura de 8-C, el preclear se ha beneficiado muy poco. Tomemos luego al auditor K. Este auditor hace 15 minutos del Procedimiento de Apertura de 8-C y obtiene muy buenos resultados en el preclear. La diferencia entre el auditor G y el auditor K es sólo que el auditor G nunca da acuse de recibo a ninguna respuesta, afirmación u originación de comunicación del preclear. Él simplemente continúa tercamente con el proceso. El auditor K, por otra parte, está dispuesto a dejar que el preclear origine una comunicación, y siempre da acuse de recibo cuando el preclear concluye la acción requerida en una orden o cuando el preclear ofrece voluntariamente una respuesta verbal. En otras palabras, G no respondió ni dio acuse de recibo, sino que recorrió el proceso con perfección mecánica. Y K tanto respondió como dio acuse de recibo, además de originar órdenes. El hecho de que lo más escaso que hay es la originación de órdenes o comunicaciones, y el hecho de que G estaba haciendo al menos esto, es suficiente para hacer que G logre alguna mejoría en el preclear. Pero no obtendrá nada comparable a la mejoría obtenida por el auditor K.

El silencio no es deseable en ningún momento, *excepto* para permitir que otro se comunique o para esperar que otro dé acuse de recibo. Auditar el silencio dejará al preclear en una perfecta "red" de aberración. El proceso completo que remedia esto es remediar la escasez, por cualquier medio, de las cuatro partes de una comunicación en dos direcciones.

*"Auditar el silencio dejará al preclear en una perfecta
'red' de aberración. El proceso completo que remedia esto es
remediar la escasez, por cualquier medio, de las cuatro
partes de una comunicación en dos direcciones".*

CAPÍTULO

EL RETARDO DE

DIEZ

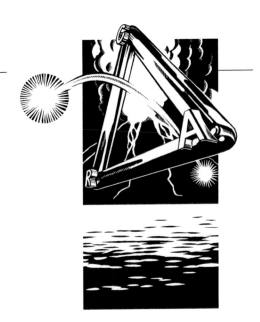

COMUNICACIÓN

EL RETARDO DE COMUNICACIÓN

L A DEFINICIÓN EXACTA de retardo de comunicación es "el tiempo que transcurre entre el planteamiento de la pregunta, o la originación de una declaración, y el momento exacto en que se responde a esa pregunta o declaración original".

Si examinas con todo cuidado esta definición, descubrirás que no se dice nada de nada acerca de lo que pasa entre que se hace la pregunta, o se origina la comunicación, y se le da respuesta. Lo que ocurre entre tanto es "retardo". No importa si el preclear se puso de cabeza, se fue al Polo Norte, dio una disertación sobre botánica, se quedó callado, respondió a alguna otra pregunta, lo pensó, atacó al auditor o comenzó a ensartar cuentas en un cordel. Cualquier otra acción que no sea una respuesta, y el tiempo que lleve realizar esa acción, es retardo de comunicación.

Un auditor tiene que comprender esto muy a fondo.

Normalmente interpreta un retardo de comunicación como "el tiempo que necesita el preclear para responder a la pregunta" y aplica esto en general como "el tiempo que transcurre entre la formulación de la pregunta y el primer momento en que el preclear comienza a hablar". Esto no es retardo de comunicación. Pues el preclear puede empezar a hablar de algún otro tema, puede desear más información, puede *casi* responder a la pregunta y sin embargo no responder a la pregunta en realidad.

Si miras a la gente a tu alrededor, verás que poseen una gran cantidad de mecanismos de retardo de comunicación. En sus esfuerzos por no ser Efecto o en sus esfuerzos por no ser Causa, en sus aberraciones sobre la comunicación compulsiva y la comunicación inhibidora, y al entregarse a la comunicación impulsiva, compulsiva e inhibidora, se las arreglan para montar una buena cantidad de mecanismos interesantes. Pero todos estos mecanismos son retardo de comunicación.

Aquí tenemos un ejemplo de retardo de comunicación:
Pepe: "¿Cómo estás, Guillermo?".
Guillermo: "Te ves bien, Pepe".

En este caso nunca se dio respuesta a la pregunta en lo más mínimo, y seguiría adelante como un retardo de comunicación desde ese punto hasta el fin del universo.

Aquí tenemos otro ejemplo:
Pepe: "¿Cómo estás, Guillermo?".
Guillermo: (después de veinte segundos de reflexión) "¡Oh!, creo que estoy bien hoy".

Como esta es la forma de retardo de comunicación más común, es la que se observa con mayor facilidad.

El siguiente retardo de comunicación es menos conocido:
Pepe: "¿Cómo estás, Guillermo?".
Guillermo: "¿Para qué quieres saberlo?".

Una vez más, esta pregunta continúa sin respuesta hasta el fin del universo.

El tipo de retardo de comunicación más exasperante es:

Pepe: "¿Cómo estás, Guillermo?".

Guillermo: *Silencio* de ahí en adelante.

Esto se dramatiza cuando la gente pregunta con ansiedad acerca de una persona inconsciente *"¿cómo está?"* y se ponen totalmente frenéticos. Simplemente se están enfrentando a un retardo de comunicación que creen que se volverá total. Y su ansiedad es sólo sus múltiples sufrimientos respecto al retardo de comunicación.

Aquí tenemos otro tipo de retardo de comunicación:

Pepe: "¿Cómo estás, Guillermo? El otro día le estaba diciendo a Ernesto que me ha tocado ver muchos enfermos, pero tú realmente tienes mal aspecto, Guillermo. Bueno, ¿cómo estás? He ido a ver al médico y me estaba diciendo que hay muchos catarros de estos y cosas por ahí…".

En otras palabras, Pepe nunca le da a Guillermo la oportunidad de contestar. Y esta es la otra cara del retardo de comunicación.

La comprensión de un auditor del tema del retardo de comunicación es escasa si cree que es el retardo que hay entre el originador de la comunicación y la persona a la que se dirige esta. En nuestro Diagrama A (Capítulo Nueve[*]), esto sería de Pepe a Guillermo'. Hay un "retardo de retorno", y se trata del que va de Guillermo' a Pepe'. Y, según lo anterior, está el retardo entre Pepe y Pepe, donde Pepe simplemente habla sin parar, sin estar seguro de si hay algún Guillermo' ahí. A este retardo de retorno también se le podría llamar "retardo de acuse de recibo". La comunicación de Pepe a Pepe no es una comunicación en absoluto. En realidad de Pepe a Guillermo', sin completar el ciclo, es lo mismo. Pepe' nunca da acuse de recibo a la comunicación así que el retardo de retorno va, de hecho, de Pepe a Pepe. La secuencia apropiada en este caso sería de Guillermo' a Pepe'. En otras palabras, Pepe' (para llevar a cabo un ciclo de comunicación completo) debe

---

[*] Véase la tabla desplegable en la parte de atrás de este libro, la cual contiene los Diagramas del Capítulo Nueve.

dar acuse de recibo de alguna manera, verbal o con gestos, al hecho de que Guillermo' ha dicho algo.

El lapso de Pepe a Pepe como retardo de comunicación (es decir, falta de acuse de recibo) tiene, como raíz inicial, la ausencia, para Pepe, de la línea que va de Guillermo a Guillermo' (en el Diagrama B). En otras palabras, se le ha pedido a Pepe tan constantemente que origine una comunicación, que ahora lo hace compulsiva y obsesivamente, puesto que ha habido una escasez total de otras personas que originaran comunicaciones.

Veamos ahora un tipo altamente especializado de retardo de comunicación. Aquí tenemos una línea de Pepe a Guillermo y de Guillermo' a Pepe' (como en el Diagrama A). Luego tenemos a Pepe esperando que Guillermo (en el Diagrama B) origine una comunicación. Si Guillermo no lo hace y sólo sigue un silencio, Pepe origina entonces otra comunicación. En otras palabras, no tenemos comunicación en dos direcciones.

El ciclo de comunicación en dos direcciones no es tan importante en la auditación como lo sería en la vida. Pues en la auditación, el auditor, forzosamente, está originando comunicaciones para llevar al preclear al punto en que pueda originar comunicaciones. Uno no remedia la vida imitándola exactamente en la sala de auditación. El proceso está diseñado para que logre una rehabilitación en la vida sin tener, en gran medida, que vivirla. Como ejemplo de esto, el auditor no espera que el preclear cambie los papeles y origine un proceso que ponga bien al auditor. Pero el auditor sí espera que alguien lo audite a él tarde o temprano, o espera estar en un nivel en el que pueda superar esta necesidad de intercambiar comunicaciones para poder vivir.

Donde los auditores tienen más problemas, en cuanto al retardo de comunicación, es en el "retardo de retorno". Los auditores rara vez le dan acuse de recibo al preclear por ejecutar la orden. Como en el Procedimiento de Apertura de 8-C (un proceso que es uno de los Seis Procesos Básicos hoy en día); el auditor envía al preclear a tocar la pared. Cuando el preclear ha tocado la pared, el auditor tiene bastante tendencia a dar otra orden sin dar acuse de recibo al hecho de que el preclear ha tocado la pared. Es algo sorprendente lo mucho que la falta de acuse de recibo reducirá la velocidad de recuperación de un caso. Muchas veces, cuando el auditor está haciendo esto (*da acuses de recibo*), lo está haciendo de una manera tan rutinaria y maquinal que el preclear no lo reconoce como acuse de recibo, sino como el preludio de una nueva orden. Un buen auditor se asegura muy, muy bien de que el preclear sepa que ha habido un acuse de recibo.

Por ejemplo, el auditor dice:

"Ve hasta la pared y tócala".

El preclear lo hace. El auditor dice:

"Muy bien".

Y con una pausa muy clara después de este acuse de recibo, dice:

"Ahora ve hasta esa pared y tócala".

En otras palabras, el auditor que es un buen auditor se asegura de que el preclear sepa que ha ocurrido un ciclo de comunicación completo en esta orden de auditación concreta.

Otra falla por parte de los auditores es no dejar que el preclear origine una comunicación. El auditor le dice al preclear:

"Ve hasta esa pared y tócala".

El preclear lo hace, pero se para a mitad del gesto y jadea; luego termina el gesto. El mal auditor no se dará cuenta y no indagará acerca de este jadeo. Esto es en realidad la originación de una comunicación por el preclear. No la expresa en palabras. No la expresa de ninguna otra manera que con algún gesto físico o una mirada de desaliento. Que incluso podrían ser leves. Pero esto es normalmente lo más que puede hacer en cuanto a originar una comunicación. El auditor que no aborda esto, no informa al preclear, pues, de que al preclear se le permite originar una comunicación.

El auditor debería prestar atención de inmediato a este jadeo, este gesto, con un:

"¿Qué ha pasado?"

o

"¿Qué ocurre?"

o

"¿Ha sucedido algo?"

Esto le da al preclear la oportunidad de originar un segundo ciclo de comunicación.

Recuerda que el gesto o el jadeo fue, de hecho, una comunicación. Probablemente, el preclear no dará un acuse de recibo a lo que dijo el auditor, más allá de comenzar con la originación de una nueva comunicación. Pero el hecho de que sí origine una declaración sobre el tema de *"Qué es lo que pasa"* es, en sí, un acuse de recibo del hecho de que ha oído al auditor. Esto es tan vital que muchos casos se han tambaleado, tropezado y empantanado simplemente porque el auditor no animó al preclear a hacer una declaración respecto a algo que había ocurrido. De hecho, cuanto más a menudo pueda hacer esto el auditor, mejor auditor es, y más beneficios se lograrán con la auditación.

Ahora, por supuesto, también existe el lado opuesto de esto, en que el auditor puede dar crédito a un flujo de salida obsesivo o compulsivo del preclear hasta tal punto que la auditación se interrumpa totalmente. Hace poco ocurrió un ejemplo de esto, donde un preclear le estuvo soltando flujo de salida a un auditor durante tres días y tres noches sin que el auditor reconociera del todo que se trataba sólo de comunicación obsesiva en acción. Pero esto no es comunicación. Esto no es pertinente a la situación. Y la definición de "comunicación compulsiva" u "obsesiva" es "un flujo de salida que no es pertinente a los terminales ni a la situación que les rodea". En otras palabras, una comunicación obsesiva o compulsiva es un flujo de salida que no está "de acuerdo con la realidad" de la realidad existente.

"… una comunicación obsesiva o compulsiva
es un flujo de salida que no está 'de acuerdo
con la realidad' de la realidad existente".

Vemos, pues, que una sesión de auditación realmente sí incluye un ciclo de comunicación en dos direcciones. Pero jamás lo incluye a menos que el auditor invite al preclear a hacer comentarios sobre lo que está sucediendo a medida que lleva a cabo los procesos.

(Sólo como comentario incidental a esto, la manera de manejar una comunicación obsesiva o compulsiva es esperar una leve interrupción del flujo e intercalar una orden de auditación. Recuerda que un flujo de salida obsesivo no es en realidad una comunicación. Una comunicación es sobre el tema y está en conformidad con el entorno. También está en conformidad con lo que está pasando).

Ahora, resulta que no importa qué proceso se esté haciendo, la base de ese proceso es la comunicación en dos direcciones. En la auditación, como en el vivir, la comunicación *es* existencia. En ausencia de comunicación, tenemos silencio. Y donde tenemos silencio, no tenemos tiempo. El tiempo se manifiesta como retardo de comunicación en la medida en que el preclear haya estado sometido a silencios o a cosas tales como un flujo de salida obsesivo o compulsivo que no tenía nada que ver con comunicarse en el tema que se estaba tratando; lo cual es, de nuevo, una especie de silencio (alguien hablando obsesiva o continuamente de cosas que podrían existir o no existir, y a nadie en particular, sin esperar que tenga lugar ningún ciclo de comunicación).

Un auditor maneja un retardo de comunicación mediante la repetición de la pregunta o la orden que incitó dicho retardo.

He aquí un ejemplo:

Guillermo: "¿Cómo estás, Pepe?".
Pepe: *Silencio, silencio, silencio*... Finalmente, un gruñido.

Guillermo: "¿Cómo estás, Pepe?".
Pepe: *Silencio, silencio.* "Bien, supongo".

Guillermo: "¿Cómo estás, Pepe?".
Pepe: "¡Te digo que bien!".

Guillermo: "¿Cómo estás, Pepe?".

Pepe: *Silencio...* "Estoy bien".

Guillermo: "¿Cómo estás, Pepe?".

Pepe: "Bien, supongo".

Guillermo: "¿Cómo estás, Pepe?".

Pepe: "Bien".

Guillermo: "¿Cómo estás, Pepe?".

Pepe: "¡Ah!, estoy bien".

Este es un ejemplo de cómo "agotar" un retardo de comunicación. Al principio tenemos silencio y una contestación no muy inteligible. Luego tenemos silencio y una contestación. Y luego otras manifestaciones, cada una de las cuales demuestra un intervalo variable de tiempo, hasta las últimas dos órdenes (tres, en la práctica real de auditación) en las que hubo el mismo intervalo de tiempo. El agotar un retardo de comunicación requiere sólo que el preclear responda con un intervalo uniforme de tiempo, al menos tres veces. Este intervalo uniforme de tiempo podría ser, a efectos prácticos, hasta de diez segundos. Así tenemos los periodos de tiempo que se requieren para responder a una pregunta de auditación, de la siguiente manera:

La respuesta requiere treinta y cinco segundos,

La respuesta requiere veinte segundos,

La respuesta requiere cuarenta y cinco segundos,

La respuesta requiere veinte segundos,

La respuesta requiere diez segundos,

La respuesta requiere diez segundos,

La respuesta requiere diez segundos.

A efectos prácticos, (con estos tres últimos intervalos de diez segundos), el auditor podría considerar que ha agotado hasta cierto punto esta orden de auditación en particular porque está obteniendo una respuesta constante. Sin embargo, con un retardo tan largo como de diez segundos, el auditor descubrirá que si hiciera la pregunta dos o tres veces más, volvería a tener un intervalo variable otra vez.

Esta es la fórmula mecánica para agotar un retardo de comunicación. Da la *orden* (como en el Procedimiento de Apertura de 8-C), o haz la *pregunta* (como en Línea Directa), y luego continúa dando la misma orden o haciendo la misma pregunta hasta que el preclear la ejecute, después de un corto intervalo, tres veces por igual.

Hay una manifestación totalmente distinta para un retardo de comunicación totalmente agotado. Tenemos la "extroversión". El preclear deja de poner su atención en su mente, y pone su atención en el entorno. Vemos que esto sucede con frecuencia en el Procedimiento de Apertura de 8-C, donde la sala, de pronto, se vuelve brillante para el preclear. Ha extrovertido su atención. Se ha liberado de uno de estos enredos de comunicación del pasado, y de pronto ha mirado el entorno. Esto es todo lo que ha pasado. En un nivel de thinkingness (estado o condición de pensar), esto pasa bastante a menudo. El preclear está haciendo el proceso muy bien y entonces comienza a recordar diversas cosas de algunas citas que tiene, o algo parecido. Sólo porque haga esto, no hay motivo para que se deba terminar la sesión de auditación. Esto simplemente demuestra una extroversión. De una forma u otra, has sacado al preclear del enredo de comunicación y lo has puesto en tiempo presente, cuando se extrovierte.

El retardo de comunicación, como tema, podría ser bastante amplio. Estamos rodeados de todo tipo de retardos de comunicación evidentes. Probablemente el más interesante sea la reacción de choque que se tiene después de un accidente, lo cual vemos de vez en cuando. En ocasiones, el cuerpo necesita treinta y seis horas para darse cuenta y responder al hecho de que ha recibido un impacto. Es bastante común que un cuerpo manifieste de repente el impacto media hora después del mismo. Esto es un retardo de comunicación. El retardo de comunicación tiene muchos aspectos cómicos. A veces le preguntas a alguien: "¿Cómo estás?", y obtienes una contestación de su maquinaria social. Te dice: "Estoy bien". Luego, dos o tres horas después, es probable que te diga: "Me siento fatal". Este es el preclear, él mismo, respondiendo. Esta es la unidad con consciencia de consciencia despertando de este retardo de comunicación.

CAPÍTULO DIEZ
EL RETARDO DE COMUNICACIÓN

Podría decirse que este universo es "un retardo de comunicación constante y continuo". Uno está atrapado en él en la medida en que tiene retardos. Si no hubiera remedio para el retardo de comunicación, jamás habría mencionado el tema. Sin embargo, sí lo hay. Y es un remedio que hoy en día se lleva a cabo con facilidad en auditación.

El atrapamiento es en realidad un retardo de comunicación. Uno ha esperado comunicaciones que nunca llegaron o ha esperado que algo le respondiera, durante tanto tiempo y tan a menudo, que se ha quedado obsesionado con algo o dentro de algo y así no cree que pueda escapar de eso. El primer y principal factor en un retardo de comunicación, por supuesto, es el tiempo. Y el siguiente factor es la espera, que también depende del tiempo.

Como se ha comentado antes, lo único que flota en la línea temporal son los momentos de silencio en los que no hubo comunicación. Estos son momentos "sin tiempo" y así no tienen tiempo en el que puedan vivir y así flotan hacia delante en la línea temporal. Es algo peculiar que un engrama se comporte de tal manera que ponga todos sus momentos de silencio en tiempo presente, con el preclear, y deje en la línea temporal pasada sus momentos en los que se habla o hay acción. Cuando hacíamos que una persona regresara a su nacimiento y recorríamos completamente el nacimiento, eliminábamos los momentos de acción. Si no eliminábamos también los momentos de silencio del nacimiento, no eliminábamos las cosas en concreto que se clavaban al preclear en tiempo presente. En otras palabras, el engrama del nacimiento no se movía en absoluto, pero los momentos de silencio que hay en el nacimiento podrían tener tendencia a venir hasta tiempo presente. Estos momentos de silencio en engramas y facsímiles componen, en sí, realmente la materia que existe en el preclear. Esta materia no está tan compuesta de momentos de acción como de momentos de silencio.

Vemos así que cuanto más vive un individuo en este universo, mayor es el retardo de comunicación en que se mete, más le trastorna la existencia, mayor es su retardo de comunicación, y más callado es él.

Por supuesto, la comunicación obsesiva o compulsiva está sólo un grado por encima del silencio. Es el último y frenético esfuerzo por evitar que las cosas acaben en un silencio total. No es comunicación, sino que es, de hecho, una especie de silencio; especialmente porque muy pocos la escuchan.

Ahora, estamos estudiando la comunicación y nos estamos comunicando acerca de la comunicación y aquí tienes muchas oportunidades de acabar maravillosamente enredado. Así que te pediría que observaras tu entorno e inspeccionaras una cierta cantidad de manifestaciones de retardo de comunicación. Tú no estás controlado por el tema. Puedes controlarlo con facilidad. Lo peligroso es no saber las respuestas y simplemente seguir en estos retardos de comunicación constantes y continuos que nos impone la falta de comunicación en este universo.

Es muy interesante darse cuenta de que la imaginación, como función de la existencia, se ahoga en ausencia de originación de comunicaciones. Un individuo puede llegar a depender tanto de otros o de las diversiones para que originen las comunicaciones, que él mismo no lo hace. De hecho, en la sociedad es muy impopular, en estos tiempos, originar comunicaciones. Uno siempre debería decir que se le ocurrió a algún otro antes, o que se remonta a los antiguos Ugluks, o que ya ha sucedido antes muchas veces, o que uno acaba de desenterrar la información después de que había estado sepultada, o que en realidad uno está siguiendo las instrucciones del arcángel Calumniel, en lugar de ponerse en pie y declararse culpable de originar una comunicación. A menos que uno pueda originar comunicaciones, su imaginación está en mal estado. Lo inverso, no resulta ser cierto. La imaginación no es lo primero que se pone en peligro y luego de eso resulta que no se originan comunicaciones. Dejar de originar comunicaciones resulta entonces en fracasos de la imaginación. De modo que la rehabilitación de la capacidad de originar comunicaciones rehabilita, también, la imaginación. Estas son, verdaderamente, muy buenas noticias, especialmente para cualquiera que se dedique a las artes creativas. ¿Pero quién no se dedica a las artes creativas?

Al examinar todo el tema de la comunicación, uno descubre que, en la actualidad, hay muy poca gente a su alrededor que realmente esté comunicando. Y que hay un montón de gente que cree estar comunicando, y no lo está. (A la AMA le gustaría creer que yo estoy en esta última categoría).

C A P Í T U L O

ONCE

PAN-DETERMINISMO

PAN-DETERMINISMO

U N CONCEPTO TOTALMENTE NUEVO en Dianética y Scientology es el de PAN-DETERMINISMO.

En el Libro Uno hablábamos del Auto-determinismo. El Auto-determinismo significaba, en esencia, control por la unidad con consciencia de consciencia de aquello que concebía que era su identidad. En el Libro Uno se hizo algún esfuerzo por extender el Auto-determinismo al resto de las dinámicas.

Pan-determinismo es una palabra que describe el determinismo en todas las dinámicas. En realidad, el Auto-determinismo intentaba hacer esto, y nuestra idea original de Auto-determinismo era una especie de Pan-determinismo.

Tenemos que recordar aquí que las dinámicas relacionadas con Dianética son las cuatro primeras, las dinámicas relacionadas con Scientology son las cuatro últimas, del conjunto total de ocho.

Las Ocho Dinámicas son las siguientes:

LAS OCHO DINÁMICAS

LA DINÁMICA UNO es el impulso hacia la supervivencia como uno mismo.

LA DINÁMICA DOS es el impulso hacia la supervivencia mediante el sexo o los hijos y abarca tanto el acto sexual como el cuidado y la crianza de los hijos.

LA DINÁMICA TRES es el impulso hacia la supervivencia mediante el grupo y como el grupo.

LA DINÁMICA CUATRO es el impulso hacia la supervivencia mediante toda la Humanidad y como toda la Humanidad.

LA DINÁMICA CINCO es el impulso hacia la supervivencia mediante las formas de vida, como los animales, las aves, los insectos, los peces y la vegetación, y es el impulso a sobrevivir como estos.

LA DINÁMICA SEIS es el impulso hacia la supervivencia mediante el universo físico y sus componentes, la Materia, la Energía, el Espacio y el Tiempo (de donde obtenemos la palabra MEST, del inglés *Matter, Energy, Space* y *Time*).

LA DINÁMICA SIETE es el impulso hacia la supervivencia mediante el espíritu e incluiría las manifestaciones o la totalidad de las unidades con consciencia de consciencia, los thetanes, los demonios, los fantasmas, los espíritus, las deidades menores y demás.

LA DINÁMICA OCHO es el impulso hacia la supervivencia mediante el Ser Supremo o, más exactamente, el Infinito. Se llama Dinámica Ocho porque es el Infinito (∞) puesto en posición vertical.

El impulso hacia la supervivencia mediante uno mismo, el sexo, los hijos, los grupos y la Humanidad pertenecen apropiadamente al ámbito de Dianética.

LAS OCHO DINÁMICAS

Ahora examinemos este concepto de Pan-determinismo. El Pan-determinismo sería estar dispuesto a determinar o controlar a uno mismo, y a las otras dinámicas aparte de la de uno mismo, hasta llegar a las ocho expuestas anteriormente. Como el Auto-determinismo, el Pan-determinismo es elegido (o determinado por uno mismo) en el sentido de que uno lo hace a sabiendas y directamente, no por obsesión, compulsión ni inhibición. Naturalmente, no existe un individuo No-determinado. Pero definitivamente puede existir un individuo Otro-determinado. Donde tenemos Auto-determinismo (e interpretamos el Auto-determinismo como "determinismo en la Primera Dinámica"), sólo tenemos buena disposición a controlarse a uno mismo y falta de disposición a controlar cualquier cosa más allá de uno mismo. Si esto es así, en el Auto-determinismo tenemos como Otro-determinismo el sexo, los hijos, los grupos, la Humanidad y (adentrándonos en Scientology) la vida animal, la vegetación, el universo físico, los espíritus y Dios, o cualquier otra cosa de la que pudiera estar compuesto el Infinito.

En vista de que el Auto-determinismo se interpretó de esta manera, esto dejó al individuo en la actitud de estar dispuesto a estar determinado en todas las otras dinámicas y por todas las otras dinámicas excepto su propia "dinámica personal". En vista del hecho de que una "dinámica personal" no puede existir y en vista del hecho de que toda auditación es Tercera Dinámica y que un individuo como lo vemos (un hombre) es en realidad un compuesto, (y no es una Primera Dinámica, sino una Tercera Dinámica), vemos que estamos en dificultades con esta definición de Auto-determinismo y con el uso continuo del Auto-determinismo. Es necesario, pues, investigar más y darle mayor precisión a este concepto de "estar dispuesto a controlar".

Cuando decimos "control", no queremos decir el "caso de control", donde el control es obsesivo u Otro-determinado, o donde el individuo está controlando cosas por compulsión o por miedo. Simplemente queremos decir "estar dispuesto a comenzar, parar y cambiar". La anatomía del control es sólo eso: comenzar, parar y cambiar cosas. Ahora, no es necesario que una persona comience, pare y cambie cosas sólo para demostrar que puede controlarlas. Sin embargo, para estar sano y ser capaz, debe ser capaz de comenzar, parar y cambiar cosas.

Aquí llegamos, de inmediato, a lo que queremos decir con "capacidad". Sería la capacidad para comenzar, cambiar y parar cosas. Y si tenemos *capacidad* para comenzar, parar y cambiar cosas, debemos estar, por supuesto, *dispuestos* a comenzar, parar y cambiar cosas. Aquellos que, renuentemente, se comportan de cierta manera para poder comenzar, parar y cambiar cosas, son personas muy enfermas. Y en esta categoría (en esta última categoría) descubrimos a la mayor parte de la especie humana cuando esto se escribe.

La diferencia básica entre aberración y cordura, entre incapacidad y capacidad, entre enfermedad y salud, es el knowingness de haber causado uno mismo, en oposición al estado de causa desconocida por parte de otras personas o cosas. Un individuo que sabe que él lo está haciendo es mucho más capaz que uno que lo está haciendo, pero que supone que alguna otra cosa lo está haciendo. La psicosis, en sí, es simplemente una inversión del determinismo. Un psicótico es totalmente Otro-determinado. Un hombre cuerdo es, en buena medida, Auto-determinado. Pan-determinismo significaría "estar dispuesto a comenzar, cambiar y parar en todas y cada una de las dinámicas". Esa es su definición primaria. Otra definición adicional, que también es una definición de precisión, es "estar dispuesto a comenzar, cambiar y parar dos o más fuerzas, opuestas o no". Y esto podría interpretarse como dos o más individuos, dos o más grupos, dos o más planetas, dos o más especies de vida, dos o más universos, dos o más espíritus, ya sea que estén opuestos o no. Esto significa que uno no necesariamente lucharía, no necesariamente "elegiría bando".

Esto está en conflicto total con algunas de las creencias más preciadas del Hombre. Pero, permíteme señalarte, con rapidez, que el Hombre no es una persona totalmente cuerda. Y, por lo tanto, algunas de sus creencias deben de estar algo aberradas. Existe tal cosa como el "valor", pero no existe tal cosa como la "cordura en una oposición total".

La gente que tiene miedo del control tiene tendencia a tener miedo del Pan-determinismo. Pero si ven esto como estar *dispuesto* a comenzar, cambiar y parar cualquier dinámica, verán que una persona debe de estar asumiendo la responsabilidad por cualquiera de las dinámicas.

Un conquistador, en su acometida contra la sociedad, está luchando contra Otro-determinismos. Está comenzando, cambiando y parando cosas debido a una *renuencia* a asociarse con otras razas o costumbres distintas a las suyas o a apoyarlas. Por lo tanto, lo que está haciendo puede interpretarse como malo.

A favor de este hecho, están todas las enseñanzas religiosas previas. Pero estas se han malinterpretado terriblemente. Se han interpretado en el sentido de que una persona no debería luchar en modo alguno, ni defender nada, ni tener nada, ni poseer nada. Esto no es cierto. Una persona que está dispuesta a ser otras identidades, aparte de ella misma, no necesariamente daña a estas otras individualidades. De hecho, no podemos hacer la completa distinción de "distinta a ella misma", pues con esto estamos diciendo que la persona se aferra a algo que llama "ella misma", y lo apoya y lo defiende sin estar dispuesta a identificarse a sí misma con otros. (Uno de los polemistas más exasperantes es el que se mueve a voluntad entre su propio punto de vista y los de aquellos que lo han elegido como enemigo).

Hay una importante Escala que Desciende desde Pan-determinismo. No va por la senda de una dinámica descendente, pero podría hacerlo, por supuesto. Uno simplemente podría ver como descenso del Pan-determinismo, el distanciamiento de una dinámica tras otra hasta llegar a la Primera Dinámica. Pero eso no nos da un panorama especialmente funcional y el auditor no lo usa.

La ESCALA QUE DESCIENDE DESDE PAN-DETERMINISMO es:

Pan-determinismo

Luchar

Debe y No Debe Suceder Otra Vez

Reparación

Asociación

En realidad estos son procesos:

En la parte más baja encontramos que no se está dispuesto a Asociarse con nada.

Justo por encima de esto, no se está dispuesto a Reparar nada, pero se está dispuesto a Asociarse de algún modo.

Por encima de esto, se está dispuesto a Asociarse y a Reparar en cierta medida, pero no se está dispuesto a permitir que ciertas cosas Sucedan de Nuevo:

Por encima de esto se está dispuesto a Combatir las cosas, y

Por encima de esto está el Pan-determinismo.

Están dispuestas de esta manera porque esta es la escalera por la que sube el preclear si se le recorre cierto tipo de proceso. Esto es algo similar a la antigua Escala Emocional, (que era: Apatía, Pesar, Miedo, Enojo, Antagonismo, Aburrimiento, Conservadurismo y Entusiasmo), sólo que en este caso es una escala de manifestaciones de conducta. Si un individuo que no está dispuesto a Asociarse con diversas cosas está sin duda muy lejos de ser Pan-determinado, y definitivamente no es ni siquiera Auto-determinado, tiene mucho que subir antes de estar dispuesto a Reparar cualquier cosa. Pero en este estado de ánimo puede Reparar de forma bastante general, aunque no esté dispuesto a crear o a destruir o sea incapaz de ello. (Algo peculiar aquí es que una persona que no está dispuesta a Asociarse, sólo es capaz de destruir, y una persona tiene que estar muy arriba en esta escala antes de poder crear. De hecho, tiene que estar cerca del nivel de Pan-determinismo para crear adecuadamente). Por encima de este nivel de Reparación, encontramos al individuo "congelado" en muchos incidentes, que está evitando que sucedan de nuevo, y está sujetando los facsímiles o engramas de estos incidentes para tener un modelo y saber así qué es lo que No Debe Suceder. Y por encima de este nivel, descubrimos a un individuo Luchando o dispuesto a Luchar contra casi cualquier cosa. Y por encima de este nivel encontramos a un individuo Pan-determinado dispuesto a *ser*, o capaz de *ser*, casi cualquier cosa, y así puede estar en paz con las cosas y no tiene que Luchar contra las cosas.

Un individuo en un nivel de Pan-determinismo puede *crear*.

Un individuo en Asociación, como he dicho, sólo puede *destruir*.

Un individuo en Reparación y Debe y No Debe Suceder Otra Vez, está haciendo un esfuerzo enorme (y realmente quiero decir esfuerzo) por *sobrevivir*.

Tomemos, para nuestro ejemplo de Pan-determinismo, la Segunda Dinámica. Encontramos aquí un esfuerzo tan concienzudo por tener Otro-determinismo, que Freud la eligió como el único factor aberrativo. No es el único factor aberrativo. Pero en vista del hecho de que es un flujo de entrada deseado, puede considerarse que (junto a muchas otras cosas) tiene algún valor aberrativo. Veámoslo en función del Auto-determinismo y el Pan-determinismo. Aquí tenemos a un individuo, que cree que es un *hombre,* que cree que su único placer sexual puede provenir de seguir siendo firmemente un hombre y de tener relaciones sexuales con una mujer, y estar muy seguro de que él no es la mujer. Por otra parte, tenemos a la *mujer* decidida a ser ella misma, experimentar como ella misma, y experimentar un flujo de entrada sexual de un hombre. En el caso del hombre, como en el caso de la mujer, tenemos una renuencia a ser el otro sexo. Esto se considera natural. Pero, ¿sabes que cuando esto es totalmente cierto, cuando tenemos determinismo total de ser uno mismo y no ser en lo más mínimo la otra persona, no hay ningún tipo de intercambio de placer sexual? Lo que obtenemos son las condiciones que conocemos como satiriasis y ninfomanía. Obtenemos una ansiedad tremenda por tener un flujo sexual.

Probablemente la única razón por la que puedes ver el universo en grado alguno es porque aún estás dispuesto a ser alguna parte de él. Probablemente la única razón por la que puedes hablar con la gente es porque también puedes ser la otra persona con la que estás hablando. Probablemente la única razón por la que realmente puedes permitir que la gente hable contigo es porque estás dispuesto a dejar a la otra persona ser tú, en cierta medida, y ella está dispuesta a dejarte ser ella, hasta cierto punto.

En vista de que el espacio en sí es un "mock-up" (es un estado mental), puede verse que la individualidad depende en cierta medida de la ley de que "dos cosas no deben ocupar el mismo espacio". Cuando tenemos esta ley en acción, tenemos un universo. Hasta que esta ley entra en acción, no hay un universo y sería muy difícil de diferenciar uno por completo. Dos cosas *pueden* ocupar el mismo espacio en la medida en que estés dispuesto a creer que pueden ocuparlo. Hablar ante una audiencia es muy fácil si estás perfectamente dispuesto a ser una audiencia. Es muy difícil hablar ante una audiencia si no estás dispuesto a ser la audiencia. Similarmente, es muy difícil ser una audiencia si no estás dispuesto a estar en el escenario. Podría considerarse que una persona que tuviera un considerable miedo escénico sería incapaz de disfrutar de la interpretación de los actores. Y así es. Descubrimos que la persona que está entre la audiencia y tiene un considerable miedo escénico, se retuerce y siente vergüenza por cada actor que comete la más leve equivocación o error. En otras palabras, encontramos que esta persona está compulsivamente "en el escenario" aunque está entre la audiencia.

Este tipo de cosas han llevado a más de un filósofo a suponer que todos provenimos del mismo molde, o que todos somos la misma cosa. Esto es una cuestión muy irrelevante. El procesamiento demuestra, de manera más que suficiente, que todos somos realmente individuos y que no somos el mismo individuo. Y, de hecho, la gente que cree que todos *somos* el mismo individuo pasan un muy mal rato con ello. Pero, evidentemente, todos podríamos *ser* el mismo individuo; al menos si todos fuéramos totalmente cuerdos.

El universo físico es una especie de "trance hipnótico" en el que el individuo se cree capaz de ver desde diferentes puntos. Esa ilusión se logra de forma realmente excelente por el hecho de que otros individuos creen que están viendo las mismas cosas desde los mismos puntos que ocupan. Todos nosotros, como unidades con consciencia de consciencia, somos básicamente diferentes. No somos el mismo "depósito común de vida". Y evidentemente todos estamos dotados de diferente manera (sin importar lo que le gustaría creer al Partido Comunista).

Una de las diferencias más significativas entre un hombre y otro es el grado en que esté dispuesto a ser Pan-determinado. El hombre que tiene que controlar con fuerza todo lo que le rodea, incluyendo a su familia, no está siendo Auto-determinado, por lo general, y mucho menos Pan-determinado. No está *siendo* su familia. Si estuviera siendo su familia, comprendería por qué hacen lo que hacen. Y no sentiría que hubiera ningún peligro o amenaza en que siguieran haciendo los movimientos que hacían o emanando las emociones que emanan. Pero un individuo, anclado en ser una sola persona, bastante obsesionado con el daño que pudiera ocurrirle a él o a los que lo rodean, tiende a lanzarse a una línea de un fuerte, firme, "supercontrol" de los demás. Tomemos ahora a la persona que es Auto-determinada y Pan-determinada en la misma situación. Y descubrimos que tendría suficiente *comprensión* en las inmediaciones de su familia y de su familia, y con esta comprensión estaría dispuesta a *ser* y a experimentar *como* el resto de la familia. Y descubriríamos que, de hecho, podría controlar a la familia con una facilidad considerable.

Lo peculiar de esto es que la fuerza sólo puede controlar bajando hasta la "entheta" (hasta la "enturbulación"), pero que un Pan-determinismo controla subiendo hasta una felicidad y comprensión mayores, puesto que hay mayor A-R-C presente. Has visto individuos cerca de los cuales se obtiene gran paz y tranquilidad. Es muy común que estos individuos mantengan cuerdos y alegres a muchos otros en su entorno que no son básicamente estables ni Auto-determinados en absoluto. El individuo que hace esto, no lo hace por obsesión. Lo hace sencillamente sabiendo y siendo. Comprende de qué está hablando la gente porque está perfectamente dispuesto a ser esta gente. Cuando cae respecto a comprender aquello de lo que están hablando, también ha caído respecto a estar dispuesto a ser esa gente. Estar dispuesto a *comprender* y estar dispuesto a *ser*, para nuestros fines, son sinónimos.

Ahora, ¿cómo encaja este Pan-determinismo en la comunicación?

Hemos visto que surgen dificultades, en el ciclo de comunicación y en el ciclo de comunicación en dos direcciones, cuando las originaciones de comunicación, las respuestas y los acuses de recibo son escasos. Por lo tanto, debe de ser que el individuo, al aberrarse mediante la comunicación, debe de haber concebido la necesidad de Otro-determinismo. En otras palabras, uno tiene que alejarse del Pan-determinismo para llegar a meterse en cualquiera de las trampas de la comunicación en grado alguno.

Es una gran suerte para nosotros que exista el Pan-determinismo. De lo contrario, no habría ninguna posibilidad en absoluto de salir de este laberinto de comunicaciones erróneas en que se mete una persona. La única forma de salir de este sería hacer que otras personas vinieran y platicaran lo suficiente, y fueran lo suficiente al cine, y buscaran otro Auto-determinismo que se comunicara, y hacerlo comunicarse, hasta que uno estuviera cuerdo. Sin embargo, resulta que esto no funciona, en un sentido ilimitado, de esta manera. Lo peculiar es que funciona en el procesamiento de "mock-up". Más aún, funciona mejor en mock-up, porque en mock-up introducimos la idea de Pan-determinismo.

Cuando le pedimos a alguien que *"tenga la idea de que* (otra persona) *esté presente"* (quien no está) y luego le pedimos que haga que esa "persona" le dé respuestas, descubrimos después de un tiempo que algunas de las principales aberraciones han volado de nuestro preclear. En la primera parte, el preclear está en realidad remediando la escasez de *respuestas* (o si se estuvieran procesando estas cosas, de *originaciones o acuses de recibo*) y está desenredando así líneas de comunicación. El "sentido" de lo que la persona estuviera "diciendo" en su mock-up no tendría nada que ver con ello. La comunicación podría ser casi puros disparates, con tal de que fuera una respuesta. Esto enderezaría el banco en un grado muy notable. El otro factor que entra aquí es el Pan-determinismo. Estamos haciendo que el individuo haga realmente un mock-up de algún otro y que haga que algún otro diga algo. En otras palabras, estamos haciendo que nuestro preclear asuma el control (el comenzar, cambiar y parar) de otro medio de comunicación.

Y mediante más pruebas y experimentos, descubrimos que podemos hacer esto para todas las dinámicas. Y cuando lo hemos hecho para todas las dinámicas, hemos llevado a nuestro preclear a un punto en que está dispuesto a regular comunicaciones en todas las dinámicas.

Y cuando está dispuesto a hacer esto, (y recibir originaciones, respuestas y acuses de recibo en todas las dinámicas), encontramos que tenemos a una persona muy serena que puede hacer las cosas más extraordinarias.

Cualquier cosa que hayas leído sobre las capacidades potenciales del Clear (y mucho más) se hace realidad si sigues este curso de acción. Así que tenemos mucha suerte de que exista el Pan-determinismo. De lo contrario, no habría forma de procesar a nadie.

Recuerda, cuando estés explicándole esto a la gente, que se trata de *estar dispuesto* a controlar en todas y cada una de las dinámicas. Y no de un control *obsesivo* o *compulsivo* para poseer, proteger o esconder en ninguna dinámica. Todos los males de la Tierra provienen de una obsesión por poseer, controlar, proteger y esconder en otras dinámicas aparte de la de uno mismo. Las verdaderas ilustraciones de este mundo han provenido de estar dispuesto a *ser* a lo largo de cualquiera de las dinámicas.

Una de las cosas que dan autenticidad al Pan-determinismo es la ferocidad con que los aberrados intentan alejar a un individuo de cualquier cosa que se parezca al Pan-determinismo. Esto es simplemente una acción obsesiva de la gente para ascender con esfuerzo y por la fuerza hasta el Pan-determinismo. Al Pan-determinismo no se puede ascender por la fuerza. La escalera que llega a esa altura no está hecha de picas y lanzas, azotes y fuerzas policiales. Está hecha de *Comprensión: Afinidad, Realidad y Comunicación.*

"Al Pan-determinismo no se puede ascender por la fuerza.
La escalera que llega a esa altura no está hecha de picas y
lanzas, azotes y fuerzas policiales. Está hecha de
Comprensión: Afinidad, Realidad y Comunicación".

LOS SEIS PROCESOS

DOCE

BÁSICOS

LOS SEIS PROCESOS BÁSICOS

E
L AUDITOR DE HOY EN DÍA TIENE que estar versado en los SEIS PROCESOS BÁSICOS y tiene que ser capaz de obtener resultados con estos procesos antes de que pueda esperar obtener resultados con niveles más elevados de auditación. Estos seis procesos forman una senda no sólo para el auditor. Descubrimos que constituyen una Escala Tonal. Esta Escala Tonal es de la forma siguiente:

En sus límites inferior y superior, ya sea mediante mímica, palabras o mock-ups, tenemos Comunicación en Dos Direcciones.

A continuación, por encima de esto, ocupando la posición desde más o menos 1.1 hasta 1.8, tenemos Línea Directa Elemental.

Por encima de esto, desde 1.8 hasta 2.5, tenemos el Procedimiento de Apertura de 8-C.

Por encima de esto, desde 2.6 hasta 3.0, tenemos el Procedimiento de Apertura por Duplicación.

Por encima de esto, desde 3.1 hasta 3.5, tenemos el Remedio del Havingness.

Y por encima de esto, desde 3.6 a 4.0, tenemos Localizar Puntos en el Espacio.

TABLA DE PROCESOS

DÓNDE ESTÁN EN LA ESCALA DE A-R-C:*

Exteriorizado

Localizar Puntos en el Espacio	4.0
Localizar Puntos en el Espacio	3.6
Remedio del Havingness	3.5
Remedio del Havingness	3.1
Procedimiento de Apertura por Duplicación	3.0
Procedimiento de Apertura por Duplicación	2.6
Procedimiento de Apertura de 8-C	2.5
Procedimiento de Apertura de 8-C	
Línea Directa Elemental	1.8
Línea Directa Elemental	1.1
Comunicación en Dos Direcciones	1.0
Comunicación en Dos Direcciones	– 8.0

"Clear de Un Solo Golpe"	4.0
"Clear de Un Solo Golpe"	2.5

* Véase la *Tabla de Evaluación Humana* que se da en *La Ciencia de la Supervivencia*.

Un auditor, al auditar estos Seis Procesos Básicos, se vuelve lo bastante capaz en observar y comunicar como para poder manejar o poder elevar al preclear hasta un punto donde él pueda manejar el "proceso subjetivo" que remedia la Comunicación, o el otro que es el "Clear de Un Solo Golpe".

El problema de la psicosis nunca le correspondió exactamente a Dianética, pero se ha resuelto ahí. El Procedimiento de Apertura de 8-C y las técnicas de Mímica, como se dan en los Boletines del Auditor Profesional, resuelven la psicosis. La resuelven rápidamente y se ocupan de ella adecuadamente, y no tenemos ninguna preocupación real en ese terreno. La única razón por la que nos adentraríamos en el campo de la psicosis en grado alguno sería para averiguar cuán al sur funcionan nuestras técnicas. Estos Seis Procesos Básicos también resuelven la enfermedad psicosomática y hacen otras cosas extraordinarias.

Como se describe de manera mucho más completa en *La Creación de la Habilidad Humana,* estos Seis Procesos Básicos constituyen la base de todos los procesos. En ellos encontramos la comunicación en dos direcciones por todas partes. Se puede decir con honestidad que no hay auditación sin comunicación en dos direcciones.

COMUNICACIÓN EN DOS DIRECCIONES

El proceso, Comunicación en Dos Direcciones, podría subdividirse, en sí mismo, en procesos verbales y no verbales. Los procesos verbales incluirían preguntas sobre el entorno de tiempo presente y la vida, los intereses y demás del preclear, y requerirían una respuesta directa a cada pregunta, sin importar lo largo que fuera el retardo de comunicación. En otras palabras, se llevaría a cabo comunicación en dos direcciones para lograr que el preclear realmente hablara con el auditor. En el caso de las personas que tienen grandes dificultades en esto, tenemos técnicas no verbales, (como la Mímica), donde el auditor imita al preclear y persuade al preclear para que imite al auditor. Se usan diversos procesos, como pasarse una pelota entre ellos, asentir con la cabeza, estrecharse la mano, sentarse, levantarse, cruzar la sala caminando y regresar y sentarse: todos ellos son eficaces.

Una buena parte de este libro, *¡Dianética 55!,* trata del *tema* de la comunicación en dos direcciones. Y la totalidad de la *auditación* consiste en llevar al preclear a una excelente comunicación en dos direcciones. Y algunos instructores consideran un poco difícil transmitir el *proceso* llamado Comunicación en Dos Direcciones. Sin embargo, es en realidad la simplicidad misma. Pues todo lo que se necesita es que el preclear realmente ofrezca comunicación de forma voluntaria y responda a las comunicaciones que se le den voluntariamente. Siempre hay algo de lo que el preclear hablará.

La Mímica, en especial cuando se aplica a psicóticos, es un tema de precisión. La Mímica no es un proceso nuevo. Es casi tan antiguo como la psicoterapia, pero impredecible si no se usa con un profundo conocimiento de la "validación". Puede decirse que "lo que se valida se convierte en realidad". La única fuerza o fortaleza que tiene la vida es aquella que se deriva directamente del nivel superior de la comprensión. Cuando la vida baja hasta un punto en que es incomprensible, no puede retransmitir ninguna comprensión. Comprender esto es esencial para un auditor. Tiene que darse cuenta de que da poder a todo lo que valida. Hicimos de los engramas algo importante. Y al validar los engramas, de hecho (cuando se les auditaba mal) les dábamos fuerza y poder a los engramas. Lo mismo sucede con el psicótico. Imitar las cosas extrañas, peculiares, grotescas y fuera de lo común que hace es dar fuerza y fortaleza a esas cosas. No se puede enfatizar lo suficiente que el auditor *nunca* debe imitar las manifestaciones extrañas, grotescas y fuera de lo común del psicótico. La única forma en que un auditor puede hacer que la Mímica funcione de manera constante y continua y rápida, es validando lo que el entorno considera lo acordado, lo usual, lo habitual, lo ordinario. Tal vez un psicótico esté retorciéndose las manos como un loco, y en ocasiones asienta levemente con la cabeza. El auditor, al imitarlo, no retorcería las manos, pero sí asentiría levemente con la cabeza, pues asentir con la cabeza es una manifestación acordada en el entorno, y retorcer las manos no lo es. Si el auditor hace esto, el preclear comenzará a asentir más con la cabeza y a retorcer menos las manos. Si el auditor comenzara a imitar al psicótico retorciendo las manos, descubriría que el psicótico probablemente dejaría de retorcer las manos, pero haría otra cosa aún más grotesca. Y si el auditor imitara entonces esta manifestación mucho más grotesca, el psicótico sencillamente pasaría a hacer algo aún más descabellado, o quizá se quedara completamente inmóvil. Pues si a algo le tiene miedo el psicótico es a volverse predecible. El psicótico está bajo el control de "entidades" (circuitos demonio). Él sí tiene una pizca de cordura, de lo contrario, no podría funcionar en absoluto. Por lo tanto, las cosas que haga que sean cuerdas se tienen que imitar y así se reforzarán. Si un auditor sabe esto a consciencia y lo aplica inteligentemente, descubrirá que a los psicóticos es posible llevarlos a una comunicación en dos direcciones y hacerles pasar de inmediato al Procedimiento de Apertura de 8-C; que es el proceso adecuado para los psicóticos. (El 8-C, aunque no es un proceso para psicóticos, funciona en los psicóticos. Sin embargo, al aplicar el Procedimiento de Apertura de 8-C en un psicótico, el auditor debe tener mucho cuidado de no ir más allá de la Parte (a), durante mucho, mucho tiempo).

LÍNEA DIRECTA ELEMENTAL

Del proceso conocido como Comunicación en Dos Direcciones, pasamos al que se conoce como Línea Directa Elemental. La Línea Directa Elemental tiene dos órdenes básicas. Una de estas órdenes se usa continuamente, una y otra vez, una y otra vez, hasta que el retardo de comunicación está completamente agotado en ella. Luego se usa la otra orden una y otra vez, una y otra vez, hasta que el retardo de comunicación está completamente agotado, momento en que se descubrirá que la primera orden producirá ahora retardos de comunicación, y así se usa una y otra vez, una y otra vez. Y luego se usa la segunda una y otra vez, una y otra vez. En otras palabras, lo que hacemos aquí es usar este proceso de Línea Directa Elemental con sólo dos órdenes, de forma continua, una orden cada vez, agotando cada retardo de comunicación que se encuentre. Mientras se hace esto, uno mantiene, por supuesto, una comunicación en dos direcciones. Uno da acuse de recibo al hecho de que el preclear ha recordado algo y, en general, está alerta para recibir del preclear cualquier comunicación que origine, responderla y dar más órdenes.

Las dos órdenes de Línea Directa Elemental son:

"Dame algo que estarías dispuesto a recordar",

"Dame algo que estarías dispuesto a olvidar".

Esto puede variarse con:

"Dime algo que estarías dispuesto a recordar",

"Dime algo que estarías dispuesto a olvidar".

La Línea Directa Elemental tiene una forma estándar. Si se variara, debería variarse hacia la simplicidad.

Una forma simple de Línea Directa es:

"Recuerda algo", una y otra vez, de nuevo y de nuevo y de nuevo y de nuevo y de nuevo.

Sin embargo, no uses: *"Olvida algo",* pues esto es demasiado arduo para el preclear.

Otra forma aún más simple es aplicar *"Recuerda algo"* a las dinámicas, como:

"Recuerda a un hombre",

"Recuerda a un grupo".

El único error que puede cometerse en Línea Directa Elemental es ponerse demasiado sofisticado (pues es difícil creer que un auditor que haya alcanzado este nivel de auditación cometería un error en cuanto a la comunicación).

Hay toda una gama de órdenes a las que llamamos "la penúltima lista de Autoanálisis" (publicada en *Autoanálisis*) que se sabe que en muchas ocasiones ha roto el estado neurótico de una persona llevándola a un estado cuerdo. Esta es:

"¿Puedes recordar una ocasión que sea verdaderamente real para ti?"

"¿Puedes recordar una ocasión en que te estabas comunicando bien con alguien?"

"¿Puedes recordar una ocasión en que alguien se estaba comunicando bien contigo?"

"¿Puedes recordar una ocasión en que sentiste afinidad por alguien?"

"¿Puedes recordar una ocasión en que alguien sintió afinidad por ti?"

Manteniendo esto en la línea de comprensión o afinidad, un caso avanza con mayor rapidez que si se abordan la emoción desagradable y otros factores.

PROCEDIMIENTO DE APERTURA DE 8-C

El Procedimiento de Apertura de 8-C es uno de los procesos más eficaces y poderosos que alguna vez se hayan desarrollado, y debería reconocerse y usarse como tal.

El principal error que se comete en el Procedimiento de Apertura de 8-C es no hacerlo durante suficiente tiempo. Se necesitan unas quince horas de Procedimiento de Apertura de 8-C para llevar a una persona a una actitud completamente relajada y Auto-determinada con respecto a recibir *órdenes*. El Procedimiento de Apertura de 8-C es un proceso de precisión.

La Parte (a) del Procedimiento de Apertura de 8-C es:

"¿Ves ese (objeto)?", (mientras el auditor lo señala).

Cuando el preclear indica que lo ve, el auditor dice:

"Camina hasta él".

Cuando el preclear haya caminado hasta él, el auditor dice:

"Tócalo".

Cuando el preclear lo hace, el auditor dice:

"Déjalo", y señala otro objeto (una pared, una lámpara), llamándolos por su nombre o no, y repite el mismo procedimiento una vez más.

Es importante que el auditor específicamente dé acuse de recibo cada vez que el preclear haya ejecutado la orden que se le dio. Cuando el preclear ha visto el objeto, cuando ha caminado hasta él, cuando lo ha tocado, cuando lo ha dejado; cada vez, el auditor indica que se ha dado cuenta, y da acuse de recibo a esta acción del preclear.

Este Paso (a) se usa hasta que el preclear lo haga con facilidad, con soltura, sin la menor variación ni introducción de ningún retardo de comunicación físico, y haya demostrado completamente que no tiene ninguna sensación de molestia con respecto al auditor ni los objetos de la sala.

Cuando se ha recorrido (a) durante el tiempo necesario para subir de tono al caso, se recorre la Parte (b). La Parte (b) introduce la idea de *decisión*. Es interesante que el "Clear de Un Solo Golpe" debe ser muy fuerte respecto a este "poder de decisión". También es interesante que una persona en una condición extremadamente mala no tiene poder de decisión.

Las órdenes de la Parte (b) son:

"Escoge un punto en esta sala".

Y cuando el preclear lo ha hecho:

"Camina hasta él".

Y cuando el preclear lo hace:

"Pon tu dedo sobre él".

Y cuando el preclear lo ha hecho:

"Déjalo".

En cada ocasión, el auditor da acuse de recibo a la terminación de la orden por el preclear, indicando *"Muy bien"* o *"De acuerdo"* o *"Estupendo"*, haciendo bien evidente que se ha dado cuenta de la acción del preclear al cumplir cada orden específica, y que la aprueba y le está dando acuse de recibo. El auditor aprueba cada una de las órdenes de esta manera.

Al preclear se le recorre en esto hasta que no muestra retardo de comunicación físico en absoluto al decidir qué tocar, cómo tocarlo, y demás.

La Parte (c) del Procedimiento de Apertura de 8-C introduce un grado de *decisión* aún mayor.

Se hace como sigue:

El auditor dice:

"Escoge un punto en esta sala".

Y cuando el preclear lo ha hecho, el auditor dice:

"Camina hasta él".

Cuando el preclear lo ha hecho, el auditor dice:

"Decide cuándo vas a poner tu dedo sobre él, y hazlo".

Cuando el preclear lo ha hecho, el auditor le dice:

"Decide cuándo vas a dejarlo, y déjalo".

El auditor, cada vez, le da al preclear un acuse de recibo por la terminación de una de estas órdenes.

Al hacer el Procedimiento de Apertura de 8-C, no se le tiene que permitir al preclear que ejecute una orden antes de que se le dé. Y se debe mantener una comunicación en dos direcciones.

Como he dicho, el Procedimiento de Apertura de 8-C es un proceso muy poderoso. Si todo lo que los auditores supieran fuera hacer el Procedimiento de Apertura de 8-C, y pudieran hacerlo muy bien, ahí mismo habríamos superado a la psicoterapia. Pero no estamos tratando de superar a la psicoterapia. Nunca ha sido un gran problema para nosotros. Estamos tratando de llevar a la gente mucho más arriba de lo que la psicoterapia soñara alguna vez. Y Dianética y Scientology no son psicoterapias, son procesos que aumentan las capacidades de la gente.

PROCEDIMIENTO DE APERTURA POR DUPLICACIÓN

El Procedimiento de Apertura por Duplicación tiene como meta la separación del tiempo, momento a momento. Esto se logra haciendo que el preclear duplique su misma acción una y otra vez con dos objetos distintos.

En Inglaterra, se conoce este proceso como "Libro y Botella", quizá porque estos dos objetos comunes son los que más se usan al hacer el Procedimiento de Apertura por Duplicación.

El primer paso del Procedimiento de Apertura por Duplicación es familiarizar al preclear con ambos objetos, en cuanto a su realidad y la capacidad del preclear para poseerlos. Uno hace que los maneje y los palpe, y se familiarice con ellos, hace que los describa como objetos que está experimentando en tiempo presente, no como algo relacionado con el pasado. Un poco de tiempo dedicado a esto puede ser muy beneficioso.

El auditor comienza entonces lo que llegarán a ser para el preclear, antes de que termine con esto, algunas de las frases más odiosas que nadie pudiera concebir; pero que, para cuando el preclear haya concluido con esto, se vuelven como cualquier otra frase.

Mucha gente cree que el Procedimiento de Apertura por Duplicación produce hipnosis. Esto se debe a que se elimina el hipnotismo al recorrerlo. El preclear, mientras se está recorriendo el hipnotismo hasta eliminarlo, puede sentirse bastante hipnotizado. Es todo lo contrario al hipnotismo. El hipnotismo es un esfuerzo por convencer al individuo de que no haga nada, de que se quede quieto y acepte por completo el flujo de entrada. El Procedimiento de Apertura por Duplicación contiene comunicación en dos direcciones y, de hecho, no funciona a menos que se haga comunicación en dos direcciones con él.

El principal riesgo al hacer comunicación en dos direcciones en el Procedimiento de Apertura por Duplicación es que el auditor, al introducir comunicación en dos direcciones en el proceso, puede desviarse bastante de la pauta establecida. No debe hacer esto. Aunque esté manteniendo comunicación en dos direcciones, debe atenerse muy estrictamente al proceso. Puede hacer que el preclear le hable más sobre ellos. Puede hacer que el preclear describa diversas cosas que se estén manifestando para el preclear. Puede insistir en que el preclear realmente sepa que acaba de captarlo. Pero debe seguir con esta secuencia de órdenes de auditación, y no puede variarlas ni siquiera un poco. Puede intercalar más conversación, pero no otras órdenes de auditación, en el Procedimiento de Apertura por Duplicación.

Las órdenes de auditación son:

"¿Ves ese libro?", dice el auditor, señalándolo.

Cuando el preclear indica que sí, el auditor dice:

"Camina hasta él".

Cuando el preclear lo hace, el auditor dice:

"Levántalo".

Cuando el preclear lo hace, el auditor dice:

"Míralo".

Cuando el preclear lo hace (normalmente lo estaba mirando, pero ahora lo mira con más detenimiento), el auditor dice:

"Dime su color".

Cuando el preclear lo hace, el auditor dice:

"Dime su peso".

Cuando el preclear lo hace, el auditor dice:

"Dime su temperatura".

Cuando el preclear lo ha hecho, el auditor dice:

"Déjalo exactamente como lo encontraste".

Tras completarse esta secuencia de acciones, el auditor señala la botella.

"*¿Ves esa botella?*".

Cuando el preclear lo hace, el auditor dice:
"*Camina hasta ella*".

Cuando el preclear lo hace, el auditor dice:
"*Levántala*".

Cuando el preclear lo ha hecho, el auditor dice:
"*Mírala*".

Cuando el preclear lo hace, el auditor dice:
"*Dime su color*".

Cuando el preclear lo ha hecho, el auditor dice:
"*Dime su peso*".

Cuando el preclear lo ha hecho, el auditor dice:
"*Dime su temperatura*".

Cuando el preclear lo ha hecho, el auditor dice:
"*Déjala exactamente como la encontraste*".

Luego, señalando el libro, el auditor dice:
"*¿Ves ese libro?*".

Y así sucesivamente, una y otra vez, usando esta secuencia exacta de órdenes.

El auditor puede intercalar:
"*Descríbelo con más detalle*".

Algunas veces, (pero no con mayor frecuencia que una vez cada quince minutos), el auditor puede señalar el libro, hacer que el preclear lleve a cabo toda la secuencia con el libro, y luego volver a señalar el libro y hacer que ejecute de nuevo toda la secuencia con el libro. Esto desarmará la "maquinaria automática" que los preclears seguro que montarán para compensar este proceso. Queremos mantener al preclear haciéndolo, no a sus máquinas. Pidiéndole al preclear que describa el objeto, o describa su temperatura más en detalle (siguiendo la secuencia correcta de estas órdenes), también se desmontan las máquinas y se incrementan el estado de alerta y la consciencia del preclear.

El auditor no debe omitir dejar que el preclear le dé sus reacciones. El preclear hará una pausa, parecerá estar confuso. Le corresponde al auditor, en ese momento, decir: *"¿Qué pasó?"*. Y averiguar qué es lo que ha pasado. Y luego continuar con el proceso, habiendo dado acuse de recibo a la comunicación del preclear. Un auditor nunca debe tener miedo de permitirle al preclear emanar una comunicación. Y un auditor nunca debe dejar de dar acuse de recibo a la terminación de una acción de auditación, no importa lo insignificante que sea.

REMEDIO DEL HAVINGNESS

El Remedio del Havingness es un proceso sumamente eficaz, pues remedia la capacidad del preclear para "tener" o "no-tener" a voluntad. A veces, los auditores interpretan este proceso como "sólo flujo de entrada". Eso es porque el universo físico es un universo de flujo de entrada, y para el auditor es demasiado fácil atribuirle a la auditación (y a todas las demás acciones) únicamente características de flujo de entrada.

El *modus operandi* del Remedio del Havingness consiste en hacer que el preclear haga un mock-up de algo, que tire de ello adentro, o que haga un mock-up de algo y que lo tire. No importa de qué le pidas que haga un mock-up. El elemento puede tener significación o no, según sea el caso. Los preclears que están bajos de tono, (si esto se recorre en ellos, y no debería hacerse), tienden a hacer que todos los mock-ups que hacen tengan mucha *significación*. No es la significación, es la *masa* lo que cuenta. Sin embargo, para mantener interesado al preclear, o para ayudarlo a crear mock-ups, un auditor puede designar cosas concretas, y lo hace.

Se encontrará que el "nivel de aceptación" y el "nivel de expectación" del preclear regulan muy definitivamente aquello de lo que el preclear hace mock-ups, y de lo que puede tirar adentro y de lo que puede tirar. Como se explica en los Boletines del Auditor Profesional, se pueden combinar los Procesos del Nivel de Aceptación con el Remedio del Havingness.

Las órdenes del Remedio del Havingness son las siguientes:

"Haz el mock-up de un (planeta, hombre, ladrillo)",

"Haz una copia de él",

"Haz una copia de él",

"Haz una copia de él".

Y cuando el preclear tiene de cinco a quince copias:

"Empújalos todos juntos",

"Ahora tira de ellos adentro de ti".

Cuando el preclear ha hecho esto durante un rato, se varía la última orden diciendo:

"Tíralos y haz que desaparezcan en la distancia".

En otras palabras, ponemos al preclear a hacer el mock-up de algo. Cuando lo haya hecho, le pedimos que haga una copia, que haga otra copia, y otra copia y otra copia, una cada vez, que las empuje y las junte y que tire de ellas adentro o que las tire. Continuamos con este proceso durante un rato, hasta que estemos bien seguros de que el preclear realmente puede tirar cosas o tirar de ellas adentro a voluntad. Este es el Remedio del Havingness. El Remedio del Havingness no significa "atiborrar al preclear con energía". Significa "remediar su capacidad para tener o para no tener energía". Si se recorriera este proceso con significaciones concretas, como dinero, mujeres, etc., uno podría remediar escaseces específicas que tuviera el preclear.

Pero recuerda, pueden ser tan escasas al principio que tendrá que "desperdiciar" una gran cantidad de ellas antes de poder "tener" una.

En una unidad con consciencia de consciencia exteriorizada recorremos el Remedio del Havingness, pero de una manera un poco diferente.

Decimos:

"Pon ahí ocho puntos de anclaje".

Le describimos cómo queremos que los ponga. Queremos que los ponga de tal manera que formen los vértices de un cubo. En otras palabras, estos ocho puntos de anclaje no deben estar agrupados delante ni detrás del preclear, sino que se deben distribuir a su alrededor.

Cuando el preclear lo ha hecho, decimos:

"Tira de ellos adentro de ti".

Continuamos haciendo esto durante mucho tiempo.

También hacemos que el preclear, exteriorizado, haga el mock-up de ocho puntos de anclaje y los tire lejos de sí mismo. Un preclear exteriorizado puede sentirse muy desdichado por su falta de havingness, y este último proceso se usa para remediar esta molestia.

El Remedio del Havingness es una técnica de exteriorización. Si se recorre en un individuo durante tiempo suficiente (digamos unas ocho o diez horas) es probable que se exteriorice al cabo de ese tiempo. Si lo siguieras recorriendo como un proceso exteriorizado (como se da en la segunda parte anterior) también se aclararía su vista, y al final acabaría en una condición excelente. Este es un proceso extraordinario. Sin embargo, recuerda que este proceso depende de que el preclear siga las órdenes del auditor. A menos que el auditor se haya asegurado de esto con el Procedimiento de Apertura de 8-C y el Procedimiento de Apertura por Duplicación, las posibilidades de que el preclear realmente siga sus órdenes, (aunque finja hacerlo), son muy escasas.

(Descubrimos, en la Dianética de los viejos tiempos, que el fracaso se debía a que el preclear no seguía las órdenes del auditor. Los preclears fingían seguir las órdenes del auditor, pero en realidad no lo hacían).

LOCALIZAR PUNTOS EN EL ESPACIO

El proceso conocido como Localizar Puntos en el Espacio no debe intentarse en alguien que la esté pasando mal. Y cuando se intente, debería ir acompañado del Remedio del Havingness. Se hace que la persona localice puntos en el espacio durante un breve periodo de tiempo, luego se remedia el havingness, luego que localice puntos en el espacio, luego se remedia el havingness, y luego que localice puntos en el espacio.

Estos dos procesos, el Remedio del Havingness y Localizar Puntos en el Espacio, en realidad encajan el uno con el otro. Sin embargo, el preclear tarde o temprano alcanzará una banda más alta, en la que puede localizar puntos en el espacio sin remediar su havingness.

Las órdenes de auditación son:

"Localiza un punto en el espacio de esta sala".

Cuando el preclear lo ha hecho, el auditor dice:

"Localiza otro punto", etc.

Cuando el preclear se adentre bien en el proceso de esta forma, decimos:

"Localiza un punto en el espacio de esta sala",

"Camina hasta él".

Cuando lo ha hecho:

"Pon tu dedo sobre él".

Cuando lo hace:

"Déjalo".

Al comenzar este proceso, el auditor debería preguntarle al preclear si:

"¿Tiene el punto alguna masa, color, temperatura o cualquier otra característica?"

o bien:

"¿Qué tan grande es?".

El auditor pregunta esto para asegurarse de que este preclear está realmente localizando un punto (una simple ubicación), no un punto que contenga masa, temperatura u otras características. Una ubicación es simplemente una ubicación. No tiene masa, no tiene color, no tiene temperatura. Cuando le pedimos al preclear que localice un punto, es probable que al principio sus puntos tengan masa y temperatura. No nos oponemos a esto. Simplemente le preguntamos con frecuencia, una vez que hemos descubierto que sus puntos tienen esto, *¿qué tal van* (sus) *puntos?* Y recordamos, en un preclear así, que tenemos que remediar el havingness. Al final, llegará a un nivel en el que sencillamente esté localizando ubicaciones.

EL USO DE SEIS PROCESOS BÁSICOS

Estos son los Seis Procesos Básicos que un auditor debe conocer. Todos ellos son procesos muy poderosos. Y todos y cada uno de ellos pueden lograr las metas que se contemplaban en *Dianética: La Ciencia Moderna de la Salud Mental.* La esencia de estos procesos es hacerlos tal y como se dan, hacerlos "en su pureza", manteniendo todo el tiempo una comunicación en dos direcciones con el preclear. Los auditores se meten en variaciones menores de esta serie de procesos. Pero estos procesos fueron desarrollados en primer lugar a partir de la teoría y por mí mismo, fueron perfeccionados en la práctica por mí mismo y se les entregaron a muchos auditores para que los hicieran, y muchos auditores se entrenaron en ellos, y luego estos procesos se refinaron e inspeccionaron, y se refinaron e inspeccionaron, hasta un punto en el que representan un acuerdo muy general. Y hemos encontrado que estas órdenes, tal y como las tienes aquí, son las mejores órdenes que se pueden usar al procesar a un preclear.

El que un auditor no duplique, su renuencia a duplicar, su malestar respecto a la duplicación en general con bastante frecuencia lo llevarán hacia el callejón sin salida de la variación compulsiva u obsesiva de un proceso. Cuando lo hace, puede esperar que sus resultados disminuyan. La auditación actual, según la experiencia de un grandísimo número de auditores, es una disciplina muy severa para el individuo. No es un arte. Y jamás será un arte. Es una ciencia de precisión. En los primeros días, toda esa cháchara acerca del "arte" y la "intuición" y el "instinto" les costó a muchos preclears el beneficio de la auditación. La auditación en esos tiempos lejanos era tremendamente complicada, pero no obstante era precisa. Ahora que es muy sencilla, sigue siendo muy precisa.

De entre estos procesos, se escogieron la comprensión del retardo de comunicación y el Procedimiento de Apertura de 8-C como los dos procesos que enseñar a una zona muy grande en la que había una gran cantidad de auditores. Hasta entonces, esa zona había sido notable por los extraños resultados "obtenidos" por los auditores hasta ese momento y por las extrañas técnicas que se empleaban allí. Se mandó a un par de auditores a la zona para enseñar a todo el mundo el retardo de comunicación y el Procedimiento de Apertura de 8-C. (De hecho, estos dos auditores eran originarios de esta zona). Lo hicieron, y se ha informado de que se han salvado varias vidas hasta la fecha, y se han salvado muchísimos casos. Y la ciencia en su totalidad está mejorando en esa zona particular, simplemente porque a la zona no se le enseñó otra cosa que el retardo de comunicación y el Procedimiento de Apertura de 8-C, y a partir de entonces no han hecho más que esto. En las afueras de esta zona, un par de auditores variaron el Procedimiento de Apertura por Duplicación, y se informó de que estaban teniendo "muy buena suerte" con la variación. Pero estos dos auditores no eran parte del equipo al que se enseñó el Procedimiento de Apertura de 8-C y el retardo de comunicación. Y los resultados que estaban obteniendo eran muy inferiores a los resultados que estaban obteniendo sus propios compañeros muy cerca de ellos.

Podría decirse que el único peligro real en la auditación era el "fracaso". La auditación es la acción de *comenzar, cambiar y parar la aberración,* o la *creación de la capacidad.* En la actualidad, la creación de la capacidad predomina hasta un punto en que la aberración desaparece de la vista y se olvida. Pero el auditor que no obtiene resultados se está demostrando a sí mismo que no puede controlar la aberración ni la capacidad humana. Y la demostración para sí mismo de su fracaso es suficiente para hacer que sea ligeramente incapaz de resolver sus propias dificultades. Por eso, es extremadamente importante que tengamos procesos que, cuando se usan exactamente tal y como se dan, y se usan con destreza, producen en los preclears buenos resultados de manera uniforme. Un auditor que use estos procesos en los preclears, mejorará cada vez más y más y más y más, aunque él mismo no reciba ninguna auditación: algo que no era la historia de 1950. Cuando puedes controlar la aberración en los demás, cuando puedes aumentar la capacidad de los demás, sin duda no te preocupas por la tuya. Un auditor que tiene fracasos constantes, al final volverá a caer en la "auto-auditación". Pero estos procesos curarán incluso eso. La auto-auditación, por supuesto, es la manifestación de ir por ahí recorriendo conceptos o procesos en uno mismo. Uno está haciendo esto porque se le ha hecho tener miedo, a causa de su fracaso en controlar los de otros, de no ser capaz de controlar sus propios engramas, facsímiles, pensamientos y conceptos. Y trata de controlarlos con la auditación. No es necesario que un individuo se audite a sí mismo para controlar su propia maquinaria.

Antes de que nadie se aventure en la dirección de poner a prueba el "Clear de Un Solo Golpe" o trate de exteriorizar a la unidad con consciencia de consciencia y hacer así un Clear, debería estar perfectamente versado en estos procesos. De hecho, es probable que cualquiera de estos procesos, si se recorriera el tiempo suficiente, diera como resultado una exteriorización.

Hay formas más rápidas de lograr una exteriorización que estos procesos. Pero estos procesos son preliminares a eso. El preclear que no puede seguir las órdenes del auditor no se va a sentar ahí a hacer un proceso "subjetivo" (es decir, un proceso que no está a la vista, que está en su propia mente) sin variarlo. El problema con el preclear es que no puede duplicar. No puede seguir las órdenes del auditor.

Y cuando el auditor le dice que recorra un concepto o un pensamiento, el preclear probablemente haga un gesto vago de asentimiento a esto y recorra algo totalmente diferente. Una revisión muy cuidadosa al E-Metro en bastantes preclears que no estaban avanzando con "procesos subjetivos" reveló que ninguno de ellos había recorrido jamás lo que el auditor le había dicho que recorriera. Tenían miedo de obedecer al auditor, tenían miedo de lo que el auditor estaba haciendo, tenían miedo de su destreza. El Procedimiento de Apertura de 8-C remedia este miedo y saca a la luz la incapacidad y la renuencia del preclear, donde deben estar.

En el Procedimiento de Apertura por Duplicación, muy a menudo tenemos a un preclear que "vuela de la sesión" cuando el auditor ha recorrido una cantidad insuficiente del Procedimiento de Apertura de 8-C. Cuando un preclear "vuela de la sesión" en el Procedimiento de Apertura por Duplicación, el auditor ha fallado. No ha recorrido suficiente Procedimiento de Apertura de 8-C. ¿Cuánto Procedimiento de Apertura de 8-C es suficiente? Hasta que la persona esté en muy buena condición como Homo sapiens.

Recuerda que tanto si la orden es física como mental, el auditor debe observar el retardo de comunicación. En el Procedimiento de Apertura de 8-C, él simplemente repite las órdenes del proceso de principio a fin, (y luego una y otra vez, una y otra vez, una y otra vez), y de esta forma agota cualquier retardo que aparezca. No repite la orden en la que el preclear tuvo el retardo. Es más fácil hacerlo de esta forma. Es un proceso más ordenado cuando se hace de este modo. Según la teoría lógica y estricta, debería repetirse la orden exacta en la que ocurrió el retardo, pero esto no se hace.

Estos son los Seis Procesos Básicos que debemos conocer antes de poder establecernos como auditores hoy en día. Estos son los procesos que están produciendo resultados. Estos son los procesos que están haciendo hombres y mujeres capaces.

Estos procesos pueden variarse para usos específicos en relación con la capacidad. Uno de sus usos, por ejemplo, sería elevar la capacidad de un piloto para pilotear un avión, o de una persona para conducir un auto, simplemente haciendo que se acerque, *"toque"* y *"deje"* diferentes partes del objeto que se tiene que controlar. Se recorre el procedimiento exacto (tal y como se describió antes para el Procedimiento de Apertura de 8-C), excepto que se usa el objeto que se tiene que controlar.

Las mecanógrafas han aprendido a escribir mejor a máquina, la gente ha aprendido a conducir mejor un auto, y se han recuperado muchas otras capacidades con sólo recorrer 8-C.

Se podría prever que un pianista que estuviera llegando a estar cansado, agotado o molesto con su música, volvería a alcanzar la plena consciencia de la música con sólo recorrer 8-C en su instrumento o instrumentos.

Si quisiéramos aumentar la capacidad de un vendedor, sólo sería necesario recorrer cualquiera de los procesos anteriores (en su posición correcta en la Escala Tonal), para aumentar su capacidad. Las capacidades aumentan, en general, cuando se recorren estos procesos.

¿Cuándo se recorre qué proceso?

Uno debería tener una copia de la Tabla de Evaluación Humana, de *La Ciencia de la Supervivencia,* y conocer esta tabla bien para comprender exactamente por dónde empezar. En la práctica general, sin embargo, el auditor simplemente comienza con Comunicación en Dos Direcciones. Y cuando está obteniendo respuestas a sus preguntas y está hablando con bastante libertad con su preclear, pasa a Línea Directa Elemental. Y de Línea Directa Elemental, pasa al Procedimiento de Apertura de 8-C.

Hay una variación en la Comunicación en Dos Direcciones. Si tienes dificultad para comenzar Comunicación en Dos Direcciones con un preclear, es muy fácil hacerle hablar sobre *problemas*. Y a partir de ahí recorrer esto:

"¿Qué problema podrías ser para ti mismo?".

"¿Qué problema podrías ser para otros?", recorriendo una y luego la otra cada vez hasta que el preclear comprendiera que él podría ser una "infinidad de problemas".

Mucha gente tiene una escasez de problemas tan grande que no quieren deshacerse de ninguno hasta que saben que pueden crear problemas por sí mismos. Cuando un caso se está estancando, generalmente le está resultando muy difícil renunciar a algún problema favorito, porque "sabe" que no puede tener más. Por supuesto, todo esto se centra básicamente en las *respuestas*. No puede tener ninguna respuesta, así que tiene que tener problemas. Luego, desde el punto de vista de los problemas, al final llega a un punto en que ni siquiera puede tenerlos.

Cualquiera que desee ser un buen auditor, debería atenerse a este capítulo muy rigurosamente, debería tener un ejemplar de *La Creación de la Habilidad Humana,* y debería conseguir también *La Ciencia de la Supervivencia,* y estudiarlos. La mejor forma de hacerse auditor es entrenarse como auditor. Hemos encontrado que esto es tan cierto que, aunque seguimos ofreciendo un examen a cualquiera que desee hacerlo (para el título de Auditor Certificado Hubbard o Auditor de Dianética Hubbard) nunca esperamos que lo aprueben. Pues nunca lo han aprobado, aunque sólo trata sobre los elementos más simples que tienes ante ti. No hay sustitutivo alguno para el buen entrenamiento.

*"La mejor forma de hacerse auditor
es entrenarse como auditor".*

EL
PROCESAMIENTO

TRECE

DE LA
COMUNICACIÓN

CAPÍTULO TRECE

EL PROCESAMIENTO DE LA COMUNICACIÓN

S I EXAMINAS los Seis Procesos Básicos, descubrirás que son PROCESOS DE COMUNICACIÓN.

La eficacia del Procedimiento de Apertura de 8-C se debe al hecho de que coloca la comunicación con el universo físico en el ámbito del knowingness (conocimiento con certeza). El universo físico no nos devuelve respuestas. Pero el Procedimiento de Apertura de 8-C remedia, en gran medida, el riesgo de esta situación de no-respuestas, haciendo que el individuo sea *consciente* del hecho de que las paredes son sólo paredes, las sillas son sillas, los suelos suelos, y los techos techos.

El Procedimiento de Apertura por Duplicación está procesando otra faceta de las comunicaciones, los *terminales*: el objeto (terminal) que está en la Causa intercambiando un flujo con el objeto (terminal) que está en el Efecto.

La Línea Directa Elemental es simplemente una comunicación con el pasado y la obtención de respuestas del pasado. En otras palabras, usar el *pasado* como terminal.

El Havingness describe, en sí mismo, la masa o *masas* en un terminal.

Y Localizar Puntos en el Espacio mejora la tolerancia de la *ausencia* de un terminal de comunicación.

Estos Seis Procesos Básicos, como se diseñaron, suben a un individuo por una escala de gradiente de *tolerancia* de más y más comunicación. Una vez que se ha hecho pasar al preclear por estos, está listo para el procesamiento directo de la Comunicación. No está listo para el procesamiento directo de la Comunicación hasta que se le ha hecho pasar por estos Seis Procesos Básicos.

La capacidad de un individuo depende de su capacidad para comunicarse. La primera y principal de las capacidades mecánicas es esta capacidad de comunicación. Un individuo que no puede comunicarse con algo se convertirá en víctima de ese algo. Aquello de lo que una persona se retira en este universo, se convierte, en gran medida, en su amo. Aquello que uno teme se convierte en su amo. Si un individuo estuviera dispuesto a comunicarse con todo lo que existe en el universo entero, sería entonces libre en el universo entero. Además, tendría un suministro ilimitado de distancias y terminales. Una barrera es, forzosamente, algo más allá de lo cual un individuo no se puede comunicar. Cuando vemos el espacio como una barrera, su funcionamiento entero como una barrera es la incapacidad del individuo de estar al otro extremo de ese espacio o fuera de ese espacio. Cuando vemos la energía como una barrera, la vemos simplemente como algo que no permitirá el egreso o ingreso de un individuo. Cuando vemos la masa, los muros o el tiempo como una barrera, queremos decir "imposibilidad imaginada de comunicación". Si no imaginas que no te puedes comunicar, entonces no puede haber ninguna barrera.

Al mismo tiempo, nos encontramos frente a este enigma: en ausencia de comunicación, en ausencia de intercambios de comunicación, en ausencia de otros terminales, flujos y terminales con los que otros puedan comunicarse, una unidad con consciencia de consciencia no está, según su propia consideración, *viviendo*. El livingness es comunicación. La comunicación es livingness. A esto le agregamos los grados variables de afinidad. Le agregamos acuerdos, y obtenemos realidad. Pero todavía, estas no son más que significaciones introducidas en la comunicación.

Se pueden introducir en la comunicación todo tipo de significaciones para "dar una razón para" la comunicación. Estas "razones para" son simplemente razones para tener un juego, razones para tener comunicación.

A la luz del concepto de Pan-determinismo, vemos que un individuo tiene que presuponer que no puede *saber* de qué está hablando otro si desea comunicarse con ese otro y depender de las comunicaciones. En otras palabras, tiene que fingir que no puede comunicarse. Un individuo que tiene algún tipo de barrera a su alrededor debe fingir que no puede comunicarse más allá de esa barrera. En realidad, esto no es ni más ni menos que un fingimiento. Estas barreras son las sombras que no podían atravesar los peces. Podrían haber nadado a través de estas sombras, excepto por el hecho de que no creían poder penetrar más allá de las sombras. Podría decirse que sólo la *creencia* es la razón para cualquier atrapamiento.

Sin embargo, hay factores mecánicos para el atrapamiento. Y descubrimos que el atrapamiento debe de ser una barrera de comunicación. Un individuo se queda atrapado en algo porque no cree que pueda comunicarse fuera de ello. O él mismo, *como* terminal, se queda obsesionado con un terminal. Para ser muy exactos:

LA RAZÓN POR LA QUE UN INDIVIDUO QUEDA ATRAPADO TIENE QUE VER CON LA ESCASEZ DE COMUNICACIÓN.

Un individuo aún está esperando, aún está mirando en dirección a algo, esperando que eso se comunique con él. No lo ha hecho. Y al final el individuo ha desviado ligeramente su atención de esto, para pasarla a alguna otra cosa que espera que se comunique con él. Y cuando esto no lo hace, él espera comunicación, así que la encuentra en alguna otra parte. Pero cada vez que establece una de estas líneas de expectación, él queda, en ese mínimo grado, atrapado contra el terminal del que estaba esperando una comunicación, pero no la obtuvo.

*"La razón por la que un individuo queda atrapado
tiene que ver con la escasez de comunicación.
Un individuo aún está esperando, aún está mirando en
dirección a algo, esperando que eso se comunique con él".*

Así, tenemos que todo ese lío conocido como la mente reactiva, la anatomía completa de los "riscos", y cualquier otro mecanismo enturbulador, e incluso los problemas en sí, son una cadena aparentemente interminable de escaseces de comunicación.

¿Cuáles son las escaseces concretas que hay en una línea de comunicación? No hay escasez de silencio. Cualquiera tiene demasiado silencio. Podría considerarse que el silencio es el estado innato de un "thetán" (una unidad con consciencia de consciencia), pero no es así. Pues obviamente un thetán está vivo sólo en la medida en que está comunicando su acción, concentrado sólo en la medida en que esté viviendo. Descubrimos que las células más minúsculas del cuerpo consideran que son "los mismísimos espejos de la verdad" cuando son las más silenciosas. Aquí hay una prueba, interesante y peculiar, en la que el auditor hace que el preclear haga mock-ups, en cualquier área que contenga un somático, de una enorme cantidad de *respuestas* o *comunicaciones originadas* procedentes de estas "células muertas". Y descubrimos que esta área plagada de somáticos cobra vida, se despierta, se vuelve activa una vez más. Esto en sí es algo específico para todo tipo de somáticos. Todo lo que uno tiene que hacer es poner al preclear a hacer mock-ups de respuestas en estas áreas de células muertas. Una Verdad Máxima (que se estudia mucho más a fondo en *La Creación de la Habilidad Humana*) es un nothingness. Pero esta Verdad Máxima no es la vida. La vida está compuesta de este fingimiento de que uno no puede comunicarse, de que uno tiene que comunicarse. Se compone de este intrincado enredo de comunicaciones y barreras erigidas por uno mismo que nos proporcionan un juego. Cuando nos sumergimos demasiado a fondo en este juego, cuando las respuestas se vuelven demasiado escasas por completo, olvidamos que fuimos nosotros los que interpusimos la idea de que no se debía dar ninguna respuesta.

Los silencios no se pueden procesar. Hay demasiado silencio en la línea temporal. Recuérdalo: *No se puede procesar.* Puedes llenar el silencio, pero el silencio en sí es la muerte. Y cuando procesas el silencio, procesas al preclear hacia abajo, en dirección a la muerte, y no hacia arriba, en dirección a la vida. La forma de procesarlo hacia arriba, en dirección a la vida, es suministrando comunicación para remediar su escasez de esta.

Encontramos que los preclears que están en la peor condición son los más silenciosos, los que están más fuera de comunicación. Esto son los que están más cerca de la muerte, más cerca de la aberración. La manera de volverlos a la vida otra vez es suministrar comunicación para remediar parte de la escasez de esta.

REMEDIO DE LA ESCASEZ DE COMUNICACIÓN

Para un preclear que está en muy malas condiciones (o en la práctica común, cualquier preclear que encuentres) usarías primero los Seis Procesos Básicos para llevar al individuo a algo que se acerque a un estrato de comunicación en el que se pueda vivir. Y luego entrarías inmediatamente en el Remedio de la Escasez de Comunicación poniendo al preclear a hacer mock-ups, él mismo, aunque sólo sea como ideas, de las diversas partes del ciclo de comunicación en dos direcciones.

Las partes de un ciclo de comunicación que se tienen que remediar son:

1. Comunicaciones originadas.

2. Personas con las que comunicarse, o bien otras unidades con consciencia de consciencia con las que comunicarse.

3. Respuestas.

4. Acuses de recibo.

Y además, pero no tan importantes:

5. Llegadas.

6. Partidas.

No es necesario que el preclear tenga la capacidad de hacer mock-ups de sonido o emitirlo y volverlo a escuchar. En otras palabras, el sónico y la visión no son necesarios para este proceso. Todo lo que es necesario es la *idea* de la comunicación. Podría decirse que le pides que haga el mock-up de una "idea verbalizadora".

El preclear revisará, él mismo, las Partes 2, 3, 4, 5 y 6, si sólo se le dice: *"Haz un mock-up de algunas personas hablando".*

Obtendrá, de forma alterna, gente respondiendo, gente dando acuse de recibo, gente saludándolo y gente diciéndole adiós.

Como el preclear, por lo general, está muy abajo en la Escala Tonal en cuanto a originación e ideas, y a causa del "nivel de necesidad", han hecho falta fuerzas Otro-determinadas para ponerlo en comunicación, es probable que él no localice, por sí mismo, la originación de la comunicación (Parte 1) y el auditor tendrá que hacerle notar esto.

Recuerda, esto no se hace en un preclear al que primero no se le haya puesto a prueba en los Seis Procesos Básicos. Pues un auditor que está ahí sentado pidiéndole al preclear que haga mock-up de respuestas, acuses de recibo o comunicaciones originadas, no podría estar seguro de otro modo de que el preclear esté haciendo esto en grado alguno. Más aún, es muy probable que la atención del preclear se desvíe a diversas partes de su propio banco, porque su banco comienza a hacerse pedazos bajo el impacto de todas estas comunicaciones.

Se tiene que mantener al preclear haciendo su trabajo. Su creación de mock-ups de comunicaciones debe mantenerse simple y sin "significaciones profundas". Y si su atención parece obsesionarse con los flujos y comienza a "forcejear con la masa", el auditor debe volverlo a poner a hacer mock-up de comunicaciones lo antes posible.

¿Qué grado de originalidad se requiere del preclear al hacer mock-up de cualquiera de estas comunicaciones originadas, respuestas o acuses de recibo?

La respuesta a esto es ninguno. No se necesita ninguna variedad en absoluto. Simplemente la idea de comunicación, con alguna especie de idea específica que se está comunicando, es todo lo que se necesita.

Hacer que un preclear, en silencio, ponga delante de él un mock-up de algo diciendo:

"*Hola*",
y diciendo "*Hola*" otra vez,
y diciendo "*Hola*" otra vez.

Y entonces hacer que ponga ese mock-up detrás de él diciendo:

"*Hola*",
y diciendo "*Hola*",
y diciendo "*Hola*",
y diciendo "*Hola*", sería bastante adecuado como comunicación originada.

Hacer que el preclear haga mock-up de cualquier banalidad como:

"*Muy bien*"

o

"*De acuerdo*", sirve muy bien tanto para respuestas como para acuses de recibo.

No nos importa en absoluto la significación de la comunicación. No queremos comunicaciones largas y complicadas. El preclear intentará desviarse y caer en ellas. También intentará meterse en su banco prenatal, su primera infancia y en hace ocho vidas.

No queremos que haga esto. Queremos que siga haciendo mock-up de comunicaciones originadas, respuestas, acuses de recibo. Estamos validando la capacidad. No estamos tratando de deshacernos de las incapacidades de su *pasado*. Estamos tratando de aumentar su capacidad para comunicarse en el *presente* y originar comunicaciones y asumir Pan-determinismo con relación a todos los terminales que comuniquen. No estamos tratando de hacer que recorra completamente algo en el pasado. Sé que a un dianeticista veterano le va a ser muy difícil contenerse y no recorrer completamente un prenatal que aparece inmediatamente después de que el preclear ha hecho que algo le dijera *"Hola"* quince o veinte veces. El trabajo del auditor hoy en día es hacer que el preclear continúe haciendo que el preclear (o alguna otra cosa) diga: *"Hola"* o *"De acuerdo"* o *"Lo hice"*, e ignorar ese engrama. La cantidad de engramas que saltarán a la vista y suplicarán que se les recorra es incontable. El auditor no está interesado en estos.

Por supuesto, si el preclear quiere hablarle al auditor acerca de estos, el auditor debe permitir que el preclear origine la comunicación y debe responderla, simplemente para hacer que el preclear origine comunicaciones. No debería dejar que el preclear hable sin parar sobre lo que ocurrió, una vez que el preclear le ha dicho lo esencial del asunto.

El auditor quiere que el preclear vuelva a hacer mock-up de comunicaciones originadas, respuestas y acuses de recibo. Al hacer esto, el auditor también está haciendo que el preclear haga mock-up de algo con lo que comunicarse (número 2 más arriba) mientras que hace esto; un punto que se maneja automáticamente y que no se aborda real y activamente en la auditación. Naturalmente, si hay un punto en el aire ahí fuera diciendo, *"Hola"*, o *"De acuerdo"* o *"Lo hice"*, el preclear está suponiendo que ahí hay algo vivo que puede decirle *"Hola"* a él.

Todo tipo de máquinas de thinkingness, grandes masas negras, fuego blanco y verde, esferas moradas, estrellas fugaces y cohetes que salen disparados pueden aparecer en el banco del preclear mientras está pasando por este proceso. El auditor no está interesado en este fenómeno. Él está interesado meramente en que el preclear siga haciendo mock-up de más comunicaciones.

No importa si el preclear dice esas comunicaciones, él mismo en voz alta, o si simplemente se las dice a sí mismo en voz baja. Aquí el sonido no es necesario. El sonido es un subproducto de la comunicación, es una onda portadora de la comunicación y no es en sí comunicación.

Sobre esto pueden elaborarse algunas variaciones muy interesantes. No se recomiendan y, de hecho, violan los términos de este proceso. Pero demuestran cuánto poder tiene este proceso.

Uno hace que el preclear diga en voz alta:

"De acuerdo, Mamá", unos cuantos cientos de veces.

Se asombrará de la cantidad de variaciones que habrá, los retardos de comunicación, la impaciencia, el enojo, la cantidad de datos que surgirán acerca de Mamá. Pero estos datos que surgen son simplemente el banco que se dispara para concordar con lo que el preclear está haciendo en este momento. En otras palabras, eso es estímulo-respuesta.

La reestimulación es estímulo-respuesta, como se explica con todo detalle en *Dianética: La Ciencia Moderna de la Salud Mental*. Con este proceso de Remediar la Escasez de Comunicaciones podríamos eliminar a un aliado, podríamos hacer casi todo lo que queríamos hacer en el Libro Uno.

De inmediato surge otra cuestión respecto a si hay que remediar o no el havingness en el preclear. No se ha encontrado que sea necesario remediar el havingness en el preclear si uno está remediando realmente la escasez de comunicación. Esto es algo realmente peculiar. Pues el banco del preclear, al estar compuesto de líneas de comunicación enredadas e inconclusas, comienza a despedazarse en cuanto empiezas a remediar la escasez de comunicaciones originadas, respuestas y acuses de recibo. Algunas de estas masas negras que el preclear ha mantenido ingenuamente delante de su cara, vuelan para siempre. Y sin embargo, el preclear no necesita que se remedie su masa. La razón por la que tenía que tener masa era para compensar la falta de comunicación. Donde has tenido falta de comunicación, es probable que tengas una masa.

Un ejemplo de esto es un individuo que pierde un aliado y luego conserva cerca un anillo que perteneció a ese aliado. El anillo es un terminal de comunicación que sustituye al aliado. Después de un tiempo, uno comienza a creer que realmente tiene que tener masa. No tiene que tener masa en absoluto.

El Remedio de la Escasez de Comunicación cura a una persona de tener que tener masa, de tener que comer obsesivamente, o de hacer cualquier otra cosa obsesivamente.

Junto con el remedio de las comunicaciones originadas, se eleva en grado muy notable la imaginación del preclear. Y así puede imaginar nuevos juegos y nuevas formas de comunicación con suficiente rapidez para compensar los antiguos juegos que le estás quitando. De hecho, el preclear, ser un preclear, *es* un juego; quizás incluso el último, último juego a la desesperada al que podría dedicarse el individuo.

Cuando el auditor hace que el preclear recorra acuses de recibo, usa las palabras:

"Lo hice".

Esto remediará las dificultades acerca de la responsabilidad. Todo "automatismo" se produce por la falta de acuses de recibo (jugadores ausentes, jugadores secretos).

En vista del hecho de que el Pan-determinismo es control en todas las dinámicas, (y en vista del hecho de que el control es comenzar, cambiar y parar), uno puede hacer que el preclear *pare* de hacer que las cosas se comuniquen por un momento, y luego hacer que *cambie* la comunicación, y luego hacer que la *comience* de nuevo. Esto le da práctica al preclear en comenzar, cambiar y parar.

Las órdenes de auditación que podrían usarse aquí son simplemente:

"Haz mock-up de algunas respuestas",

"Haz mock-up de algunas comunicaciones originales",

"Haz mock-up de algunos acuses de recibo", guiando al preclear con los suficientes comentarios para que se dé cuenta de que no quieres una acción nueva, sorprendente, complicada, sino que simplemente coloque cerca del preclear ideas de comunicación como *"Hola",* una y otra y otra y otra vez.

Órdenes Exactas de Auditación

Las órdenes exactas de auditación para procesar Comunicaciones son:

Comunicaciones Originadas

Auditor: *"Haz que alguien ahí afuera* (indicando un punto en el aire) *comience a decirte 'Hola'"*.

El preclear lo hace, él está en silencio.

Cuando el proceso se recorre durante largo tiempo:

Auditor: *"Comienza a decirle 'Hola' a un punto vivo ahí afuera"*.

El preclear en voz alta, o para sí mismo, lo hace.

Respuestas

Auditor: *"Haz que un punto ahí afuera te diga 'De acuerdo'"*.

El preclear hace esto muchas veces.

Auditor: *"Comienza a decirle 'De acuerdo' a un punto ahí afuera"*.

Acuses de recibo

Auditor: *"Haz que un punto ahí afuera comience a decir 'Lo hice'"*.

Cuando el preclear lo ha hecho muchas, muchas veces:

Auditor: *"Comienza a decir 'Lo hice' a un punto ahí afuera"*.

La orden que activa un somático, repetida suficientes veces, lo desactivará.

En caso de duda, remedia el havingness.

Este es el procesamiento de la Comunicación directamente. Recuerda que se hace después de que uno ya haya hecho los Seis Procesos Básicos. Recuerda que mientras se hace, se mantiene una comunicación en dos direcciones con el preclear. Y recuerda que al preclear se le debe auditar con una comprensión y una práctica completas del Código del Auditor 1954. Si lo haces, tendrás *Clears*.

*"La forma de procesarlo hacia arriba, en dirección
a la vida, es suministrando comunicación
para remediar su escasez de esta".*

CAPÍTULO

EL

CLEAR DE
UN SOLO GOLPE

CAPÍTULO CATORCE

EL CLEAR
DE UN SOLO GOLPE

L
A META del CLEAR DE UN SOLO GOLPE nos ha acompañado desde los primeros días de Dianética.

Con Clear de Un Solo Golpe quisimos describir "una frase o una acción que, dándola una sola vez o repitiéndola, produjera el Clear que se describe en el Capítulo Dos de *Dianética: La Ciencia Moderna de la Salud Mental*".

A estas alturas debería comprenderse que el Clear que se describe en *Dianética: La Ciencia Moderna de la Salud Mental,* es de hecho, el "thetán exterior" de Scientology (la unidad con consciencia de consciencia exteriorizada*). La manera de llevar a Clear a alguien es sacarlo de la influencia de su banco reactivo y su maquinaria analítica. Cuando una persona se hace Clear de esta manera, su nivel de knowingness es suficiente para superar la necesidad de la maquinaria, y la necesidad de los mecanismos de estímulo-respuesta que contiene su mente reactiva.

---

*En Scientology a la *unidad con consciencia de consciencia* se le llama *thetán.* Del símbolo griego *theta* (θ).

Desde hace mucho hemos tenido un Clear de Un Solo Golpe para el 50 por ciento de la especie humana. Todo lo que le decimos al individuo es: *"Ponte un metro detrás de tu cabeza"*. Si *lo está,* la persona se orienta, sabe que no es su cuerpo, sabe que no tiene que enfrentarse a su mente reactiva, que se le ha sacado de la trampa.

Por supuesto, hay muchas otras cosas que podrías hacer para aumentar su capacidad aún más y para orientarlo en esta posición pero esto no entra de forma inmediata en nuestras competencias, en Dianética. Cuando a un individuo se le exterioriza así, puede también examinar el cuerpo y reparar por completo nervios pinzados, áreas negras, reorganizar los "puntos de anclaje" que crean y mantienen el espacio del cuerpo, y de esa manera reparar un cuerpo de forma excelente. Sin embargo, el propósito de la exteriorización no es simplemente hacer que una persona arregle la máquina conocida como cuerpo.

"Ponte un metro detrás de tu cabeza" es una extraña e interesante combinación de palabras. Evidentemente, el Hombre nunca antes había conocido esta simple combinación. Merece atención el hecho de que uno no dice *"Muévete a un metro detrás de tu cabeza",* pues una unidad con consciencia de consciencia no se *mueve: aparece* y *desaparece* de las ubicaciones.

Si uno usa esta técnica de Clear de Un Solo Golpe, debería estar informado de que no debe pedir o esperar de la persona recién exteriorizada un montón de cosas imposibles o extrañas. No debe pedirle que se ponga a buscar cosas por ahí. No debe pedirle que demuestre que está exteriorizado. El individuo dice que lo está: asunto concluido.

Por supuesto, en Scientology, en la "Ruta 1", como se describe en *La Creación de la Habilidad Humana,* seguimos aumentando la capacidad de esta unidad con consciencia de consciencia exteriorizada, hasta un punto que llamamos "Thetán Operante". Hacemos esto realizando muchos ejercicios y prácticas que mejoran su percepción. Sin embargo, se pueden recorrer el proceso de Respuestas, o incluso los Seis Procesos Básicos, en un individuo después de que se le exteriorice, y su exteriorización se incrementará notablemente y alcanzará una condición aún mejor como persona exteriorizada.

Si le dijeras: *"Ponte un metro detrás de tu cabeza"* a alguien y *lo estuviera,* lo siguiente que se debería hacer sería empezar con Línea Directa Elemental, luego pasar al Procedimiento de Apertura de 8-C, luego el Procedimiento de Apertura por Duplicación, luego el Remedio del Havingness, luego Localizar Puntos en el Espacio y luego Respuestas (o como se describe en el capítulo anterior, el Remedio de la Escasez de Comunicación). Si hicieras estas cosas, tal como se explican en este libro, tendrías algo así como un Clear estable. No le prestarías atención al hecho de que fuera Clear.

De hecho, si recorrieras cualquiera de estos Seis Procesos Básicos durante suficiente tiempo, (e indudablemente si recorrieras Respuestas durante algún tiempo después de que hayas recorrido estos Seis Procesos Básicos), tendrías a alguien exteriorizado.

Es muy extraño que no exista discusión alguna sobre la exteriorización. Cualquier discusión que haya existido nació de la observación de los psiquiatras sobre la "exteriorización compulsiva" de un individuo que detestaba su cuerpo hasta tal punto que permanecía fuera de él. Se sabe que los psiquiatras han dado a la gente electrochoques y otros "tratamientos" para hacer que vuelvan adentro de su cuerpo. Este nivel de castigo, tratar de hacer que la persona acepte algo bajo coacción, no funciona. Pero por otro lado, en la psiquiatría nada ha funcionado jamás (excepto las cuentas bancarias).

Esta "exteriorización compulsiva" es una manifestación que, en Scientology, llamamos "salir pitando" (en otras palabras, huir). En ocasiones te encontrarás con esto, pero no te encontrarás con ello si recorres los Seis Procesos Básicos antes de que intentes abordar la exteriorización.

Por sorprendente que parezca, existe un "Clear de Una Orden" para el 50 por ciento restante (aunque tenga que repetirse muchas veces).

He estado desarrollando y probando esto durante algún tiempo, y lo he mantenido arrinconado hasta tener auditores lo bastante competentes como para usar un proceso con inteligencia.

Esta es una técnica de Clear de Un Solo Golpe, puesto que uno usa una orden y así logra el clearing. Y después del clearing, hasta completar la etapa de la exteriorización, sencillamente uno sigue usando el mismo tipo de orden. Es un proceso muy eficaz, un proceso muy violento. Teóricamente, funcionaría en cualquier nivel de caso. En la práctica real, los casos psicóticos, los neuróticos, o la gente que está horriblemente fuera de comunicación, lo reciben con una dificultad considerable, y no se recomienda para ellos. Aunque funcionaría en ellos si se les pudiera comunicar. (En gente así usa sólo el Procedimiento de Apertura de 8-C).

La base de este proceso es la observación de que el universo MEST es un juego.

Uno puede tener un juego y saberlo. Puede estar en un juego y no saberlo. La diferencia es su determinismo.

Los juegos requieren espacio y havingness. Un juego requiere otros jugadores. Los juegos también requieren destreza y knowingness de que son juegos.

Havingness es la necesidad de tener terminales y cosas por las que jugar y en las que jugar.

Cuando un juego se acaba, el jugador guarda objetos de recuerdo. Estos son esperanzas de que el juego vuelva a comenzar. Cuando esa esperanza muere, el objeto de recuerdo, el terminal, se esconde. Y se convierte en un automatismo; un juego que continúa por debajo del nivel de knowingness. A decir verdad, uno nunca deja de jugar un juego una vez que empieza. Juega juegos antiguos en secreto (incluso para sí mismo) mientras juega o no juega otros nuevos.

El único juego *real* que podemos tener está en tiempo presente. Todos los demás están en el pasado o en el futuro. La ansiedad por un juego le lleva a uno al pasado.

La orden es:

"Inventa un juego".

Y cuando el preclear lo ha hecho, de nuevo:

"Inventa un juego".

Luego:

"Haz que algún otro invente un juego".

Habiendo establecido el hecho de que se está llevando a cabo una sesión de auditación, y habiendo establecido cierta comunicación con el preclear, el auditor dice:

"Inventa un juego".

Cuando se agota el retardo de comunicación en esto, el auditor usa entonces la orden:

"Haz que algún otro invente un juego".

Esta es la única frase que el auditor pronuncia. Pero él, por supuesto, entra en comunicación en dos direcciones con el preclear cuando el preclear tiene algo que decirle.

Un auditor tiene que ser un buen auditor para usar este proceso. Sólo porque sea un proceso simple "de una sola orden", no es razón para que le funcione a un auditor que no conozca el Código del Auditor, que no conozca la comunicación en dos direcciones, y que no tenga algo de experiencia en niveles más básicos de procesamiento.

Usamos este proceso como remedio para la escasez de juegos y lo usamos con plena consciencia de los procesos implicados en la comunicación en dos direcciones.

Es un proceso escabroso y requiere de cinco a diez horas, en los casos difíciles, para producir una comprensión de la existencia.

Este no es necesariamente un proceso recomendado. Es un proceso funcional, realmente funciona, es rápido.

Pero recuerda que tiene el punto débil de la capacidad del propio auditor. Tiene el punto débil de fallar si no se mantiene comunicación en dos direcciones con el preclear. Fracasará si el preclear, cuando da información por propia iniciativa, no recibe atención del auditor. Fracasará si el auditor no da acuse de recibo al hecho de que el preclear ha hecho esto. Pero, si estas cosas se tienen en cuenta, funcionará.

El preclear puede hacer mal este proceso. Puede desviarse de él. Puede quedarse ahí sentado en la silla de auditación haciendo otras cosas. Pero dependemos de la destreza del auditor para asegurarse de que el preclear no esté haciendo otras cosas y de que realmente esté haciendo el proceso.

El preclear "picoteará su banco hasta vaciarlo" en lugar de inventar, tendrá dudas de si él *está* inventando. Pero nosotros perseveramos... y triunfamos.

"El preclear 'picoteará su banco hasta vaciarlo' en lugar de inventar, tendrá dudas de si él está inventando. Pero nosotros perseveramos... y triunfamos".

CAPÍTULO

PROCESAMIENTO DE A-R-C

PROCESAMIENTO DE A-R-C

S I EXAMINAMOS LA COMUNICACIÓN, descubriremos que cualquier retardo de comunicación no es más que la introducción de materia, energía, espacio y tiempo en la comunicación. Cuanto más se haya introducido en la comunicación, menos comunicación hay.

Como ejemplo de esto, digamos que en alguna otra galaxia explota una estrella. Y luego sigámosle la pista al tiempo que se necesita para que una pequeña cantidad de las partículas de esa explosión alcance la Tierra a través de un gran espacio. Para que se complete esta línea de comunicación, tiene que pasar una cantidad casi incalculable de años luz. Esta es una comunicación muy, muy larga (no necesariamente un *retardo* de comunicación, pues no se interrumpe el avance de las partículas). No hay vías. En realidad, el MEST en sí no tiene un retardo de comunicación, es un retardo de comunicación en su totalidad.

Cuantas más cosas de este tipo entran en la comunicación, peor está el preclear. Así concebimos que el tema de MEST es, en sí, el factor aberrativo.

Al examinar las barreras, descubrimos que son materia, energía, espacio y tiempo. Descubrimos que podemos superar las barreras de la materia: podemos escalar los muros o atravesarlos. De una u otra forma, podemos desafiar las barreras de la energía o podemos pasar al otro lado de ellas. Descubrimos que incluso el espacio tiene sus limitaciones, aunque parezca tan ilimitado como el espacio de este universo (y el espacio de este universo le parece a una persona tan grande como ella suponga que es grande, mientras que en realidad, para un thetán que puede salirse de él, es del tamaño de una caja de fósforos para un niño). La barrera en particular que podríamos encontrar difícil de superar es el *tiempo*.

Las definiciones básicas y la comprensión de la materia, la energía, el espacio y el tiempo no son especialmente pertinentes en este lugar. Se abordan en un nivel teórico mucho más alto en Scientology. Pero la esencia del tiempo es que se mide, o se marca, en relación con el movimiento de partículas en el espacio. El espacio y las partículas de energía son necesarias para tener tiempo mecánico. ¿Pero qué es el tiempo, básicamente? El tiempo es en realidad una *consideración*. Hay tiempo porque uno considera que hay tiempo.

Tienes que examinar muy de cerca el universo físico para descubrir que la razón por la que siempre esté aquí es porque está, (todas y cada una de sus partículas, cada centímetro cúbico de espacio), en un *parasiempre*. El universo físico no se mueve a través del tiempo. Está atorado en el tiempo. Todas y cada una de sus partes están fijas en un "ahora" que dura para siempre. Los únicos cambios reales que ocurren en el universo físico son los que la Vida introduce en él. Podemos discutir sobre esto si queremos, pero lo que nos interesa aquí es un concepto que nos lleve hacia un proceso que funcione.

Descubrimos que para el individuo, el tiempo existe en la medida en que él *cree* tiempo. El tiempo es la cosa Otro-determinada para casi todo el mundo que está vivo. Él depende de los relojes, depende de la salida y la puesta del Sol, depende de todo tipo de mecanismos para que le digan qué hora es. De hecho, cuanto más se le diga a una persona qué hora es, más se mete ella en una dependencia de alguna otra consideración, y así cae en el "parasiempre". Cuando deja de considerar que él está haciendo tiempo, cuando deja de hacer tiempo mediante consideraciones, está cayendo en una condición de parasiempre. Cada vez tiene menos movimiento. Cada vez tiene menos determinismo. El tiempo es una barrera muy insidiosa, porque su apariencia le diría al individuo que el tiempo se crea por el movimiento de las cosas. En realidad, no es así. Se crea mediante la consideración de que las cosas se están moviendo.

REMEDIO DE LA BARRERA DEL TIEMPO

El Remedio de la Barrera del Tiempo produce un efecto asombroso en un preclear. Este proceso es la esencia de la simplicidad. Tiene una orden.

La orden es:

"Crea algo de tiempo".

Esta es la única orden que hay. Uno no le aconseja ni le enseña al preclear cómo crear algo de tiempo. Se acepta como respuesta cualquier cosa que el preclear decida que "crea tiempo". Uno mantiene la comunicación en dos direcciones con el preclear y responde a los comentarios que este haga sobre el tema. Uno tiene cuidado de no evaluar por el preclear y decirle cómo crear algo de tiempo. Uno no pone ningún ejemplo de cómo crear tiempo. Uno simplemente hace que el preclear cree algo de tiempo.

En algunos casos es necesario recorrer este proceso muchas horas antes de que el preclear logre un control parcial de la barrera del tiempo. Cuando lo consigue, por supuesto que el preclear logra cierto control de su banco de engramas y sus consideraciones.

El crear tiempo, naturalmente, pone en movimiento todas aquellas masas silenciosas o inmóviles que se están enganchando al preclear y que, de hecho, mantienen unido su banco reactivo.

Es una gran broma sobre el preclear, (hecha por él y por el universo), que él es el que *crea* todo el tiempo que alguna vez llegará a percibir.

No tiene posibilidad alguna de salirse de fase con respecto a ese "parasiempre" si está en contacto con la *condición de parasiempre* del espacio y las masas de energía de las que se compone este universo. Cuando comienza a protestar contra el universo en general, comienza a protestar contra la condición de parasiempre que incluye todo el tiempo. Y así se retira hacia ocasiones del pasado en las que estaba creando tiempo, para poder tener algo de tiempo él mismo.

"Crea algo de tiempo", es un proceso que tiene ramificaciones asombrosas.

Pero recuerda: el tiempo es una barrera. Uno también podría decir:

"Crea algo de espacio",

"Crea algo de energía",

"Crea algunos objetos",

"Crea algunos terminales", y tener ganancias en un preclear.

Pero estas son barreras. Aunque un juego requiere barreras, el preclear ya tiene demasiadas en el pasado y demasiado pocas en el presente.

Las barreras no son vida.

TRES REGLAS CARDINALES EN EL PROCESAMIENTO

Debemos usar tres reglas cardinales en el procesamiento:

1. Procesa hacia la verdad.

2. Procesa hacia la capacidad.

3. Procesa hacia la vida.

Las órdenes de auditación deben enfatizar la verdad, la capacidad, la vida.

No proceses hacia la "entheta", los somáticos crónicos, las dificultades. Ignóralos.

CAPÍTULO QUINCE
PROCESAMIENTO DE A-R-C

Lo único que está mal en el preclear es que su atención está fija en las barreras: MEST. Su libertad depende de poner su atención en la libertad o en el tiempo presente.

Aquí tenemos dos órdenes de auditación. ¿Cuál es la correcta?

1. *"Encuentra algunas cosas que no puedes hacer"*.

2. *"Encuentra algunas cosas que puedes hacer"*.

La segunda es la correcta. La primera prácticamente desquiciará al preclear. ¿Por qué? Porque se concentra en una mentira. ¡Un preclear puede hacer cualquier cosa!

Un preclear tiene una pierna mal. ¿Cuál es el proceso correcto?

1. *"Toca el respaldo de tu silla"*.

2. *"Recuerda una ocasión en que alguien se hizo daño en la pierna"*.

El primero es el correcto. Es *más rápido*. ¿Por qué? Porque procesa hacia la capacidad.

Tenemos a un preclear que está apático. ¿Cuál es el proceso correcto?

1. *"¿Quién solía tener dolores de cabeza?"*

2. *"Siente el suelo bajo tus pies"*.

El segundo es el correcto porque procesa hacia la vida, no la enfermedad.

En la auditación, aquello en lo que el auditor se concentra se hace *realidad*. Por lo tanto, el procesamiento de MEST nos da nuevas *barreras*. El procesamiento de la vida nos da nueva *vida*.

Procesar barreras nos da procesos *limitados*. Procesar la vida nos da procesos *ilimitados*.

La vida se compone de *Afinidad, Realidad, Comunicación*. Estos constituyen la *comprensión*.

PROCESAMIENTO DE A-R-C

El Procesamiento de A-R-C moderno procesa la Comunicación, como se explica antes en este volumen.

El Procesamiento de A-R-C incluye los siguientes potentes procesos:

1. *"Dime algo con lo que te podrías comunicar",*

   "Dime algo que se comunicaría contigo".

2. *"¿Con qué podrías estar de acuerdo?",*

   "¿Qué podría estar de acuerdo contigo?",

3. *"Dime algo que te gustaría",*

   "Dime algo a lo que podrías gustarle".

Estos son procesos de tiempo presente, no de pasado ni de futuro. Producen reacciones muy fuertes. Solucionan casos *muy* duros. Están resumidos en un proceso simple, el cual no hace de ellos algo innecesario:

"Dime algo (alguien) que podrías comprender",

"Dime algo (alguien) que te podría comprender".

Note - Of Course a very basic process which resolves chronic somatics, eye difficulties, any specific item is to have the affected part or bad area of energy say "hello" and "okay" and "all right" until it is in good condition — not that an auditor should address specific conditions — LRH

*Nota: Por supuesto, un proceso muy básico que resuelve somáticos crónicos, dificultades oculares, cualquier elemento específico, es hacer que la parte afectada o el área mala de energía diga "hola" y "de acuerdo" y "muy bien" hasta que esté en buena condición; aunque no es que un auditor se tenga que dedicar a abordar condiciones específicas. -LRH

CAPÍTULO

DIECISÉIS

EXTERIORIZACIÓN

EXTERIORIZACIÓN

L AUDITOR se enfrentará a una gran cantidad de problemas con la Exteriorización una vez que haya exteriorizado a su preclear.

Las cosas que *se deben* y *no se deben* hacer son las siguientes:

1. No exijas a la unidad con consciencia de consciencia que vuelva a poner su atención en el cuerpo.

2. No hagas que una persona demuestre que está exteriorizada.

3. No hagas que una persona que se acabe de exteriorizar descubra, encuentre cosas, lea el futuro, o haga otros trucos sin sentido.

4. Mantén el Código del Auditor con mayor firmeza que antes.

5. Continúa el proceso en el que se exteriorizó el preclear.

Si el auditor sabe estas cosas, no meterá ni al preclear ni a sí mismo en aprietos.

La orden de auditación: *"Ponte un metro detrás de tu cabeza"*, a veces mete al auditor en más aprietos de los que está preparado para manejar.

El preclear puede llevar a cabo una "exteriorización compulsiva" ("salir pitando") y dejar el cuerpo inerte en la silla y no dar desde ese cuerpo la menor señal de que está oyendo ninguna de las órdenes de auditación que le da el auditor. A un caso de estos un auditor le suplicó durante media hora, (diciéndole que debía recordar a su marido, que debía pensar en sus hijos, que debía regresar y vivir por el bien de sus amigos), y no obtuvo respuesta de la preclear. Al final, el auditor dijo: "Piensa en tu pobre auditor", momento en el que la preclear regresó de inmediato.

Una "exteriorización compulsiva" limitada es cuando el preclear sale de su cuerpo y se emplasta contra el techo o cae aterrorizado arriba hacia el cielo (una inversión de la gravedad). Esta manifestación es igualmente trastornadora.

Si se le ha dado a un preclear la orden: *"Ponte un metro detrás de tu cabeza"* y si "sale pitando" o si "cae fuera del cuerpo hacia arriba", todo lo que tiene que hacer el auditor es entrar en comunicación en dos direcciones con el preclear. En realidad, debería tener, como auditor, un dominio excelente de la Tabla de Evaluación Humana de *La Ciencia de la Supervivencia*. A un preclear que estuviera por debajo de 2.0 en la Escala Tonal no le diría: *"Ponte un metro detrás de tu cabeza"*. Porque cuando lo hacen, en estos niveles inferiores de la Escala Tonal, es en un nivel obsesivo o compulsivo. Y el preclear sólo puede pensar en tratar de escapar.

Otro remedio, si ocurre este suceso inesperado y extraño, es pedirle al preclear:

"Desde tu posición, alcanza tu cuerpo",

"Retírate del cuerpo",

"Alcanza el cuerpo",

"Retírate del cuerpo",

o bien:

"Decide huir, y huye", varias veces.

Recuerda, este tipo de cosas sólo ocurren cuando el auditor no ha ubicado a su preclear en la Escala Tonal antes de comenzar a auditarlo.

La forma de evitarlas *por completo* es auditar al preclear en los Seis Procesos Básicos. Y luego auditar uno o los dos procesos de Clear de Un Solo Golpe, o Remediar la Escasez de Comunicación y el Procesamiento de A-R-C, hasta que el preclear se exteriorice. Y entonces simplemente seguir auditando el proceso que exteriorizó al preclear.

Recuerda que un preclear exteriorizado es simplemente una unidad con consciencia de consciencia a la que se ha sacado de una trampa. Y que la unidad con consciencia de consciencia no ha cambiado nada respecto al individuo básico, sino que ahora se reconoce a sí mismo fuera de la trampa y se siente muy feliz al respecto.

En algunos preclears de tono muy bajo ocurre una manifestación muy graciosa. Cuando hablan de la exteriorización, dicen: "Estoy ahí". Esto, por supuesto, es imposible. El individuo siempre está "aquí". Es *aquí* donde *estás*. Sabe Dios qué es lo que ha exteriorizado el tipo que dice "Estoy ahí": un circuito, un mock-up, algo así. Él mismo, definitivamente, no está exteriorizado.

Otra manifestación que tenemos es "esparcido por todo el universo". Un preclear que está esparcido por todo el universo es aquel que no sabe dónde está. Y si le preguntamos muchas, muchas veces, una y otra y otra vez, haciendo que encuentre cada vez un punto con certeza:

"¿Puedes encontrar un punto en el que no estás?", delimitaremos su área gradualmente.

Lo que ha ocurrido en realidad, en un caso así, es que el preclear ha usado "puntos de vista remotos", y ha dejado puntos de vista remotos situados *por todas partes*, hasta tal punto que el preclear piensa que está *en cualquier lugar*, menos donde *está*.

Lo principal que uno debe saber sobre la exteriorización es que ocurre.

Si uno usa los Seis Procesos Básicos, recuerda el Código del Auditor y los dos procesos de Clear de Un Solo Golpe, entonces está a salvo en cuanto a la exteriorización. Pues esta ocurrirá sólo cuando ocurra. Y lo que hay que hacer después de que ocurra es hacer el mismo proceso que uno estaba haciendo cuando ocurrió. Por supuesto, uno debería dar acuse de recibo al hecho de que el preclear lo mencione y sin duda debería permitir que el preclear hablara al respecto. Pero debería continuar con el proceso que lo exteriorizó, a menos, por supuesto, que uno esté muy bien entrenado en los ejercicios de exteriorización.

Puesto que la ejercitación de la exteriorización, como actividad, pertenece más bien al campo de Scientology, más conocimiento de ella y respecto a ella se ha escrito en *La Creación de la Habilidad Humana*. Aquí se dan los pasos de la Ruta 1 que deberían recorrerse después de que ocurra una exteriorización.

La creación del Clear, que se emprendió en 1950, era en realidad esta manifestación de la exteriorización que sucedió en algún momento al azar y a la que no se prestó la debida atención después de que ocurriera. Nadie observó el hecho de que él estaba a cierta distancia del cuerpo, porque la mayoría de la gente que se exteriorizó así tenía muy buena visión de su propio banco, pero una visión muy deficiente del entorno inmediato. Un poco más de trabajo en la exteriorización y alguno de estos Clears se habría descubierto de repente a sí mismo fuera en la habitación mirando la sala directamente sin la ayuda de los ojos.

En 1950 queríamos Clears. Aún queremos Clears. Esta es la forma de hacerlos, la forma de hacerlos estables, la forma de hacer mucho más capaz a cualquier individuo que proceses.

El lema de esto es no abordar dificultades o errores específicos, sino validar capacidades y procesar directamente hacia la adquisición de más y más y mayores capacidades.

No estamos aquí para prestar atención a todas las cosas malas del mundo, pues estas están compuestas por nada más que las imaginaciones del individuo. Aumentemos la capacidad del individuo para crear, para ser, para percibir, y aumentemos su capacidad para asociarse en todas las dinámicas.

Si hiciéramos esto, este sería un mundo mucho, mucho mejor.

A P É N D I C E

ESTUDIO ADICIONAL
LIBROS Y CONFERENCIAS POR L. RONALD HUBBARD

Los materiales de Dianética y Scientology componen el conjunto más grande de información jamás reunido sobre la mente, el espíritu y la vida, rigurosamente perfeccionado y sistematizado por L. Ronald Hubbard durante cinco décadas de búsqueda, investigación y desarrollo. Los resultados de ese trabajo están contenidos en cientos de libros y más de 3,000 conferencias grabadas. En cualquier Iglesia u Organización de Publicaciones de Scientology, se puede conseguir una lista y descripción completas de todas ellas, incluyendo las ediciones traducidas disponibles en tu idioma. (Véase la *Guía de los Materiales*).

Los libros y las conferencias mencionados a continuación forman los cimientos sobre los que se ha construido el Puente a la Libertad. Aparecen en la secuencia en que Ronald los escribió o los hizo disponibles. En muchos casos, Ronald dio una serie de conferencias inmediatamente después del lanzamiento de un libro nuevo para proporcionar una explicación y comprensión adicionales de estos hitos. Gracias a esfuerzos monumentales de traducción, esas conferencias están ahora disponibles y aparecen aquí junto con el libro que las acompaña.

Mientras que los libros de Ronald contienen los resúmenes de los avances sensacionales y de las conclusiones a medida que aparecían en el curso de la investigación y desarrollo, sus conferencias proporcionan el registro diario de la investigación y explican los pensamientos, conclusiones, pruebas y demostraciones que hay a lo largo de ese camino. En lo que a eso respecta, son el registro completo de todo el curso de la investigación, que proporcionan no sólo los avances sensacionales más importantes en la historia del Hombre, sino también el *porqué* y el *cómo* Ronald llegó a ellos.

Una ventaja importante del estudio cronológico de estos libros y conferencias es la inclusión de las palabras y términos que, cuando se usaron originalmente, se definieron con considerable exactitud por LRH. Más allá de una mera "definición", hay conferencias enteras dedicadas a la descripción completa de cada nuevo término de Dianética y Scientology: que hizo posible el descubrimiento, su aplicación en la auditación así como su aplicación a la vida en sí. Como resultado, uno no deja detrás ningún malentendido, obtiene una comprensión conceptual completa de Dianética y Scientology y capta los temas a un nivel que de otra manera es imposible.

A través de un estudio en secuencia, puedes ver cómo progresó el tema y reconocer los niveles más altos de desarrollo. La lista de los libros y conferencias que se presenta a continuación muestra dónde encaja *¡Dianética 55!* en la línea de desarrollo. A partir de ahí puedes determinar tu *siguiente* paso o cualesquiera libros o conferencias anteriores que hayas podido pasar por alto. Entonces serás capaz de rellenar los huecos, no sólo adquiriendo conocimiento de cada descubrimiento, sino una mayor comprensión de lo que ya hayas estudiado.

Este es el camino hacia saber cómo saber que abre las puertas a tu futura eternidad. Síguelo.

DIANÉTICA: LA TESIS ORIGINAL • La *primera* descripción de Dianética que hizo Ronald. Originalmente estuvo en circulación en forma de manuscrito, fue copiada rápidamente y se pasó de mano en mano. Al correrse la voz se creó tal demanda de información adicional que Ronald concluyó que la única manera de responder a las preguntas era con un libro. Ese libro fue Dianética: La Ciencia Moderna de la Salud Mental, que ahora es el libro de autoayuda más vendido de todos los tiempos. Descubre qué comenzó todo. Pues estos son los cimientos sólidos de los descubrimientos de Dianética: los *Axiomas Originales*, el *Principio Dinámico de la Existencia*, la *Anatomía de la Mente Analítica* y de la *Mente Reactiva*, las *Dinámicas*, la *Escala Tonal*, el *Código del Auditor* y la primera descripción de un *Clear*. Aún más, estas son las leyes primarias que describen *cómo* y *por qué* funciona la auditación. Sólo se encuentra aquí, en Dianética: La Tesis Original.

DIANÉTICA: LA EVOLUCIÓN DE UNA CIENCIA • Esta es la historia de *cómo* Ronald descubrió la mente reactiva y desarrolló los procedimientos para deshacerse de ella. Escrito originalmente para una revista nacional, publicado para que coincidiera con la publicación de Dianética: La Ciencia Moderna de la Salud Mental, inició un movimiento que se extendió como reguero de pólvora, casi de la noche a la mañana, tras la publicación de ese libro. Por tanto, aquí se encuentran, tanto los fundamentos de Dianética como el único informe del viaje de descubrimientos de Ronald a lo largo de dos décadas y de la manera en que aplicó la metodología científica a los problemas de la mente humana. Lo escribió para que lo supieras. Por eso, este libro es de lectura obligada para todo dianeticista y scientologist.

DIANÉTICA: LA CIENCIA MODERNA DE LA SALUD MENTAL • El inesperado acontecimiento que inició un movimiento mundial. Pues aunque Ronald había anunciado previamente su descubrimiento de la mente reactiva, eso sólo había avivado el fuego de los que querían más información. Más concretamente: era humanamente imposible que un hombre llevara a Clear a todo un planeta. Ronald proporcionó el manual completo del procedimiento de Dianética, que abarcaba todos sus descubrimientos anteriores y las historias de caso de la aplicación de esos avances sensacionales, para entrenar auditores a usarlos en todas partes. Habiendo sido un best-seller durante más de medio siglo y habiéndose impreso decenas de millones de ejemplares, Dianética: La Ciencia Moderna de la Salud Mental se ha traducido a más de cincuenta idiomas y se usa en más de 100 países de la Tierra; es sin discusión el libro más leído y más influyente sobre la mente humana que se haya escrito jamás. Y por eso siempre se le conocerá como el *Libro Uno*.

CONFERENCIAS Y DEMOSTRACIONES DE DIANÉTICA • Inmediatamente después de la publicación de *Dianética*, LRH comenzó a dar conferencias en auditorios atestados de gente por todo Estados Unidos. Aunque se dirigía a miles de personas al mismo tiempo, la demanda siguió creciendo. Para satisfacer esa demanda, se grabó su presentación en Oakland, California. En estas cuatro conferencias, Ronald relató los acontecimientos que provocaron su investigación, y su viaje personal hacia sus descubrimientos pioneros. Después continuó con una demostración personal de auditación de Dianética: la única demostración de Libro Uno que hay disponible. *4 conferencias.*

CONFERENCIAS DEL CURSO PROFESIONAL DE DIANÉTICA: *UN CURSO ESPECIAL PARA AUDITORES DE LIBRO UNO* • Tras seis meses de viajar de costa a costa, dando conferencias a los primeros dianeticistas, Ronald reunió a los auditores en Los Ángeles para un nuevo Curso Profesional. El tema era su siguiente descubrimiento arrollador acerca de la vida: el *Triángulo de ARC*, que describe la interrelación de la *Afinidad*, la *Realidad* y la *Comunicación*. A lo largo de una serie de quince conferencias, LRH anunció muchas primicias, incluyendo el *Espectro de la Lógica,* que contiene una infinidad de gradientes desde lo correcto hasta lo incorrecto; el *ARC y las Dinámicas;* las *Escalas Tonales de ARC;* el *Código del Auditor* y cómo se relaciona con el ARC; y la *Tabla de Accesibilidad,* que clasifica un caso y dice cómo procesarlo. Aquí están, entonces, tanto la declaración final sobre los Procedimientos de Auditación del Libro Uno como el descubrimiento que serviría de base para toda la investigación posterior. Durante más de cincuenta años se pensó que los datos de estas conferencias se habían perdido y que sólo estaban disponibles en notas de estudiantes publicadas en Notas sobre las Conferencias. Ahora se han descubierto las grabaciones originales, lo que ha hecho que estén ampliamente disponibles por vez primera. La vida en su estado más elevado, la *Comprensión,* está compuesta de Afinidad, Realidad y Comunicación. Y como dijo LRH: la mejor descripción del Triángulo de ARC que se puede encontrar está en estas conferencias. *15 conferencias.*

LA CIENCIA DE LA SUPERVIVENCIA: *LA PREDICCIÓN DEL COMPORTAMIENTO HUMANO* • El libro más útil que tendrás jamás. Desarrollado en torno a la *Tabla Hubbard de Evaluación Humana,* La Ciencia de la Supervivencia proporciona la primera predicción exacta del comportamiento humano. Esta tabla incluye todas las manifestaciones del potencial de supervivencia de un individuo, graduadas desde la más alta hasta la más baja, lo que hace que este sea el libro completo sobre la Escala Tonal. Conociendo sólo una o dos características de una persona y usando esta tabla, puedes trazar su posición en la Escala Tonal, y de este modo conocer las demás, y obtener así un índice exacto de *toda* su personalidad, conducta y carácter. Antes de este libro el mundo estaba convencido de que los casos no podían mejorar, sino sólo deteriorarse. La Ciencia de la Supervivencia presenta la idea de diferentes estados de caso y la idea completamente nueva de que uno puede subir por la Escala Tonal. Y ahí se encuentra la base de la actual Tabla de Grados.

CONFERENCIAS DE LA CIENCIA DE LA SUPERVIVENCIA • Como fundamento del desarrollo de la Escala Tonal y la Tabla de Evaluación Humana había un descubrimiento monumental: La *Teoría Theta-MEST,* contiene la explicación de la interrelación entre la Vida (*theta*) con el universo físico de Materia, Energía, Espacio y Tiempo: *MEST.* En estas conferencias, impartidas a los estudiantes inmediatamente después de la publicación del libro, Ronald dio la más amplia descripción de todo lo que hay detrás de la Tabla de Evaluación Humana y su aplicación a la vida en sí. Además, también incluye la explicación de cómo la proporción entre *theta y entheta (theta enturbulada)* determina la posición de alguien en la Escala Tonal y los medios para ascender a los estados más altos. *4 conferencias.*

AUTOANÁLISIS • Las barreras de la vida son en realidad simplemente sombras. Aprende a conocerte a ti mismo, no sólo una sombra de ti mismo. Contiene la más completa descripción de la consciencia, Autoanálisis te lleva a través de tu pasado, a través de tus potencialidades, de tu vida. En primer lugar, con una serie de autoexámenes y utilizando una versión especial de la Tabla Hubbard de Evaluación Humana, te sitúas en la Escala Tonal. Después, aplicando una serie de procesos ligeros, aunque poderosos, te embarcas en la gran aventura del autodescubrimiento. Este libro contiene también principios globales que alcanzan a *cualquier* caso, desde el más bajo hasta el más elevado, incluyendo técnicas de auditación tan eficaces que Ronald se refiere a ellas una y otra vez, durante todos los años siguientes de investigación en los estados más elevados. En resumen, este libro no sólo eleva a la persona en la Escala Tonal, sino que puede sacarla casi de cualquier cosa.

PROCEDIMIENTO AVANZADO Y AXIOMAS • Con los nuevos y sensacionales descubrimientos sobre la naturaleza y anatomía de los engramas: "Los engramas son efectivos sólo cuando el individuo mismo determina que serán efectivos", vino el descubrimiento del uso por un ser de un *Facsímil de Servicio:* mecanismo empleado para explicar los fracasos en la vida, pero que luego encierra a una persona en pautas de comportamiento perjudiciales y fracaso adicional. En consecuencia, llegó un nuevo tipo de procesamiento dirigido al *Pensamiento,* la *Emoción* y el *Esfuerzo,* detallado en los "Quince Actos" del Procedimiento Avanzado, y orientado a la rehabilitación del *Auto-determinismo* del preclear. De aquí que este libro también contenga una explicación global y sin excusas posibles de la *Responsabilidad Total,* la clave para desatarlo todo. Más aún, aquí está la sistematización de las *Definiciones, Lógicas y Axiomas,* que proporcionan tanto el compendio de todo el tema como la dirección de toda la investigación futura. *Véase el Manual para Preclears, escrito como manual de auto-procesamiento que acompaña a Procedimiento Avanzado y Axiomas.*

    PENSAMIENTO, EMOCIÓN Y ESFUERZO • Con la sistematización de los Axiomas llegaron los medios para abordar puntos clave en un caso que podrían desenredar toda la aberración. *Postulados Básicos, Pensamiento Primario, Causa y Efecto,* y su efecto sobre cualquier cosa desde la *memoria* y la *responsabilidad* hasta el propio papel que juega un individuo en el hecho de conceder poder a los *engramas,* estos temas sólo se abordan en esta serie. También se incluye aquí la descripción más completa que existe del *Facsímil de Servicio,* y por qué su resolución elimina las incapacidades que el individuo se ha autoimpuesto. *21 conferencias.*

MANUAL PARA PRECLEARS • Los "Quince Actos" de Procedimiento Avanzado y Axiomas son paralelos a los quince Actos de Auto-procesamiento que se dan en el Manual para Preclears. Además, este libro contiene varios ensayos que dan la descripción más extensa del *Estado Ideal del Hombre.* Descubre por qué las pautas de comportamiento se vuelven tan sólidamente fijas; por qué parece que los hábitos no se pueden romper; cómo las decisiones de hace mucho tiempo tienen más poder sobre una persona que sus decisiones recientes; y por qué una persona mantiene en el presente experiencias negativas del pasado. Todo se explica claramente en la Tabla de Actitudes, un avance histórico sensacional que complementa la Tabla de Evaluación Humana, marcando el estado ideal de ser y las *actitudes y reacciones* de uno respecto a la vida. *El Manual para Preclears se usa en auto-procesamiento junto con Autoanálisis.*

LA CONTINUIDAD DE VIDA • Acosado por peticiones de conferencias acerca de sus últimos avances, Ronald respondió con todo lo que querían y más en la Segunda Conferencia Anual de Auditores de Dianética, que describe la tecnología que hay detrás de los pasos de auto-procesamiento del *Manual,* aquí está el *cómo* y el *porqué* de todo: el descubrimiento del *Continuum de Vida,* el mecanismo por el cual un individuo se ve compelido a continuar la vida de otro individuo que ha muerto o se ha marchado, generando en su propio cuerpo los padecimientos y hábitos del que partió. Combinadas con la instrucción del auditor sobre cómo usar la Tabla de Actitudes para determinar cómo iniciar cada caso en el gradiente correcto, aquí también, se dan instrucciones para la diseminación del Manual y por lo tanto, los medios para empezar el clearing a gran escala. *10 conferencias.*

SCIENTOLOGY: EL PRIMER HITO • Ronald empezó la primera conferencia de esta serie con seis palabras que podrían cambiar el mundo para siempre: "Este es un curso sobre *Scientology*". A partir de aquí, Ronald no sólo describió el enorme alcance del que hasta entonces era un tema completamente nuevo sino que también detalló sus descubrimientos sobre vidas pasadas. De ahí pasó a la descripción del primer E-Metro, y de su uso inicial para poner al descubierto la *línea theta* (la línea temporal completa de la existencia del thetán), como algo completamente distinto de la *línea genética del cuerpo* (línea temporal completa de los cuerpos y su evolución física), haciendo pedazos la mentira de la "vida única" y revelando la *línea temporal completa* de la existencia espiritual. Aquí está entonces el verdadero génesis de Scientology. *22 conferencias.*

LA RUTA AL INFINITO: CONFERENCIAS DE LA TÉCNICA 80 • Como Ronald explicó: "La Técnica 80 es la Técnica del *Ser o No Ser*". Con eso, dio a conocer la base crucial sobre la cual se apoyan la habilidad y la cordura: *la capacidad del ser para tomar una decisión.* Aquí están entonces: la anatomía del "quizás", las *Longitudes de Onda del ARC,* la *Escala Tonal de las Decisiones,* y los medios para rehabilitar la capacidad de un ser para *Ser*… casi *cualquier cosa. 7 conferencias.* (*Para la Técnica 88, se requiere tener conocimiento sobre la Técnica 80, como se describe en Scientology: Una Historia del Hombre; que viene a continuación*).

SCIENTOLOGY: UNA HISTORIA DEL HOMBRE • "Esta es una narración verdadera y hecha con total frialdad de tus últimos 76 billones de años". Así empieza Una Historia del Hombre, anunciando la revolucionaria *Técnica 88*, que revela por vez primera la verdad acerca de la experiencia de la línea temporal completa y el enfoque exclusivo de la auditación en el thetán. Aquí está la historia desentrañada con el primer E-Metro, que define y describe los principales incidentes en la línea temporal completa que se pueden encontrar en cualquier ser humano: *los implantes electrónicos*, las *entidades*, la *línea temporal genética*, *los incidentes de entre-vidas*, *cómo evolucionaron los cuerpos y por qué te quedaste atrapado en ellos*; todos ellos se detallan aquí.

TÉCNICA 88: INCIDENTES DE LA LÍNEA TEMPORAL ANTES DE LA TIERRA • "La Técnica 88 es la técnica más hiperbólica, efervescente, espectacular, inexagerable, ambiciosa, superlativa, grandiosa, colosal y espléndida que la mente del Hombre pudiera imaginablemente abarcar. Es tan grande como la línea temporal completa y todos los incidentes en ella. Es aquello a lo que la aplicas; es lo que ha estado ocurriendo. Contiene los enigmas y secretos, los misterios de todos los tiempos. Podrías resaltar el nombre de esta técnica como hacen con las atracciones de las ferias, pero nada que pudieras decir, ningún adjetivo que pudieras usar, describiría adecuadamente ni siquiera una pequeña fracción de ella. No sólo aporrea la imaginación; te hace avergonzarte de imaginar cualquier cosa", es la introducción que Ronald hace de esta serie de conferencias que nunca antes había estado disponible, y que desarrolla todos los demás temas que aparecen en Una Historia del Hombre. Lo que te espera es la propia línea temporal completa. *15 conferencias.*

SCIENTOLOGY 8-80 • La *primera* explicación de la electrónica del pensamiento humano y del fenómeno de la energía en cualquier ser. Descubre cómo incluso las leyes del movimiento del universo físico tienen su reflejo en un ser, por no mencionar la electrónica de la aberración. Aquí está la unión entre theta y MEST revelando qué *es* la energía, y cómo la *creas*. Fue este avance sensacional lo que puso de manifiesto el tema de los *flujos* del thetán, lo que a su vez se aplica en *cada* proceso de auditación hoy en día. En el título del libro: "8-8" significa *Infinito-Infinito*, y "0" representa al estático, *theta*. Se incluyen las *Longitudes de Onda de la Emoción*, la *Estética*, la *Belleza* y la *Fealdad*, el *Flujo de Entrada* y el *de Salida* y la *Escala Tonal por Debajo de Cero*, que es aplicable sólo al thetán.

LA FUENTE DE LA ENERGÍA DE LA VIDA • Comenzando con el anuncio de su nuevo libro, Scientology 8-80, Ronald no sólo dio a conocer sus grandes avances sensacionales sobre theta como Fuente de la Energía de la Vida, sino que detalló los *Métodos de Investigación* que utilizó para hacer ese y todos los demás descubrimientos de Dianética y Scientology: las *Qs* y las *Lógicas*; métodos de *pensar* aplicables a cualquier universo o proceso de pensamiento. De modo que aquí se encuentran ambos: *cómo pensar* y *cómo evaluar todos los datos y el conocimiento*, y por lo tanto, el eje para la comprensión total tanto de Scientology como de la vida en sí. *14 conferencias.*

EL MANDO DE THETA • Mientras estaba preparando su nuevo libro y el Curso de Doctorado que estaba a punto de dar, Ronald reunió a los auditores para un nuevo Curso Profesional. Como dijo: "Por primera vez con esta clase, estamos dando pasos que van más allá de la palabra *Supervivencia*". Desde ese punto de vista, el Mando de Theta da la tecnología que tiende un puente al conocimiento desde 8-80 hasta 8-8008, y proporciona la primera explicación completa sobre el tema de la *Causa* y un cambio permanente de orientación en la vida de *MEST* a *Theta*. *10 conferencias.*

SCIENTOLOGY 8-8008 • La descripción completa del comportamiento y potenciales de un *thetán,* y el libro de texto para las conferencias del Curso de Doctorado de Filadelfia y Los Factores: Admiración y el Renacimiento del Beingness. Como dijo Ronald, el título del libro sirve para fijar en la mente del individuo una ruta por la cual se puede rehabilitar a sí mismo, sus capacidades, su ética y sus metas: el logro del *infinito* (8) mediante la reducción del *infinito* aparente (8) del universo MEST a *cero* (0) y el incremento del *cero* aparente (0) del universo propio hasta el *infinito* (8). Aquí se encuentran condensadas más de 80,000 horas de investigación, con un resumen y una ampliación de cada descubrimiento realizado hasta esa fecha y la trascendencia total que tienen esos avances sensacionales desde el nuevo punto de vista del *Thetán Operante.*

CONFERENCIAS DEL CURSO DE DOCTORADO DE FILADELFIA • Esta renombrada serie se yergue como el conjunto más grande de trabajo sobre la anatomía, el comportamiento y las potencialidades del espíritu del Hombre que jamás se haya reunido, proporcionando los fundamentos en que se basa la ruta hacia Thetán Operante. Aquí se encuentran con todo detalle la relación del thetán con la *creación,* el *mantenimiento* y la *destrucción de universos.* Tan sólo en lo que a eso se refiere, aquí está la *anatomía* de la materia, la energía, el espacio y el tiempo, y de cómo *postular* universos haciendo que existan. Aquí está también la caída del thetán desde las capacidades de la línea temporal completa, y las *leyes universales* por las cuales se restauran. En resumen, aquí está la sistematización de Ronald de los niveles más altos del beingness y el comportamiento de theta. En una conferencia tras otra desarrolla completamente cada concepto del libro de texto del curso: Scientology 8-8008, proporcionando el alcance total que tú tienes en el estado nativo. *76 conferencias y se adjuntan las reproducciones de los 54 diagramas originales de las conferencias hechos a mano por LRH.*

LOS FACTORES: ADMIRACIÓN Y EL RENACIMIENTO DEL BEINGNESS • Tras establecer completamente las *potencialidades* de un thetán, vino una mirada hacia afuera que tuvo como resultado el monumental descubrimiento de Ronald de un *solvente universal* y las leyes básicas del *universo* theta, leyes que, siendo bastante literales, son superiores a cualquier cosa: *Los Factores: Resumen de las Consideraciones del Espíritu Humano y el Universo Material.* Tan espectaculares fueron estos avances, que Ronald expandió el libro Scientology 8-8008, clarificando descubrimientos previos y añadiendo capítulo tras capítulo que, estudiado con estas conferencias, proporciona un nivel de postgraduado al Curso de Doctorado. Aquí están, pues, las conferencias que contienen el conocimiento de la *verdad universal,* desentrañando el enigma de la creación en sí. *18 conferencias.*

LA CREACIÓN DE LA HABILIDAD HUMANA: *UN MANUAL PARA SCIENTOLOGISTS* • Inmediatamente después del descubrimiento del Thetán Operante vino un año de investigación intensiva, para explorar el ámbito de un *thetán exterior*. A base de auditación e instrucción, además de 450 conferencias en este mismo lapso de doce meses, Ronald sistematizó todo el tema de Scientology. Y todo está incluido en este manual, desde un *Resumen de Scientology* hasta los fundamentales *Axiomas* y *Códigos*. Además, aquí está el *Procedimiento Intensivo* que contiene los afamados Procesos de Exteriorización de la *Ruta 1* y la *Ruta 2,* procesos diseñados directamente a partir de los Axiomas. Cada uno está descrito en detalle: *cómo* se utiliza el proceso, *por qué* funciona, la tecnología axiomática que subyace a su uso, y la explicación completa de cómo un ser puede romper los *acuerdos falsos* y las *barreras autocreadas* que lo esclavizan al universo físico. En resumen, este libro contiene el sumario definitivo de la habilidad OT de un thetán exterior y su consecución de forma permanente.

LAS CONFERENCIAS DE PHOENIX: LA LIBERACIÓN DEL ESPÍRITU HUMANO • Aquí se encuentra la visión panorámica completa de Scientology. Habiendo sistematizado el tema de Scientology en La Creación de la Habilidad Humana, Ronald impartió entonces una serie de conferencias de media hora para acompañar específicamente a un estudio completo del libro. Desde los puntos *esenciales* que subyacen a la tecnología: *los Axiomas*, las *Condiciones de la Existencia* y las *Consideraciones y los Factores Mecánicos,* hasta los procesos del *Procedimiento Intensivo,* incluyendo doce conferencias que describen uno a uno los procesos del thetán exterior de la *Ruta 1,* todo está tratado por completo, suministrando una comprensión conceptual de la *ciencia del conocimiento* y la *habilidad OT del estado nativo.* Por tanto, aquí están los principios que forman los fundamentos sólidos sobre los que descansa todo lo demás en Scientology, incluyendo la integradora exposición de la religión y su patrimonio: *Scientology, Sus Antecedentes Generales.* Por tanto, esta es la serie de conferencias decisivas sobre la propia Scientology, y los fundamentos axiomáticos para toda búsqueda futura. *42 conferencias.*

¡DIANÉTICA 55!: *EL MANUAL COMPLETO DE LA COMUNICACIÓN HUMANA* • (Este Libro) Junto con todos los sensacionales descubrimientos logrados hasta la fecha, se había aislado un factor único que era igual de crucial para el éxito en todo tipo de auditación. Como dijo LRH: "La comunicación es tan absolutamente importante hoy en día en Dianética y Scientology, (como lo ha sido siempre en la línea temporal completa), que se podría decir que si pusieras a un preclear en comunicación, lo pondrías bien". Y este libro traza la anatomía y fórmulas *exactas,* pero anteriormente desconocidas, de la comunicación *perfecta.* La magia del ciclo de comunicación es *el* fundamento de la auditación y la razón primordial de que la auditación funcione. Los sensacionales avances que hay aquí abrieron nuevas perspectivas a la aplicación; descubrimientos de tal magnitud que LRH llamó a ¡Dianética 55! el *Libro Segundo* de Dianética.

EL CONGRESO DE UNIFICACIÓN: ¡COMUNICACIÓN! LIBERTAD Y CAPACIDAD • El histórico Congreso que anunció la reunificación de los temas de Dianética y Scientology con la presentación de *¡Dianética 55!* Hasta ahora, cada una había actuado en su propia esfera: Dianética se dirigía al Hombre *como Hombre,* las primeras cuatro dinámicas, mientras que Scientology se dirigía a *la vida en sí,* las Dinámicas de la Cinco a la Ocho. La fórmula que serviría como fundamento para todo el desarrollo futuro estaba contenida en una simple palabra: *Comunicación.* Fue un avance capital, al que Ronald llamaría más adelante, "el gran avance sensacional de Dianética y Scientology". Aquí están las conferencias de cuando ocurrió. *16 conferencias y las reproducciones adjuntas de los diagramas originales de las conferencias hechos a mano por LRH.*

SCIENTOLOGY: LOS FUNDAMENTOS DEL PENSAMIENTO–*EL LIBRO BÁSICO DE LA TEORÍA Y PRÁCTICA DE SCIENTOLOGY PARA PRINCIPIANTES* • Designado por Ronald como el *Libro Uno de Scientology*. Tras haber unificado y sistematizado completamente los temas de Dianética y Scientology, llegó el perfeccionamiento de sus *fundamentos*. Publicado originalmente como un resumen de Scientology para su uso en traducciones a lenguas distintas al inglés, este libro es de valor incalculable tanto para el estudiante novicio de la mente, el espíritu y la vida, como para el avanzado. Equipado únicamente con este libro, uno puede comenzar una consulta y producir aparentes milagros y cambios en los estados de bienestar, capacidad e inteligencia de la gente. Contiene las *Condiciones de la Existencia,* las *Ocho Dinámicas,* el *Triángulo de ARC, Las Partes del Hombre,* el análisis completo de la *Vida como un Juego,* y más, incluyendo procesos exactos para la aplicación de estos principios en el procesamiento. De modo que aquí, en un libro, está el punto de partida para llevar Scientology a la gente en todas partes.

LAS CONFERENCIAS DEL CURSO PROFESIONAL HUBBARD • Si bien Los Fundamentos del Pensamiento es una introducción al tema para principiantes, también contiene una síntesis de los fundamentos para cada scientologist. Aquí están las descripciones profundas de esos fundamentos, cada conferencia es de media hora de duración y proporciona, uno por uno, un dominio completo de cada avance sensacional de Scientology: *Los Axiomas del 1 al 10; La Anatomía del Control;* el *Manejo de Problemas; Comenzar, Cambiar y Parar;* la *Confusión y el Dato Estable; Exteriorización; Valencias* y más: el *porqué* detrás de ellos, *cómo* es que ocurrieron y sus factores mecánicos. Y todo está unido por el *Código del Scientologist,* punto por punto, y su uso para crear realmente una nueva civilización. En pocas palabras, aquí están las conferencias de LRH que producen un *Scientologist Profesional,* alguien que puede aplicar el tema a todos los aspectos de la vida. *21 conferencias.*

LIBROS ADICIONALES QUE CONTIENEN LOS ELEMENTOS ESENCIALES DE SCIENTOLOGY

TRABAJO

LOS PROBLEMAS DEL TRABAJO: *SCIENTOLOGY APLICADA AL MUNDO DEL TRABAJO COTIDIANO* • Habiendo sistematizado todo el tema de Scientology, Ronald comenzó de inmediato a proporcionar el manual del *principiante* para que cualquiera lo aplicara. Como él lo describió: la vida está compuesta de siete décimas partes de trabajo, una décima parte de familia, una décima parte de política y una décima parte de ocio. Aquí está la aplicación de Scientology a esas siete décimas partes de la existencia incluyendo las respuestas al *Agotamiento* y el *Secreto de la Eficiencia*. Aquí está también el análisis de la vida en sí: un juego compuesto de reglas exactas. Si las conoces prosperas. Los Problemas del Trabajo contiene la tecnología sin la que nadie puede vivir, y que la pueden aplicar inmediatamente tanto scientologists, como los neófitos en el tema.

LOS FUNDAMENTOS DE LA VIDA

SCIENTOLOGY: UN NUEVO PUNTO DE VISTA SOBRE LA VIDA • Los elementos esenciales de Scientology para cada aspecto de la vida. Las respuestas básicas que te ponen en control de tu existencia, verdades para consultar una y otra vez: *¿Es Posible Ser Feliz?, Dos Reglas para una Vida Feliz, Integridad Personal, La Personalidad Anti-Social* y muchas más. En cada parte de este libro encontrarás verdades de Scientology que describen las condiciones de tu vida y proporcionan modos *exactos* para cambiarlas. Scientology: Un Nuevo Punto de Vista Sobre la Vida contiene un conocimiento que es fundamental para cada scientologist y una introducción perfecta para cualquier neófito en el tema.

AXIOMAS, CÓDIGOS Y ESCALAS

SCIENTOLOGY 0-8: EL LIBRO DE LOS FUNDAMENTOS • El compañero de *todos* los libros, conferencias y materiales de Ronald. Este es el Libro de los Fundamentos, que incluye datos indispensables que consultarás constantemente: los *Axiomas de Dianética y Scientology; Los Factores;* una recopilación completa de todas las *Escalas,* más de 100 en total; listas de los *Percépticos y Niveles de Consciencia;* todos los *Códigos y Credos* y mucho más. En este único libro se condensan las leyes superiores de la existencia, extraídas de más de 15,000 páginas de escritos, 3,000 conferencias y docenas de libros.

LA ÉTICA DE SCIENTOLOGY:
LA TECNOLOGÍA DE LA SUPERVIVENCIA ÓPTIMA

INTRODUCCIÓN A LA ÉTICA DE SCIENTOLOGY • Una nueva esperanza para el Hombre llega con la primera tecnología funcional de la ética, una tecnología para ayudar a un individuo a levantarse de su caída por la vida y llegar a una meseta superior de supervivencia. Este es el manual global que proporciona los fundamentos cruciales: *Los Fundamentos de la Ética y la Justicia; la Honestidad;* las *Condiciones de la Existencia,* las *Fórmulas de las Condiciones* desde Confusión hasta Poder, los *Fundamentos de la Supresión* y su manejo; así como los *Procedimientos de Justicia* y su uso en las Iglesias de Scientology. Aquí está la tecnología para superar cualesquiera barreras en la vida y en el viaje personal de subir por el Puente a la Libertad Total.

PURIFICACIÓN

CUERPO LIMPIO, MENTE CLARA: *EL PROGRAMA DE PURIFICACIÓN EFICAZ* • Vivimos en un mundo bioquímico, y este libro es la solución. Mientras investigaba los efectos dañinos que el consumo anterior de drogas tenía en los casos de los preclears, Ronald hizo el importante descubrimiento de que muchas drogas de la calle, en particular el LSD, permanecían en el cuerpo de una persona mucho tiempo después de haberse tomado. Observó que los residuos de las drogas podían tener efectos graves y duraderos, incluyendo el desencadenar "viajes" adicionales. La investigación adicional reveló que una gran gama de sustancias (drogas médicas, alcohol, contaminantes, productos químicos domésticos e incluso los conservantes de la comida) se podían alojar también en los tejidos del cuerpo. Por medio de la investigación de miles de casos, desarrolló el *Programa de Purificación,* para eliminar sus destructivos efectos. Cuerpo Limpio, Mente Clara detalla cada aspecto del régimen, totalmente natural, que puede liberarle a uno de los efectos dañinos de las drogas y otras toxinas, abriendo el camino al progreso espiritual.

MANUALES DE CONSULTA

¿QUÉ ES SCIENTOLOGY?

La obra de consulta enciclopédica esencial y completa sobre el tema y la práctica de Scientology. Este libro se diseñó para ser usado y contiene los datos pertinentes sobre cada aspecto del tema:

• La vida de L. Ronald Hubbard y su senda de descubrimientos

• El Patrimonio Espiritual de la religión

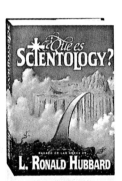

• Una descripción completa de Dianética y Scientology

• La auditación: qué es y cómo funciona

• Los cursos: qué contienen y cómo están estructurados

• La Tabla de Grados de Servicios y cómo uno asciende a estados superiores

• El Sistema de Ética y de Justicia de Scientology

• La Estructura Organizativa de la Iglesia

• Una descripción completa de los muchos programas de Mejoramiento Social que la Iglesia apoya, incluyendo: Rehabilitación de Drogadictos, Reforma de Criminales, Alfabetización y Educación y la tarea de inculcar verdaderos valores de moralidad

Más de 1,000 páginas con más de 500 fotografías e ilustraciones, este texto además incluye los Credos, los Códigos, una lista completa de todos los libros y materiales así como un Catecismo con respuestas a prácticamente cualquier pregunta relacionada con el tema.

Tú Preguntas y Este Libro Responde.

EL MANUAL DE SCIENTOLOGY

Los fundamentos de Scientology para uso cotidiano en cada aspecto de la vida que representan 19 cuerpos de doctrina tecnológica independientes. Es el manual más exhaustivo sobre los fundamentos de la vida jamás publicado. Cada capítulo contiene principios y tecnologías clave que puedes usar continuamente:

• La Tecnología de Estudio

• Las Dinámicas de la Existencia

• Los Componentes de la Comprensión: Afinidad, Realidad y Comunicación

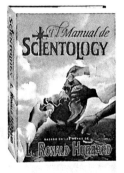

• La Escala Tonal

• La Comunicación y sus Fórmulas

• Ayudas para Enfermedades y Lesiones

• Cómo Resolver los Conflictos

• La Integridad y la Honestidad

• La Ética y las Fórmulas de las Condiciones

• Soluciones para la Supresión y para un Entorno Peligroso

• El Matrimonio

• Los Niños

• Herramientas para el Trabajo

Más de 700 fotografías e ilustraciones te permiten aprender fácilmente los procedimientos y aplicarlos de inmediato. Este libro es realmente el manual indispensable para todo scientologist.

La Tecnología para Construir un Mundo Mejor.

ACERCA DE L. RONALD HUBBARD

"**P**ara realmente conocer la vida", escribió L. Ronald Hubbard, "tienes que ser parte de la vida. Tienes que bajar y mirar, tienes que meterte en los rincones y grietas de la existencia. Tienes que mezclarte con toda clase y tipo de hombres antes de que puedas establecer finalmente lo que es el hombre".

A través de su largo y extraordinario viaje hasta la fundación de Dianética y Scientology, Ronald hizo precisamente eso. Desde su aventurera juventud en un turbulento Oeste Americano hasta su lejana travesía en la aún misteriosa Asia; desde sus dos décadas de búsqueda de la esencia misma de la vida hasta el triunfo de Dianética y Scientology, esas son las historias que se narran en las Publicaciones Biográficas de L. Ronald Hubbard.

L. Ronald Hubbard: Imágenes de una Vida presenta la perspectiva fotográfica general sobre el gran viaje de Ronald. Tomada de la colección de sus propios archivos, esta es la vida de Ronald como él mismo la vio.

En lo que se refiere a los muchos aspectos de esa rica y variada vida, están las Series de Ronald. Cada publicación se centra en una profesión específica de LRH: *Auditor, Filántropo, Filósofo, Artista, Poeta, Compositor, Fotógrafo* y muchas más, incluyendo sus artículos publicados en *Freedom* y sus *Letters & Journals* personales. Aquí está la vida de un hombre que vivió por lo menos veinte vidas en el espacio de una.

PARA MÁS INFORMACIÓN, VISITA:
www.lronhubbard.org

GUÍA DE LOS MATERIALES

¡ESTÁS EN UNA AVENTURA! AQUÍ ESTÁ EL MAPA.

GUÍA DE

GUÍA PARA LOS LIBROS
Y CONFERENCIAS DE
DIANÉTICA Y
SCIENTOLOGY
POR L. RONALD HUBBARD

- Todos los libros
- Todas las conferencias
- Todos los libros de consulta

Todo ello puesto en secuencia cronológica con descripciones de lo que cada uno contiene.

Tu viaje a una comprensión completa de Dianética y Scientology es la aventura más grande de todas. Pero necesitas un mapa que te muestre dónde estás y adónde vas.

Ese mapa es la Guía de los Materiales. Muestra todos los libros y conferencias de Ronald con una descripción completa de su contenido y temas, de tal manera que puedas encontrar exactamente lo que *tú* estás buscando y lo que *tú* necesitas exactamente.

Como cada libro y conferencia aparece en secuencia cronológica, puedes ver *cómo* se desarrollaron los temas de Dianética y Scientology. ¡Y lo que eso significa es que simplemente estudiando esta guía te esperan una cognición tras otra!

Las nuevas ediciones de cada libro incluyen extensos glosarios con definiciones de todos los términos técnicos. Como resultado de un programa monumental de traducciones, cientos de conferencias de Ronald se están poniendo a tu alcance en disco compacto con transcripciones, glosarios, diagramas de conferencias, gráficas y publicaciones a los que se refiere en las conferencias. Como resultado, obtienes *todos* los datos y puedes aprenderlos con facilidad, consiguiendo una comprensión *conceptual* completa.

Y lo que eso supone es una nueva Edad de Oro del Conocimiento que todo dianeticista y scientologist ha soñado.

Para conseguir tu Guía de los Materiales y Catálogo GRATIS, o para pedir los libros y conferencias de L. Ronald Hubbard, ponte en contacto con:

HEMISFERIO OCCIDENTAL:
**Bridge
Publications, Inc.**
4751 Fountain Avenue
Los Angeles, CA 90029 USA
www.bridgepub.com
Teléfono: 1-800-722-1733
Fax: 1-323-953-3328

HEMISFERIO ORIENTAL:
**New Era Publications
International ApS**
Store Kongensgade 53
1264 Copenhagen K, Denmark
www.newerapublications.com
Teléfono: (45) 33 73 66 66
Fax: (45) 33 73 66 33

Libros y conferencias también disponibles en las Iglesias de Scientology.
*Véase **Direcciones**.*

DIRECCIONES

Scientology es la religión de más rápido crecimiento en el mundo de hoy en día. Existen iglesias y misiones en ciudades de todo el mundo y se están formando nuevas continuamente.

Para obtener más información o localizar la iglesia más cercana a ti, visita la página web de Scientology.

www.scientology.org
e-mail: info@scientology.org

También puedes escribir a cualquiera de las Organizaciones Continentales que aparecen en la siguiente página, las cuales pueden dirigirte a una de las miles de Iglesias y Misiones que hay por todo el mundo.

Puedes conseguir los libros y conferencias de L. Ronald Hubbard desde cualquiera de estas direcciones o directamente desde las editoriales que aparecen en la página anterior.

ORGANIZACIONES CONTINENTALES DE LA IGLESIA:

LATINOAMÉRICA
IGLESIA DE SCIENTOLOGY
OFICINA DE ENLACE CONTINENTAL
DE LATINOAMÉRICA
Federación Mexicana de Dianética
Calle Puebla #31
Colonia Roma, México, D.F.
C.P. 06700, México
info@scientology.org.mx

ESTADOS UNIDOS
CHURCH OF SCIENTOLOGY
CONTINENTAL LIAISON OFFICE
WESTERN UNITED STATES
1308 L. Ron Hubbard Way
Los Angeles, California 90027 USA
info@wus.scientology.org
CHURCH OF SCIENTOLOGY
CONTINENTAL LIAISON OFFICE
EASTERN UNITED STATES
349 W. 48th Street
New York, New York 10036 USA
info@eus.scientology.org

CANADÁ
CHURCH OF SCIENTOLOGY
CONTINENTAL LIAISON OFFICE
CANADA
696 Yonge Street, 2nd Floor
Toronto, Ontario
Canada M4Y 2A7
info@scientology.ca

REINO UNIDO
CHURCH OF SCIENTOLOGY
CONTINENTAL LIAISON OFFICE
UNITED KINGDOM
Saint Hill Manor
East Grinstead, West Sussex
England, RH19 4JY
info@scientology.org.uk

ÁFRICA
CHURCH OF SCIENTOLOGY
CONTINENTAL LIAISON OFFICE AFRICA
5 Cynthia Street
Kensington
Johannesburg 2094, South Africa
info@scientology.org.za

EUROPA
CHURCH OF SCIENTOLOGY
CONTINENTAL LIAISON OFFICE EUROPE
Store Kongensgade 55
1264 Copenhagen K, Denmark
info@scientology.org.dk

**Church of Scientology
Liaison Office of Commonwealth
of Independent States**
Management Center of Dianetics
and Scientology Dissemination
Pervomajskaya Street, House 1A
Korpus Grazhdanskoy Oboroni
Losino-Petrovsky Town
141150, Moscow, Russia
info@scientology.ru

**Church of Scientology
Liaison Office of Central Europe**
1082 Leonardo da Vinci u. 8-14
Budapest, Hungary
info@scientology.hu

**Iglesia de Scientology
Oficina de Enlace de Iberia**
C/Miguel Menéndez Boneta, 18
28460; Los Molinos
Madrid, España
info@spain.scientology.org

**Church of Scientology
Liaison Office of Italy**
Via Cadorna, 61
20090 Vimodrone
Milano, Italy
info@scientology.it

AUSTRALIA, NUEVA ZELANDA Y OCEANÍA
CHURCH OF SCIENTOLOGY
CONTINENTAL LIAISON OFFICE ANZO
16 Dorahy Street
Dundas, New South Wales 2117
Australia
info@scientology.org.au

**Church of Scientology
Liaison Office of Taiwan**
1st, No. 231, Cisian 2nd Road
Kaoshiung City
Taiwan, ROC
info@scientology.org.tw

AFÍLIATE
A LA ASOCIACIÓN
INTERNACIONAL DE SCIENTOLOGISTS

La Asociación Internacional de Scientologists es la organización de afiliación de todos los scientologists unidos en la cruzada de más importancia sobre la Tierra.

Se otorga una Afiliación Introductoria Gratuita de Seis Meses a cualquiera que no haya tenido ninguna afiliación anterior de la Asociación.

Como miembro tienes derecho a descuentos en los materiales de Scientology que se ofrecen sólo a Miembros de la IAS. Además recibirás la revista de la Asociación llamada *IMPACT,* que se emite seis veces al año, llena de noticias de Scientology alrededor del mundo.

El propósito de la IAS es:

"Unir, hacer avanzar, apoyar y proteger a Scientology y a los scientologists de todas las partes del mundo para lograr las Metas de Scientology tal y como las originó L. Ronald Hubbard".

Únete a la mayor fuerza que se dirige a un cambio positivo en el planeta hoy día y contribuye a que la vida de millones de personas tenga acceso a la gran verdad contenida en Scientology.

**ÚNETE A LA ASOCIACIÓN
INTERNACIONAL DE SCIENTOLOGISTS.**

Para solicitar la afiliación,
escribe a la Asociación
Internacional de Scientologists
c/o Saint Hill Manor, East Grinstead
West Sussex, England, RH19 4JY

www.iasmembership.org

GLOSARIO EDITORIAL
DE PALABRAS, TÉRMINOS Y FRASES

Las palabras tienen a menudo varios significados. Las definiciones usadas aquí sólo dan el significado que tiene la palabra según se usa en este libro. Los términos de Dianética y Scientology aparecen en negrita. Al lado de cada definición encontrarás la página en que aparece por primera vez, para que puedas remitirte al texto si lo deseas.

Este glosario no está destinado a sustituir a los diccionarios estándar del idioma ni a los diccionarios de Dianética y Scientology, los cuales se deberían consultar para buscar cualesquiera palabras, términos o frases que no aparezcan a continuación.

–Los Editores

′ (prima): símbolo escrito por encima y a la derecha de un nombre, letra, cifra, etc., y usado para distinguirlo de otro del mismo tipo. Por ejemplo, Pepe y Pepe′ son el mismo nombre (y persona) pero el símbolo de prima representa a Pepe (prima) en circunstancias, condiciones o acciones diferentes. Pág. 134.

aberración: cualquier desviación o alejamiento respecto a la racionalidad. La *aberración* se describe en el Capítulo Siete, Comunicación. Pág. 30.

aberrado: afectado por la *aberración*. La conducta aberrada sería conducta incorrecta o conducta no apoyada por la razón. La aberración es cualquier desviación o alejamiento respecto a la racionalidad. Pág. 36.

abierto de par en par, caso: caso que posee percepción completa excepto somática. *Abierto de par en par* no se refiere a un individuo alto de tono, sino al que está por debajo de 2.0, con el que *debería* ser fácil trabajar pero que a menudo es inaccesible y encuentra difícil recuperar un somático y fácil recuperar percepción. Pág. 40.

aborrecer: considerar con horror o repugnancia, detestar. Pág. 3.

absoluto: sin restricciones ni condiciones; perfecto o completo. Pág. 48.

abstracciones hipotéticas: teorías complicadas que se alejan de la realidad. *Hipotético* se refiere a una teoría o idea sin comprobar, adoptada o aceptada temporalmente con el fin de ofrecer una base para la investigación. Una *abstracción* es un concepto o idea apartado de cualquier objeto material o realidad concreta. Pág. 125.

abstrusidad: cualidad o condición de ser desconocido o incierto o de ser difícil de comprender. Pág. 3.

acometida: ataque fuerte y violento. Pág. 166.

Adler: Alfred Adler (1870-1937), psiquiatra y psicólogo austriaco que teorizó que la motivación principal de la gente era superar sentimientos inherentes de inferioridad. Pág. 121.

agenciarse: hacerse con algo o arreglárselas para conseguir algo por medio de métodos discutibles o engañosos, como en: *"Que se han agenciado una posición en la que lo pueden llevar a cabo"*. Pág. 53.

agente: medio por el que se hace o causa algo; fuerza o sustancia que causa un cambio. Pág. 26.

agotar: agotar un retardo de comunicación se describe en el Capítulo Diez, El Retardo de Comunicación. Pág. 81.

ahogar (en): cubrir completamente con algo, como sumergido en un líquido. Usado en sentido figurado. Pág. 12.

ahorrarse: librarse de experimentar algo. Pág. 82.

a la luz de: con la ayuda proporcionada por el conocimiento (de algún hecho, datos, etc.). Pág. 205.

Alejandro: Alejandro Magno (356-323 a. C.), general y rey de Macedonia (antiguo reino en lo que hoy es el norte de Grecia y países adyacentes), que ejecutaba a la gente (incluso a los suyos) si parecían ser una amenaza para él. Pág. 3.

alejamiento: acción de distanciarse, a menudo hacia un estado inferior o disminuido, como en: *"La estupidez, la ignorancia, la enfermedad, la aberración, la incapacidad son sólo un alejamiento de 'la comprensión'"*. Pág. 171.

alelar: poner lelo, tonto y como pasmado; hacer que alguien se confunda o no entienda algo con claridad. Pág. 121.

aliado: persona que ha ayudado a la supervivencia del preclear en circunstancias engrámicas o sumamente emocionales y que el preclear considera reactivamente como importante para su supervivencia posterior. El individuo se meterá en la personalidad de un aliado sólo para mantenerlo cerca. Pág. 93.

aliados: referencia a los *aliados* (Gran Bretaña, Francia y Rusia, a los que se unieron luego Estados Unidos, Italia, Japón, etc.) en la Primera

Guerra Mundial (1914-1918), naciones aliadas según un tratado en contra de Alemania, Austria-Hungría, Turquía y Bulgaria. Pág. 212.

al mismo tiempo: se usa para introducir una reserva, explicación o contraste con el significado mientras que se dice esto; no obstante; sin embargo. Pág. 65.

alto, de tono: alto en la Escala Tonal. Pág. 88.

AMA: siglas de la *Asociación Médica Americana.* Pág. 157.

a mano: cercano; fácilmente accesible y disponible para usarse. Pág. 69.

ámbito: alcance de las propias funciones y deberes; esfera o campo de actividad o autoridad. Pág. 61.

análisis freudiano: también llamado psicoanálisis, sistema de terapia mental desarrollado por Sigmund Freud (1856-1939) en Austria en 1894 y que dependía de las siguientes prácticas para sus efectos: al paciente se le hacía recordar y hablar sobre su infancia durante años mientras el profesional buscaba incidentes sexuales ocultos que según Freud eran la única causa de la aberración. El profesional interpretaba significaciones en todas las afirmaciones y las evaluaba por el paciente (le decía qué pensar) en términos de sexualidad. Pág. 67.

anclado: fijado firmemente como si se sujetara en un lugar con un *ancla,* un artefacto pesado para mantener en su lugar un barco u otro objeto flotante. Pág. 170.

andanza: recorrido, lleno de aventuras y peripecias (suceso imprevisto e inoportuno que altera el curso o el estado de las cosas), que se hace por distintos lugares. Pág. 122.

animosidad: sentimiento de hostilidad, antipatía o aversión hacia alguien. Pág. 137.

aniquilador: algo que hace pedazos algo, lo revienta o lo deshace, como en: *"Aniquilador de planetas".* Pág. 90.

antorcha: palo con material combustible en un extremo que se usa para iluminar o prenderle fuego a las cosas. En sentido figurado, algo que se considera como fuente de luz, guía o ilustración. Pág. 3.

año luz: distancia que recorre la luz en un año, que es aproximadamente 9.46 billones de kilómetros. El término también se usa informalmente para referirse a un tiempo muy largo. Pág. 229.

apisonadora: vehículo que rueda sobre unos cilindros muy pesados, y que se emplea para allanar y compactar caminos y pavimentos. Pág. 122.

arbitrario: basado en una decisión o una elección de cierta utilidad, en lugar de en la naturaleza fija de algo. Pág. 45.

arcángel Calumniel: nombre humorístico inventado para un arcángel (ángel de alto rango). Del griego *Arkhós* (jefe), y *ángelos* (mensajero). Pág. 156.

ascenso: acción de elevarse (a un estado, nivel o posición superiores). Pág. 98.

asentimiento, gesto vago de: gesto que parece indicar que alguien está de acuerdo en hacer algo, como si asintiera con la cabeza o acusara recibo. Algo hecho como un gesto simbólico o para cubrir las apariencias. Pág. 196.

as-is, hacer: borrar, hacer que desaparezca. *Hacer as-is* es un término de Scientology que significa causar que algo desaparezca o deje de existir al verlo exactamente como es (del inglés *as it is*, que significa "tal y como es"). Pág. 88.

atenerse: adherirse a; mantenerse fiel a, como en: *"La descripción de los personajes debería atenerse a un 'enunciado cubista'"*. Pág. 109.

atómico, reactor: reactor nuclear; conjunto de materiales y aparatos usados para iniciar, mantener y controlar la fisión atómica con la finalidad de generar energía utilizable. Pág. 14.

atrapar: agarrar o meter a alguien en dificultades; meter en una trampa. Pág. 13.

auditación: aplicación de las técnicas y ejercicios de Dianética y Scientology. Pág. 70.

auditor: alguien que escucha y computa, un profesional de Dianética y Scientology. Pág. 6.

Auditor Certificado Hubbard: nivel de entrenamiento básico de auditor en el que uno aprendía la teoría y práctica de Scientology. El equivalente británico era el de Auditor Profesional Hubbard. La razón de que se usara una denominación diferente en Gran Bretaña y Estados Unidos es que la palabra *Certificado* (en inglés *Certified*) en Gran Bretaña significaba "demente". Pág. 198.

Auditor de Dianética Hubbard: primer nivel de entrenamiento de Auditor Profesional que se entregaba en Dianética, ya en 1950 y que certificaba que uno era diestro en la técnica de Dianética. Pág. 198.

Auditor de Libro: auditor sin ningún entrenamiento profesional, que audita basándose en información que ha leído en libros de Dianética y Scientology. Pág. 77.

automatismo: mecanismo de la mente instalado por una persona para llevar a cabo una acción automáticamente, por la cual entonces abandona la responsabilidad. Ahora este funciona "en automático", fuera de su control y consciencia. Para crear un juego y tener randomity, un individuo hace mock-up de jugadores en el juego y luego "olvida" que él los creó. Al fallar en controlar la comunicación de los otros jugadores, tiene lugar una escasez de acuse de recibo. En la creencia de que él tiene que tener masa para compensar esta falta de comunicación, el individuo instala automaticidades. Pág. 213.

aversión: sentimiento que hace rechazar cierta cosa o persona o apartarse de ella. Pág. 37.

Babilonia: capital del antiguo imperio de *Babilonia,* imperio situado en el sudoeste asiático (situado en la zona sur de lo que ahora es Irak) que floreció desde aproximadamente el 2100 al 689 a. C. La ciudad más importante de Asia occidental durante ese periodo, Babilonia era rica por su comercio, y famosa por sus magníficos templos y palacios. Sin embargo, para el año 538 a. C., había sido destruida, reconstruida y finalmente capturada por los vecinos Persas; convirtiéndose en una región de ese imperio. Pág. 3.

bajo de tono: bajo en la Escala Tonal. Pág. 37.

banalidad: algo común u ordinario. Pág. 210.

banco: 1. Colección de cuadros de imagen mental que constituye el sistema de almacenamiento de la mente, una analogía del almacenamiento de memoria en una computadora. Pág. 27.
2. Lo mismo que *mente reactiva.* Para una descripción de la mente reactiva, véase el Capítulo Dos, Los Fundamentos de la Vida. Pág. 107.

banco prenatal: área de la mente reactiva que abarca desde la concepción hasta el nacimiento. Pág. 210.

banco de memoria reactivo: lo mismo que *mente reactiva* (definida en el Capítulo Dos, Los Fundamentos de la Vida). Un *banco de memoria* es un dispositivo de almacenamiento de una computadora donde se almacenaban antes los datos en un conjunto o serie de tarjetas llamado banco. En sentido figurado, se usa para describir un almacenamiento en la mente de información perteneciente a la memoria. Los bancos de memoria se describen completamente en *Dianética: La Evolución de una Ciencia.* Pág. 27.

banco reactivo: lo mismo que *mente reactiva*. Para una descripción de la mente reactiva, véase el Capítulo Dos, Los Fundamentos de la Vida. Pág. 42.

bandera roja, ondear la: encontrarse bajo un gobierno comunista o apoyar el comunismo; proviene de la bandera roja que se iza en un buque para indicar que está bajo mando comunista. La bandera roja es un símbolo usual del comunismo. Pág. 93.

beingness: condición o estado de ser; existencia. Pág. 14.

bendición que salva (a alguien): cualidad o característica (de alguien) que compensa otras características generalmente negativas; cualidad que redime (a alguien). Pág. 12.

Bennington: Batalla de Bennington, batalla librada el 16 de agosto de 1777, durante la Guerra de Independencia Americana (1775-1783) cerca de la ciudad de Bennington, en el suroeste de Vermont, EE.UU. Esta batalla fue una victoria significativa para los americanos. Pág. 111.

best-seller: obra literaria de gran éxito y de mucha venta. Pág. 4.

Better Business Bureau: organización creada en 1912 por las empresas, con la supuesta intención de proteger al público de la publicidad engañosa y de las prácticas comerciales no éticas. Consta de unas 200 organizaciones independientes. Los informes del Better Business Bureau se han usado constantemente para intentar desacreditar nuevas ideas e innovaciones. Pág. 5.

bienes: cosas útiles o valiosas, como las materias primas o algún producto agrícola primario que se necesita y tiene demanda. Pág. 4.

bien, está muy: expresión que se usa para indicar que algo es bueno o aceptable en lo que a una situación respecta (implicando que podría ser insatisfactorio en otras situaciones). Usado cuando algo parece bueno en sí mismo pero tiene problemas o circunstancias relacionadas con él. Pág. 21.

biológico: que tiene que ver con el uso y aplicación de los principios o métodos de la *biología,* el estudio de los seres vivos, desde un punto de vista puramente físico y químico. Pág. 93.

bizantina: (referido a una discusión) sin utilidad por ser demasiado complicada y sutil. Pág. 13.

blindaje: cubrimiento con planchas metálicas u otro material difícilmente penetrable, a fin de proteger un lugar, un objeto o lo que hay en su interior. También se usa de manera figurativa con el significado de protección y vigilancia de una persona por razones de seguridad. Pág. 93.

Boletín del Auditor Profesional: serie de boletines escritos por L. Ronald Hubbard entre el 10 de mayo de 1953 y el 15 de mayo de 1959. El contenido de los boletines era técnico y promocional, informando sobre los nuevos avances técnicos, reimpresiones de los últimos procesos y publicaciones técnicas que se habían emitido. Están disponibles en los volúmenes de los *Boletines Técnicos*. Pág. 179.

borradura: relatar repetidamente un engrama hasta que se haya desvanecido por completo. Véase *Dianética: La Ciencia Moderna de la Salud Mental*. Pág. 27.

botánica: ciencia o estudio de las plantas, su vida, estructura, crecimiento, clasificación, etc. Pág. 145.

botón: literalmente, interruptor redondo que cuando se pulsa hace funcionar una máquina, luz, etc. En sentido figurado, cualquier cosa parecida a un botón por su fácil uso para producir rápidamente un efecto concreto. Pág. 37.

buena y firme: referencia irónica al MEST. *Buena* en este sentido significa "muy" y se usa para intensificar la palabra que le sigue. *Firme* quiere decir repleto de materia; de consistencia compacta. Pág. 5.

bulldozer: máquina constituida por un tractor oruga que tiene en la parte delantera una sólida cuchilla de acero, recta o algo curva, y que sirve para nivelar terrenos. Pág. 122.

caballo, poner un candado en la puerta después de que te hayan robado el: en sentido figurado, adoptar medidas para preservar o manejar algo después de que el daño ya se haya recibido. Literalmente, la frase significa que la puerta del establo se dejó abierta, robaron el caballo o se escapó y entonces, uno puso un candado en la puerta del establo; sin embargo, el caballo ya había desaparecido y no estaba. Pág. 90.

cabida: capacidad o espacio para contener algo. Pág. 52.

cable: cablegrama; telegrama; mensaje enviado por telégrafo (método de comunicación a larga distancia que originalmente transmitía mensajes como impulsos eléctricos codificados a través de un cable eléctrico). Pág. 62.

Caldea: región de la antigua *Babilonia*, antiguo imperio en el sudoeste asiático (situado en la zona sur de lo que ahora es Irak). Los líderes de Caldea desarrollaron una vasta civilización en Babilonia (625

a. C.) llamada Imperio Neobabilónico que se hizo con el control de gran parte del actual Oriente Medio hasta que fue destruida por la vecina Persia unos 100 años más tarde. Pág. 3.

callejón sin salida: literalmente, un *callejón sin salida* es un pasaje o callejuela estrecho, especialmente si discurre entre edificios o por detrás de ellos y que está cerrado en uno de sus extremos. De ahí, un curso de acción que fracasa en llevar a cabo su propósito, o por el que no hay ningún beneficio resultante o que aparentemente no lleva a ninguna parte. Pág. 79.

calumniar: decir afirmaciones falsas y maliciosas acerca de alguien; hablar muy mal de alguien. Pág. 12.

candado: incidente aparentemente menor que cobra una importancia indebida debido a que tiene cierta similitud con un engrama anterior o cadena de engramas que reestimula. Pág. 27.

cantidad: objeto u objetos materiales considerados en lo concreto (una cosa real, no sólo una idea); el aspecto de una cosa o su propiedad medible, cuantificable o comparable. Pág. 21.

capacidad: cualidad de ser capaz de hacer algo; poder o aptitud para actuar. Pág. 21.

capital: conjunto de los capitalistas en general, especialmente en relación con sus intereses políticos. Los *capitalistas* son gente que tiene riqueza, especialmente grandes riquezas, invertidas en empresas comerciales y a los que se considera motivados primordialmente por su propio interés y beneficio. Pág. 5.

carboncillo: lápiz o barrita de madera carbonizada que sirven para dibujar. Pág. 122.

cardinal: principal, fundamental. Pág. 232.

cartel de "abierto", colgar el: dispuesto a recibir visitas. Pág. 38.

carnet: documento que acredita la identidad de una persona y que la faculta para ejercer ciertas actividades o que la acredita como miembro de determinada agrupación. Pág. 15.

caso: 1. Término general para una persona que está auditándose o a punto de recibir auditación, como en: *"Ahora se ha terminado con éxito una serie reciente de casos"*. Pág. 39.

2. La acumulación completa de facsímiles, masas de energía, maquinaria, mecanismos de estímulo-respuesta, etc., de un individuo, como en: *"No se ha encontrado que el 'Auto-clearing' fuera posible cuando el individuo estaba gravemente empantanado en su propio caso"*. Pág. 46.

caso abierto de par en par: caso que posee percepción completa excepto somática. *Abierto de par en par* no se refiere a un individuo alto de tono, sino al que está por debajo de 2.0, con el que *debería* ser fácil trabajar pero que a menudo es inaccesible y encuentra difícil recuperar un somático y fácil recuperar percepción. Pág. 40.

catalogar: ordenar y poner en una lista de manera sistemática. Pág. 13.

Causa: *Causa* es simplemente el punto fuente de emanación de la comunicación. Pág. 60.

causa: *causa* es una fuente potencial de flujo. Pág. 42.

causativo: característico o que tiene la naturaleza de ser causa en oposición a efecto; originado o producido por los esfuerzos de uno mismo; capaz de causar cosas, efectivo. Pág. 13.

célula: grupo pequeño dedicado al estudio y desarrollo del comunismo; especialmente la unidad mínima de organización del Partido Comunista, a menudo situada dentro de una industria, negocio, colegio, etc., y compuesta por sus empleados. Pág. 93.

cerebro electrónico: computadora. Pág. 21.

cero absoluto: temperatura teórica que se piensa que es la temperatura más baja posible, el punto en el que toda actividad molecular cesa. Pág. 47.

chamán: sacerdote o sacerdotisa de quien se dice que actúa como intermediario entre el mundo natural y el sobrenatural y usa la magia para curar dolencias, predecir el futuro y contactar y controlar las fuerzas espirituales. Pág. 4.

charlatán: persona que finge tener conocimientos o destreza al nivel de un experto; farsante. Pág. 4.

ciclo-de-acción: secuencia que atraviesa una acción, en la que se comienza, se continúa durante el tiempo que haga falta y entonces se completa según se planeó; comenzar, cambiar y parar. Pág. 106.

ciencia: conocimiento; comprensión de hechos o principios, clasificados y facilitados en el trabajo, la vida o la búsqueda de la verdad. Una ciencia es un conjunto interrelacionado de verdades demostradas o de hechos observados, organizados sistemáticamente y agrupados bajo leyes generales. Incluye tener métodos fidedignos para el descubrimiento de nuevas verdades dentro de su campo e indica la aplicación de métodos científicos a campos de estudio que previamente se consideraba que sólo estaban abiertos a teorías basadas en criterios abstractos subjetivos, históricos o no demostrables. La palabra *ciencia* se usa en este sentido, el sentido más fundamental y tradicional de la palabra, y no en el sentido de las ciencias *físicas* o *materiales*. Pág. 4.

circuito: división de la mente que se comporta como si tuviera vida propia y que le da órdenes al preclear. Pág. 26.

circuito demonio: en Dianética, un "demonio" es un circuito parásito. Tiene una acción en la mente que se parece a la de otra entidad diferente de uno mismo y que en Dianética se consideraba que provenía enteramente de las palabras en los engramas. Sus fenómenos se describen en *Dianética: La Ciencia Moderna de la Salud Mental.* Pág. 95.

clavo que cierra el ataúd: variación de: *el último clavo en el ataúd* que significa el evento o suceso que causa la falla final de algo que ya estaba malográndose. Pág. 63.

Clear: nombre de un estado logrado mediante el procesamiento, o un individuo que ha logrado este estado. Un *Clear* es simplemente una unidad con consciencia de consciencia que sabe que es una unidad con consciencia de consciencia, puede crear energía a voluntad y puede manejar y controlar, borrar o volver a crear una mente analítica o una mente reactiva. Véase *Dianética: La Ciencia Moderna de la Salud Mental.* Pág. 6.

Clear de Un Solo Golpe: frase o acción que dada una vez, o repetida, produciría el Clear tal y como se describe en el Capítulo Dos de *Dianética: La Ciencia Moderna de la Salud Mental.* Pág. 36.

clearing: hacer Clear a alguien. Pág. 6.

cliché del hijo del predicador: un *cliché* es algo que ha perdido su originalidad por su uso excesivo y constante repetición. En este caso, la historia contada muy a menudo (en el ámbito protestante, donde los pastores y predicadores se casan como costumbre aceptada y tienen hijos) del hijo del predicador que resulta que acaba cometiendo pecados o haciendo maldades. Pág. 45.

clínico: puramente científico. También basado en la observación real de individuos más que en la teoría. Pág. 128.

coartado: retenido; limitado; parado o frenado. Pág. 95.

codificar: disponer en un sistema organizado o recopilación ordenada. Pág. 40.

código: sistema de símbolos, letras o palabras a los que se les da cierto significado, que se usa para transmitir mensajes que requieren confidencialidad. Pág. 3.

colapso psicótico: acción de volverse alguien psicótico repentinamente. Pág. 80.

colegas: compañeros de profesión. Pág. 125.

Colegio Profesional Hubbard: antiguo centro de entrenamiento en Phoenix, Arizona, que ofrecía un programa de entrenamiento (serie de cursos) para auditores. El entrenamiento de auditor ahora se lleva a cabo en iglesias de Scientology alrededor del mundo. Véase *Direcciones* para las ubicaciones actuales. Pág. 28.

colgado, quedarse: quedarse suspendido, como de un gancho. Por lo tanto, la expresión "los engramas tienen una tendencia a 'quedarse colgados'" significa que se quedan suspendidos en el tiempo. Pág. 30.

colonias británicas de América: relativo a las trece colonias británicas que ganaron su independencia frente a Gran Bretaña y se convirtieron en los Estados Unidos de América. También relativo al periodo de tiempo en que existieron como colonias desde 1607 hasta 1775. Pág. 87.

combustión espontánea de barro: referencia jocosa a la teoría de la generación espontánea, según la cual ciertas formas de vida pueden desarrollarse directamente a partir de cosas sin vida. Los griegos creían que las moscas y otros pequeños animales, surgían del barro del fondo de arroyos o de estanques; esto lo han recogido e impulsado muchos científicos basándose en la teoría de que la generación espontánea ocurrió al juntarse ciertos compuestos químicos de algún modo en el barro para formar el primer organismo vivo simple hace miles de millones de años. Al final se formó una célula que colisionó con otras células y por accidente formaron un organismo más complejo, que al final condujo a la aparición del Hombre. (*Espontáneo* significa que no tiene ninguna causa o influencia externa aparentes; que ocurre o está producido por su propia energía, fuerza, etc.; que actúa por sí mismo). Pág. 13.

¿Cómo va eso?: pregunta amistosa a una persona, que significa: ¿Qué tal? ¿Cómo estás? Pág. 134.

competencia: función u obligación que corresponde a una persona o entidad, generalmente por su cargo o situación. Pág. 220.

comunicación en dos direcciones: la comunicación en dos direcciones se describe en el Capítulo Nueve, Comunicación en Dos Direcciones. Pág. 78.

concentrado: con toda la atención dirigida o enfocada en una cosa. Pág. 207.

concepción: comienzo, origen. Pág. 12.

concienciar: referido a una persona, adquirir o hacerle adquirir consciencia o conocimiento de algo. Pág. 90.

concierto: buen orden y disposición de las cosas. Pág. 11.

condición de cambio: estado o condición de *cambiar,* es decir, alteración o modificación en cuanto a característica, cualidad, forma, etc. Cualquier cambio implica tiempo. Para que haya tiempo debe haber cambio. Pág. 29.

conjetura: juicio o idea que se forman a partir de indicios o de datos incompletos o no comprobados. Pág. 42.

connotar: tener un sentido o sentidos adicionales sugeridos por una palabra. Pág. 61.

consciencia, sin: de un modo carente de consciencia (sentido interno de lo que está bien y lo que está mal en los motivos o en la conducta de uno, que le impulsa hacia una acción correcta). Pág. 4.

consideración: idea, opinión o pensamiento. Pág. 60.

consternarse: preocuparse, trastornarse o inquietarse. Pág. 105.

contagioso: propio de las enfermedades que se propagan a otras personas por contacto directo o indirecto, como en: *"Pabellones de enfermedades contagiosas"*. Pág. 66.

contemplar: 1. Mirar, observar con atención continua; estudiar concienzudamente. Pág. 37.
2. Tener en mente como intención o posibilidad; pensar en algo como un posible curso de acción. Pág. 14.

convicción: creencia en algo dejando a un lado cualquier duda; creencia fuerte. Pág. 16.

convulsión: trastorno o perturbación extrema; periodo de violenta agitación. Pág. 40.

crédito: aceptación según el grado en que algo es creíble o se considera que es real o válido. Pág. 4.

cruz blanca: indicador en forma de cruz, empleado por primera vez en 1953 en los Estados Unidos, indicando el lugar de un accidente fatal en carretera, con la intención de recordar a los automovilistas de paso los peligros de la carretera así como las vidas perdidas. Pág. 103.

cuaderno: cierto número de hojas de papel para escribir unidas por uno de sus bordes; libreta. Pág. 122.

cualidad: característica, propiedad o atributo esencial, inherente o distintivo; personalidad o rasgo del carácter. Pág. 21.

cualitativo: de la cualidad o relacionado con ella. Pág. 28.

cuantitativo: que tiene cantidad (masa, extensión en el espacio o duración en el tiempo); susceptible de ser medido. Pág. 22.

Cuarta Dinámica: impulso hacia la supervivencia mediante toda la Humanidad y como toda la Humanidad. Pág. 97.

cúbico: relativo a un *cubo,* cuerpo sólido de seis lados cuadrados iguales. Un *centímetro cúbico* se refiere a la cantidad de espacio o volumen que hay en el interior de un cubo en el que todos sus lados miden 1 centímetro de altura y anchura. Pág. 230.

cubista: relativo al *cubismo,* movimiento artístico francés de principios del siglo XX, en el que se separan las imágenes en disposiciones abstractas de cubos y otras formas geométricas. En literatura, para reflejar estas disposiciones abstractas, los escritores usan asociaciones y disociaciones inusuales e inesperadas en metáforas, puntos de vista diferentes, etc. Pág. 109.

cuestión, en: que se está discutiendo o tratando en tiempo presente. Pág. 107.

cuneta: zanja existente a los lados de un camino para recoger las aguas de la lluvia. Pág. 77.

de cerca: hecho de modo cuidadoso y concienzudo. Pág. 39.

deformación: condición del cuerpo o de cualquier parte del cuerpo torcido de manera antinatural. Pág. 87.

deidades menores: dioses menores, especialmente aquellos cuya influencia o autoridad es enteramente local. Pág. 162.

dejar de estar en: cesar de tomar parte en algo, dejar de llevar a cabo o ejecutar. Pág. 60.

delicado: que requiere un manejo experto; que no se debe tocar sin una gran precisión. Pág. 80.

denominador común: algo en común o característico de un conjunto de personas, cosas, situaciones, etc. Característica compartida. Pág. 70.

"depósito común de vida": referencia a la creencia de varias escuelas de pensamiento, filosofías políticas, etc., de que todos los hombres, más que ser individuos separados, son el mismo o están fusionados junto a todos los demás, como en una reserva, un *depósito* común donde se guardan o almacenan cosas. Pág. 169.

derecho propio, por: por razón de su propia cualidad, carácter, capacidad, etc.; en sí mismo o por sí mismo, como independiente de otras cosas. Pág. 6.

desafiar: hacer frente o encarar con valor. Pág. 230.

desaprensivo: que obra sin atenerse a las reglas ni a las ideas de lo que está bien y lo que está mal; que no tiene principios. Pág. 12.

desesperada, a la: como última solución o como último recurso para conseguir lo que se pretende. Pág. 44.

desperdiciar: tirar; deshacerse de; dejar inservible. En el proceso, el Remedio de Havingness, uno desperdicia cosas basándose en la teoría de que si una persona no puede tener algo, uno puede hacer que lo desperdicie lo suficiente y será capaz de tenerlo. Pág. 191.

desquiciar: causar que alguien acabe en un estado mental de confusión. Sacarle de quicio. El quicio es la parte de la puerta o ventana donde están las bisagras, y si una puerta se saca de quicio se sale de su lugar y funcionamiento normales. Pág. 233.

destino: supuestas fuerzas, principios o poderes que predeterminan los eventos, cuyos resultados son inevitables. Pág. 15.

desvelar: referido a algo que no se sabe, descubrirlo o ponerlo de manifiesto. Pág. 7.

desvío: camino que se aparta y vuelve a entrar en una carretera principal, especialmente uno construido como ruta alternativa para aliviar la congestión o el tráfico en una población. Pág. 87.

determinar: averiguar algo de forma definitiva; saber de algo con certeza o seguridad; establecer. Pág. 112.

determinismo: capacidad de determinar el curso o la decisión respecto a algo. Pág. 36.

detonante: explosivo; capaz de explotar o hacer que algo explote. Pág. 14.

devoción: amor o sentimiento intenso y de respeto, especialmente si son religiosos. Pág. 5.

devoto: dedicado con fervor a obras piadosas y religiosas. Pág. 115.

Dianética Preventiva: rama de Dianética que se basa en la prevención de la adquisición de un engrama; de forma secundaria, cuando se ha recibido un engrama a pesar de todos los cuidados y precauciones, se ocupa de la prevención de la reestimulación del engrama. La Dianética Preventiva se describe por completo en *Dianética: La Ciencia Moderna de la Salud Mental,* Libro Dos, Capítulo Diez, "Dianética Preventiva". Pág. 81.

dicotomía: par de opuestos. Pág. 91.

dictaminar: (referido a un jurado) decidir o resolver judicialmente una cuestión; dar un dictamen o juicio a favor o en contra de algo. Pág. 111.

difamar: decir o escribir cosas malas o desagradables acerca de alguien o algo. Pág. 42.

digamos: expresión que se usa para introducir una posible situación o cuando se pone un ejemplo. Pág. 108.

digerible: que se absorbe o asimila con facilidad. También, que se puede soportar. Pág. 14.

digerir: absorber o asimilar con facilidad. También, soportar. Pág. 37.

diletante: alguien que se dedica a una actividad de manera superficial, o sin intención seria y que carece de destreza profesional. Pág. 5.

Dinámica: impulso, empuje, movimiento hacia la supervivencia; impulso enérgico en una cierta dirección. Las dinámicas se describen en el Capítulo Once, Pan-determinismo. Pág. 61.

Dinámica, Cuarta: impulso hacia la supervivencia mediante toda la Humanidad y como toda la Humanidad. Pág. 97.

Dinámica, Primera: impulso hacia la supervivencia como uno mismo. Pág. 164.

dinámicas: fuerzas características de algo o las leyes relativas a estas. Pág. 11.

Dinámica, Segunda: impulso hacia la supervivencia mediante el sexo o los hijos y abarca tanto el acto sexual como el cuidado y la crianza de los hijos. Pág. 168.

Dinámica, Tercera: impulso hacia la supervivencia mediante el grupo y como el grupo. Pág. 61.

diploma: certificado emitido por una institución educativa (colegio, universidad, etc.) certificando que la persona ha terminado satisfactoriamente un curso de estudio. Pág. 3.

discapacidad: *dis-* transforma la idea de la palabra a la que se une en la opuesta. Las *capacidades* son talentos naturales (físicos y mentales); destrezas o aptitudes especiales. De ahí, las *discapacidades* son "talentos naturales" que son incorrectos o equivocados, como la psicosis, la neurosis o las enfermedades psicosomáticas. Pág. 69.

diseminar: distribuir o esparcir, por ejemplo información y conocimiento. Pág. 77.

disertación: exposición escrita o verbal de un tema, de manera amplia y habitualmente sistemática. Pág. 26.

directriz: conjunto de instrucciones o normas generales que deben seguirse en la ejecución de algo, como en: *"Funciona ateniéndose exactamente a las directrices según las que fue diseñada".* Pág. 26.

disparatado: irrazonable; insensato o impreciso, como en: *"Esto no es una declaración disparatada".* Pág. 69.

disparate: hecho o dicho sin sentido común o contrario a la razón. Pág. 171.

disposición: combinación sistemática y ordenada de partes relacionadas. Pág. 22.

distorsionar: corromper o cambiar (deshonestamente) algo, como al alterar algo que estaba originalmente en una condición ordenada o regular. Pág. 7.

divulgar: difundir ampliamente; hacer saber públicamente. Pág. 13.

2.0: designación numérica para el nivel de Antagonismo en la Escala Tonal Emocional. Desde 0.0 (Muerte del Cuerpo) hasta 2.0 está la banda de actividad de la mente reactiva. Desde 2.0 hasta 4.0 (Entusiasmo) está la banda de actividad de la mente analítica. Pág. 240.

dotar: surtir o proveer de cualidades, aptitudes o características. Pág. 21.

Duplicación Perfecta: proceso que implica que una persona haga duplicados perfectos de objetos, incidentes, etc. Cuando esto se logra, el original se desvanece. (Un *duplicado perfecto* es una copia hecha en el mismo tiempo, en el mismo lugar, con las mismas energías que el original). Pág. 23.

duro: difícil de soportar, como en: *"Duro para la vista".* Pág. 112.

ecuatorial: relacionado con el *ecuador* (gran círculo imaginario alrededor de la Tierra que es equidistante de los polos norte y sur) o presente cerca del mismo. Los rayos solares en el ecuador son los que llegan más directamente, y son muy intensos. Pág. 92.

Efecto: *Efecto* es el punto receptor de la comunicación. Pág. 60.

efecto: *efecto* es una recepción potencial de flujo. Pág. 42.

eficacia: capacidad de producir un resultado o efecto deseados; efectividad. Pág. 203.

egreso: acción de salir, surgir hacia fuera. Pág. 204.

elaborarse: llevarse a cabo, realizarse o practicarse (un curso de acción, procedimiento, etc.), como en: *"Sobre esto pueden elaborarse algunas variaciones muy interesantes, pero no se recomiendan".* Pág. 212.

electrochoque: descarga de entre 180 y 460 voltios de electricidad a través del cerebro de sien a sien o desde la frente hasta la parte posterior de uno de los lados de la cabeza. Esto causa una grave convulsión (sacudida incontrolable del cuerpo) o espasmo (inconsciencia e incapacidad para controlar los movimientos del cuerpo) de larga duración. Pág. 11.

electrodos: referencia a las latas conectadas a un E-Metro, que la persona sostiene en las manos. Pág. 28.

electrodos: referencia a los discos metálicos que se ponen en la cabeza de una persona por medio de los que se hace pasar una corriente eléctrica a través del cerebro, como los usan los psiquiatras al administrar electrochoques. Un *electrodo* es un contacto a través del cual una corriente eléctrica entra o sale de una máquina, aparato eléctrico, instrumento o dispositivo. Pág. 4.

electrónica: ciencia que trata del desarrollo y aplicación de sistemas y dispositivos que emplean el flujo de energía eléctrica en el vacío, en gases y en sólidos. Pág. 28.

emanar: fluir hacia fuera, como desde una fuente u origen. Pág. 60.

E-Metro: abreviatura de *electropsicómetro,* instrumento especialmente diseñado que puede detectar la producción de energía por la mente analítica. (*Electro-* significa eléctrico o electricidad, *psico-* significa alma y *metro* significa medida). El E-Metro se describe en el Capítulo Dos, Los Fundamentos de la Vida. Pág. 196.

emoción desagradable: del inglés, *mis-emotion,* donde el prefijo *mis-* alude a la raíz de miserable (desdichado, infeliz) y de *misery* (infelicidad, sufrimiento); por lo tanto, *emoción miserable o emoción desagradable,* como por Antagonismo, Enojo, Miedo, Pesar, Apatía o una sensación de muerte. Pág. 183.

empantanado: hundido, como en un pantano (zona con fondo de lodo blando y esponjoso). Pág. 150.

empeño: 1. Esfuerzo serio e industrioso, especialmente a lo largo de un periodo de tiempo. Pág. 12.
2. Empresa o actividad resuelta y determinada. Pág. 12.

emplastar: cubrir una superficie o untarla con algo, como yeso o una pasta líquida espesa que recubre techos y paredes. Pág. 240.

encajar: conectarse, asociarse o ajustarse con otra cosa. Pág. 170.

encauzar: dirigir, como a lo largo de un camino. Pág. 63.

Enciclopedia Británica: gran obra de consulta muy completa y exhaustiva que contiene artículos sobre una amplia variedad de temas. Es la obra de referencia más antigua publicada ininterrumpidamente en inglés, impresa por primera vez en 1771.

La edición inglesa usa el término en latín para "británica" en su título: *Encyclopaedia Britannica*. Pág. 25.

encuadernar: juntar, unir, coser varios pliegos o cuadernos y ponerles cubiertas, como con piel curtida, o cuero. Pág. 122.

en cuestión: que se está tratando o discutiendo en tiempo presente. Pág. 107.

énfasis: intensidad que se le pone a algo para realzar su importancia; concentración de la atención. Pág. 41.

engancharse: sujetarse con firmeza; agarrarse con fuerza. Pág. 231.

engranaje: encaje entre sí de los dientes de varias piezas dentadas. Pág. 13.

enlatado: dicho de algo que está de forma estandarizada para uso general y que se considera repetitivo y falto de originalidad. Por ejemplo, muchos programas semanales de radio y televisión se graban por adelantado para su posterior difusión, usando risas, aplausos y otros elementos pregrabados, repetitivos y predecibles; como en *diversión "enlatada"*. Pág. 137.

enredado: atrapado en una red, un dispositivo para atrapar animales pequeños. Por extensión: confuso o desordenado; complicado, como si estuviera enmarañado con una soga o cuerda. Pág. 98.

ensartar cuentas: literalmente, poner cuentas (como perlas) en un cordel o hilo. Ensartar cuentas se hace para decoración, para joyería y otras actividades semejantes, y puede abarcar desde una única cuenta ensartada en un hilo o material para enhebrarla, hasta complejas creaciones con múltiples vueltas o niveles entrelazados. Pág. 145.

enterrado: profunda o firmemente fijado en la mente o memoria. Pág. 81.

entheta: en Scientology, theta es vida. *Entheta* es theta enturbulada; theta que se ha confundido y mezclado caóticamente con el universo material. Pág. 170.

entidades: riscos que "piensan". Forman una configuración muy compleja. Tienen áreas geográficas en el cuerpo. Estas áreas son estándar de preclear a preclear. Estas áreas responden en un E-Metro como auténticas mentes más que como compartimentos de una mente. En realidad son la base de los "circuitos demonio" (como se explica en *Dianética: La Ciencia Moderna de la Salud Mental*). Pág. 95.

entrampar: hacer que un animal caiga en la trampa. Engañar artificiosamente. Pág. 4.

entregarse: implicarse o tomar parte en algo, a menudo con la idea de hacerlo libremente o con entusiasmo. Pág. 146.

enturbulación: estado turbulento, agitado o perturbado. Pág. 170.

envasado al vacío: envasado y sellado en un recipiente, como una lata o bote, con tanto aire como sea posible extraído antes del sellado, principalmente para preservar la frescura. Pág. 52.

en vista del hecho (de que): debido a que; puesto que; a causa de. Pág. 30.

envuelto en músculos: que tiene músculos tan grandes y voluminosos que su capacidad de movimiento y velocidad de respuesta se ven limitados. Pág. 87.

equilibrio: estado de reposo o equilibrio debido a la acción equivalente de fuerzas opuestas, como un vaso que reposa sobre una mesa. Según la teoría física, el vaso está empujando hacia abajo lo mismo que la mesa está "empujando hacia arriba". Pág. 47.

Era Oscura de la Razón: periodo de grave declive en una civilización en el que esta no tiene conocimiento ni cultura; periodo caracterizado por ignorancia y una falta de actividad intelectual o espiritual. Pág. 4.

erradicar: eliminar algo indeseable o no querido, como al arrancar plantas indeseadas de raíz. Pág. 17.

escabroso: muy difícil, desagradable, arduo, etc. Pág. 223.

Escala de A-R-C: la Escala Tonal, una escala de tonos emocionales que muestra los niveles del comportamiento humano. Estos tonos, ordenados desde el más alto hasta el más bajo son, en parte, Entusiasmo, Aburrimiento, Antagonismo, Enojo, Hostilidad Encubierta, Miedo, Pesar y Apatía. Existen tonos aún más bajos que son tonos negativos, como -8.0, Esconderse. La Escala Tonal se describe en *La Ciencia de la Supervivencia* así como en *Scientology 8-80*. Pág. 178.

escala de gradiente: escala de disminución o aumento gradual de una condición. La diferencia entre un punto en una escala de gradiente y otro punto podría ser tan diferente o tan amplia como la gama entera de la escala en sí. O podría ser tan minúscula como para necesitar el más diminuto discernimiento para determinarla. Pág. 91.

Escala Emocional: Escala Tonal. Pág. 167.

Escala Tonal: una escala de tonos emocionales que muestra los niveles del comportamiento humano. Estos tonos, ordenados desde el más alto hasta el más bajo son, en parte, Entusiasmo, Aburrimiento, Antagonismo, Enojo, Hostilidad Encubierta, Miedo, Pesar y Apatía. Existen tonos aún más bajos que son tonos negativos, tales como

-8.0, Esconderse. La Escala Tonal se describe en *La Ciencia de la Supervivencia* así como en *Scientology 8-80*. Pág. 35.

escarnio público, ser objeto de: exponer al desprecio, humillación o desdén públicos. *Escarnio* significa burla o muestra de desprecio groseras y muy humillantes. Pág. 12.

escaso: de alcance limitado. Pág. 147.

escuela: grupo o sucesión de personas en algún campo o práctica que son seguidores del mismo maestro, o que están unidos por una semejanza general de principios, creencias y métodos. Pág. 4.

escuelas de la monotonía: *monotonía* se refiere a un tipo de instrucción basada en enseñar ideas o principios sin cambiar, a la vez que se impide la introducción de nuevos hechos, conceptos o datos. Las *escuelas de la monotonía* son las universidades y colegios tradicionales que atiborran de "hechos" a los estudiantes, insistiendo en el aprendizaje memorístico y desalentando el razonamiento, la aplicación y el logro de un conocimiento más elevado. Como comparación, *véase* **escuelas esotéricas.** Pág. 4.

escuelas esotéricas: originalmente la palabra *esotérico* se acuñó en el siglo II d. C. para describir los escritos más complejos de Aristóteles (filósofo griego, 384-322 a. C.). Se pensaba que estas obras contenían "secretos" divulgados únicamente a aquellas personas que propagasen las enseñanzas de Aristóteles. De ahí, *esotérico* llegó a significar una doctrina filosófica destinada a ser revelada sólo a un grupo selecto. Las *escuelas esotéricas* son las de filosofía, la teología, el espiritismo, etc., que buscan un sentido más elevado de la vida, el cual se dice que únicamente se puede conocer por medio de la experiencia directa, y es imposible enseñarlo o expresarlo en palabras. Como comparación, *véase* **escuelas de la monotonía.** Pág. 4.

esotérico: destinado a un pequeño grupo de individuos que tiene un conocimiento especial, como los de una profesión concreta, o que únicamente ellos lo entienden. Pág. 4.

esparcido: desparramado, extendido; distribuido sobre una superficie o espacio. Pág. 241.

específico: algo que es un remedio concreto para una condición física. Pág. 58.

espejo de la verdad: cosa que da una representación cierta o descripción de algo y sirve como modelo de ello. Pág. 207.

espiral descendente: cuanto más empeora un individuo, más capacidad tiene de empeorar. *Espiral* se refiere aquí a un movimiento progresivo hacia abajo, marcando una situación que se deteriora sin parar, y que se considera que toma la forma de una espiral. El término procede de la aviación donde se usa para describir el fenómeno de un avión que desciende describiendo una espiral en círculos cada vez más cerrados, como en un accidente o en un número de acrobacia, que si no se maneja puede resultar en la pérdida de control y en que el aparato se estrelle. Pág. 64.

espiritismo: doctrina o creencia de que los espíritus de los muertos pueden comunicarse y de hecho se comunican con los vivos, especialmente a través de una persona conocida como médium. Pág. 42.

espíritu: actitud o intenciones con las que alguien emprende o contempla algo. Pág. 53.

establecerse: hacer algo a una persona (o a uno mismo); nombrarse para una función; designarse. De ahí, constituirse en algo. Pág. 196.

estaca: palo de madera resistente o barra de metal con una punta afilada, a veces situada en el fondo de una trampa (consistente en un gran agujero) para ensartar algún animal que caiga dentro. Pág. 92.

estado de ánimo: actitud o estado mental en referencia a una concreta situación o condición. Pág. 167.

estado mental: condición o forma de existencia de la mente. Pág. 169.

está muy bien: expresión que se usa para indicar que algo es bueno o aceptable en lo que a una situación respecta (implicando que podría ser insatisfactorio en otras situaciones). Usado cuando algo parece bueno en sí mismo pero tiene problemas o circunstancias relacionadas con él. Pág. 111.

estímulo-respuesta: cierto estímulo (algo que provoca la actividad de una persona o cosa, o que produce una reacción en el cuerpo) que automáticamente da cierta respuesta. Pág. 13.

estipulación: cláusula, como en un documento, que especifica un requisito o condición. Pág. 79.

estrado: plataforma o escenario, como el que usa un instructor en una clase. Pág. 76.

estrado al pupitre del estudiante, facilitar el flujo de datos desde el: suavizar el camino para una transmisión fácil, precisa y útil de la información desde el instructor (al que se concibe de pie en el *estrado* o tarima, una plataforma en la parte delantera de la clase) a los estudiantes (a los que se concibe como sentados en un *pupitre* o un banco, un asiento largo y duro para varias personas, como se usaban en las antiguas escuelas). Pág. 76.

estrato: capa horizontal o sección de material, en especial cuando varias capas se superponen unas sobre otras. De ahí, cualquier cosa (como un nivel, parte, etc.) que se concibe como semejante a tal capa. Pág. 112.

eutanasia: acto de causar la muerte o dejar que muera una persona que sufre una condición o enfermedad incurable. Pág. 68.

evaluación: acto de decirle a una persona lo que anda mal con ella o lo que debe pensar acerca de su caso. Pág. 76.

excedente en el mercado: referencia a algún producto que abunda en demasía o que ya no tiene demanda en el mercado y que por ello ha perdido su valor o uso y que ya no se puede vender. Usado en sentido figurado. Pág. 125.

expectación: estado o condición en que uno está aguardando (esperando) un acuse de recibo, respuesta u originación de otra persona. Pág. 109.

exponer: ofrecer o presentar a consideración; hacer que algo se conozca. Pág. 138.

exteriorización: acción de salirse del cuerpo. La *exteriorización* se describe en el Capítulo Tres, La Unidad con Consciencia de Consciencia. Pág. 37.

extraño: persona que es o viene de fuera de un cierto lugar. Pág. 13.

extravagante: de naturaleza *excéntrica,* sumamente inusual o extrañamente diferente de lo que es normal. Pág. 80.

faceta: una de las diversas partes o lados de algo; aspecto concreto de una cosa. Pág. 203.

factores mecánicos: todos y cada uno de los objetos, movimientos o espacios que existen; espacio, energía, materia y tiempo. Pág. 21.

fantástico: sumamente irreal o impracticable. Pág. 15.

fascista: alguien que practica el *fascismo,* un sistema de gobierno dirigido por un dictador que tiene todo el poder, suprime por la fuerza a la oposición y la crítica, y reglamenta toda la industria, el comercio, etc. Pág. 58.

fascista de la fisión: expresión acuñada a partir de los términos *fisión* y *fascista,* para describir a los líderes de gobierno que favorecen y promueven el desarrollo y uso agresivo de las armas nucleares. Pág. 58.

fase, salirse de: no estar en el mismo periodo o nivel en el que está alguna otra cosa; ni sincronizado ni coordinado. Pág. 232.

felino, raza de: expresión en sentido figurado que significa clase o tipo de persona. Un *felino* es un gato o un animal de la familia de los gatos (gatos domésticos, leones, tigres, etc.). Pág. 6.

fichas (sistema de fichero): tarjetas con pautas de agujeros perforados en ellas, usadas para almacenar información en las primeras computadoras en la década de los 50. La información se almacenaba en las fichas perforando en ellas unos agujeros o muescas que representaban letras y números. Las tarjetas archivadas podían recuperarse e introducirse en una máquina que podía leer las pautas y de ese modo trabajar con la información almacenada. Pág. 27.

física: ciencia que trata de la materia, la energía, el movimiento y la fuerza, incluyendo lo que son estas cosas, por qué se comportan como lo hacen y la relación entre ellas, por contraposición a las ciencias que estudian la vida, como la biología, que estudia y observa a los organismos vivos como los animales y las plantas. Pág. 23.

físico nuclear: científico que se ocupa del comportamiento, la estructura y los componentes del centro de un átomo (llamado núcleo), que constituye casi toda la masa del átomo. Pág. 13.

fisión atómica: división de la parte central de un átomo (núcleo) acompañada de una gran liberación de energía. Los trozos del núcleo golpean entonces a otros núcleos (centros de átomos) y causan que estos se fisionen (se dividan), creando así una reacción en cadena, el principio de la bomba atómica. Pág. 14.

flagrante: tremendamente obvio o evidente. Pág. 135.

flota: conjunto de barcos de guerra bajo un mando común, por lo general dentro de una zona concreta de operaciones. También, la totalidad de la fuerza naval de un país. Pág. 93.

flota, gran: referencia a la fuerza naval de Alemania antes de la Primera Guerra Mundial (1914-1918). Habiendo aumentado el número de sus buques de guerra durante los años anteriores al comienzo de la guerra, la Armada Alemana era una de las más potentes del mundo. Sin embargo, en los meses finales de la guerra, la agitación política entre las tripulaciones hizo imposible el funcionamiento de la mayoría de los barcos e incluso llegaron a ser hundidos por su propia tripulación. Pág. 93.

flotar: permanecer suspendido en cierta posición o condición. Pág. 29.

flujo atorado: un *flujo* es una transferencia de energía de un punto a otro (como desde causa a efecto). Un *flujo atorado* es comunicación en una dirección. Los flujos atorados se describen en el Capítulo Ocho, La Aplicación de la Comunicación. Pág. 127.

forma de ver (de alguien): forma de considerar algo o de pensar acerca de ello de cierta manera; tener una opinión o actitud respecto a algo, como en: *"Se vuelve más complejo en su forma de ver las comunicaciones"*. Pág. 123.

formidable: difícil de vencer o vérselas con ello; desafiante. Pág. 94.

fórmula: en matemáticas, regla o principio representado con símbolos, números o letras, que a menudo igualan una cosa con otra. Ejemplo: $A + 4 = 7$. A partir de esto uno puede calcular que $A = 3$. Pág. 47.

forzosamente: obligatoriamente; por la fuerza de las circunstancias. Pág. 148.

fosa sepulcral: cualquier situación u ocasión de pérdida, extinción o desaparición totales; ruina. Pág. 63.

frase de participio: tipo de frase que ejerce la función de un adjetivo. En: "Él nos mostró el libro, abierto por la primera página", *abierto por la primera página* es una frase de participio que modifica a *libro*. Pág. 63.

frustrado: obstaculizado o parado, como si fuera por obstáculos. Pág. 62.

fuerzas Otro-determinadas; "nivel de necesidad": la mayor parte de la humanidad está implicada en una comunicación o causalidad Otro-determinada. Tienen un origen exterior de la comunicación que les lleva entonces adentro de las líneas de comunicación. Ven un accidente, lo que sirve como impulso, haciéndoles entrar en acción. Esta gente no puede actuar hasta recibir un nivel de necesidad Otro-determinado. Bajan a un punto al cabo de un tiempo en que únicamente actúan en términos de emergencia. Eso es nivel de necesidad. Eso es necesidad. Es un otro-origen de suficiente magnitud para ponerles en una línea de comunicación. Pág. 209.

funcionamiento, en: en acción o actividad, especialmente dirigida hacia un fin o resultado concreto. Pág. 64.

galaxia: inmenso sistema de miles de millones de estrellas y sus planetas, gas y polvo, unido por la gravitación y aislado de sistemas similares por vastas áreas de espacio. Pág. 47.

ganar amigos e influir en los profesores: referencia humorística a los principios del libro *Cómo Ganar Amigos e Influir sobre las Personas,* del escritor y conferencista americano Dale Carnegie (1888-1955). En el libro, Carnegie pretende aconsejar sobre cómo ganar amigos e influir sobre las personas y aboga por ponerse de acuerdo con *cualquier cosa* que diga cualquiera. *Amigos* significa gente a la que uno conoce, conocidos, particularmente con la idea de entrar en una relación más estrecha con ellos. Pág. 51.

germánico: de Germania (antigua zona centroeuropea ocupada por pueblos de origen indoeuropeo), de los germanos o relacionado con ellos. Pág. 110.

gesto vago de asentimiento: gesto que parece indicar que alguien está de acuerdo en hacer algo, como si asintiera con la cabeza o acusara recibo. Algo hecho como un gesto simbólico o para cubrir las apariencias. Pág. 196.

globo, el: referencia al planeta Tierra como un todo. Pág. 90.

gráfico: (adjetivo) que da una imagen clara y efectiva, como si se representara en un cuadro o dibujo. Pág. 60.

Gran Chino de Königsberg: referencia al filósofo alemán Immanuel Kant (1724-1804), quien nació y vivió en la ciudad de Königsberg (que era parte de Alemania en la época de Kant). El filósofo alemán Friedrich Nietzsche (1844-1900) se refirió a Kant como el Gran Chino de Königsberg debido a las similitudes entre los puntos de vista de Kant sobre la virtud y el deber y los del antiguo filósofo chino Confucio (siglo V a. C.). Pág. 63.

gran flota: referencia a la fuerza naval de Alemania antes de la Primera Guerra Mundial (1914-1918). Habiendo aumentado el número de sus buques de guerra durante los años anteriores al comienzo de la guerra, la Armada Alemana era una de las más potentes del mundo. Sin embargo, en los meses finales de la guerra, la agitación política entre las tripulaciones hizo imposible el funcionamiento de la mayoría de los barcos e incluso llegaron a ser hundidos por su propia dotación. Pág. 29.

grogui: adormilado o semi-inconsciente. Pág. 81.

hasta tal punto: se usa para mostrar el gran efecto que tuvo algo; tanto como para. Pág. 44.

hechicero: en ciertas sociedades, persona que se supone que tiene el poder de curar enfermedades, librar del mal, etc., por medio del uso de la magia. Pág. 38.

hecho un ovillo: en una confusión o embrollo. Pág. 123.

hijo del predicador, cliché del: un *cliché* es algo que ha perdido su originalidad por su uso excesivo y constante repetición. En este caso, la historia contada muy a menudo (en el ámbito protestante, donde los pastores y predicadores se casan como costumbre aceptada y tienen hijos) del hijo del predicador que resulta que acaba cometiendo pecados o haciendo maldades. Pág. 45.

historia: la situación con respecto al tema de que se trata; los hechos o circunstancias implicados, como en: *"Algo que no era la historia de 1950".* Pág. 195.

hombres fuertes, reservados: hombres de pocas palabras, que ocultan y controlan sus sentimientos pero a quienes se considera fuertes y poderosos. El *hombre fuerte,* reservado, era un personaje romántico y muy popular, especialmente en las novelas escritas por mujeres o para ellas a principios del siglo XX. Pág. 135.

huevo de ganso: cero o nada; referencia al número 0, que tiene forma de huevo. Pág. 47.

humanidad(es): ramas del aprendizaje que atañen al pensamiento y relaciones humanas, a diferencia de las ciencias; especialmente la literatura, la filosofía, la historia, etc. (Originalmente, las humanidades se referían a la educación que capacitaría a una persona para pensar libremente y juzgar por sí misma, a diferencia de un estudio restringido de las destrezas técnicas). Pág. 25.

imperdonable: tan malo o equivocado que no se puede perdonar o excusar. Pág. 45.

imponente: que produce miedo, respeto o asombro. Pág. 96.

imponer: poner una carga, una obligación u otra cosa (sobre alguien) a la fuerza, someter. Pág. 156.

impunidad: libertad o exención de daño, efectos perjudiciales o peligro. Pág. 67.

inanición: debilidad extrema producida generalmente por la falta de alimento. Pág. 93.

incidencia: cantidad o gama de casos en que algo ocurre o tiene cierta influencia, sobre todo de algo indeseado. Pág. 70.

incidental: que acompaña como un hecho o actividad secundario fuera de lo principal que se discute o se alude. Un "comentario incidental" sería una declaración indirecta o añadida como afirmación secundaria o que acompaña. Pág. 48.

incidir: causar un efecto, impacto o influencia; causar una impresión sobre algo, como si se estableciera contacto entre dos cosas, estando al menos una de ellas afectada por la otra. Pág. 27.

incitar: causar o provocar algo como reacción o respuesta. Pág. 152.

incongruente: algo (como una declaración) que no se sigue lógicamente de lo que venía antes. Pág. 108.

indagar: hacer lo necesario para averiguar algo, ya sea haciendo preguntas o de alguna otra forma. Pág. 135.

infiltrarse: introducirse o entrar gradual y secretamente, especialmente con intenciones hostiles. Pág. 93.

influir en los profesores, ganar amigos e: referencia humorística a los principios del libro *Cómo Ganar Amigos e Influir sobre las Personas,* del escritor y conferencista americano Dale Carnegie (1888-1955). En el libro, Carnegie pretende aconsejar sobre cómo ganar amigos e influir sobre las personas y aboga por ponerse de acuerdo con *cualquier cosa* que diga cualquiera. *Amigos* significa gente a la que uno conoce, conocidos, particularmente con la idea de entrar en una relación más estrecha con ellos. Pág. 51.

ingreso: acción de entrar. Pág. 204.

ininteligibilidad: imposible de entender o de interpretar. Pág. 58.

innato: perteneciente o relativo a una persona o cosa por naturaleza o por constitución natural, en contraste con lo que se adquiere o se añade; se dice especialmente de cualidades que son esenciales, permanentes e inseparables. Pág. 126.

innovación: alteración de lo que está establecido o es estándar, por medio de la introducción de prácticas o métodos nuevos o insólitos. Pág. 17.

inquebrantable: de una manera firme e inflexible en su intención o propósito; constante y regular; sin apartarse ni desviarse. Pág. 12.

insidioso: con propósito de engañar; de apariencia inofensiva pero en realidad peligroso. Pág. 41.

insinuación: comentario o gesto indirecto, que usualmente implica algo despectivo o crítico. Pág. 13.

inteligible: que se puede entender. Pág. 153.

interés creado: personas y grupos que tienen un interés especial o particular en tener algo o en que ocurra algo que es para su propio beneficio o por motivos de ganancia privada. Pág. 4.

interiorizado: dentro de algo o atorado en ello, como en una masa o un cuerpo. Pág. 39.

interponer: presentar o introducir por medio de interferencia o intervención. Pág. 207.

intuitivo: derivado de una tendencia o impulso natural, en lugar de adquirido por medio de aprendizaje y estudio. Pág. 39.

inversión: cambio a la posición opuesta; cambio al estado o condición opuesto. Pág. 165.

invertir: instalar o poner una cierta cualidad o característica en algo. También, dedicar tiempo, dinero, actividad, etc., a algo, con la esperanza de obtener beneficios. Pág. 65.

irradiar: enviar o esparcir como surgiendo de un centro. Pág. 23.

irrelevante: que no tiene consecuencias, al haber sido decidido o zanjado con anterioridad; que no tiene importancia práctica. Pág. 169.

jabalina: lanza; una larga vara de madera o barra de metal con un extremo puntiagudo que se usa como arma. Usado en sentido figurado. Pág. 5.

jerga: idioma; el estilo de habla o escritura que se usa en un contexto particular. Pág. 310.

junta escolar: grupo de personas elegidas o nombradas en cada sistema escolar local o del condado en Estados Unidos para tomar decisiones sobre la educación en los colegios públicos. Pág. 76.

Kant, Immanuel: filósofo alemán (1724-1804), que nació y vivió en la ciudad de Königsberg (parte de Alemania en la época de Kant, Kaliningrado en Rusia en la actualidad). Otro filósofo alemán, Friedrich Nietzsche (1844-1900), se refirió a Kant como el Gran Chino de Königsberg debido a las similitudes entre los puntos de vista de Kant sobre la virtud y el deber y los del antiguo filósofo chino Confucio (siglo V a. C.). Debido al modo de escribir de Kant, sus obras se consideran difíciles de comprender. Pág. 63.

Keats: John Keats (1795-1821), poeta inglés que escribió: *"La belleza es verdad, la verdad es belleza: eso es todo lo que en la Tierra sabes, y todo lo que necesitas saber"*. Pág. 3.

knowingness: estado o cualidad de saber. En Scientology es un término especializado. *Knowingness* no es datos. Es una sensación de certeza. Como mejor puede definirse es como saber que uno sabe. El verdadero knowingness es una capacidad de saber y de determinar dentro de uno mismo la verdad. Pág. 27.

Komroff, Manuel: (1890-1974) periodista, editor y novelista americano. Pág. 95.

Königsberg, Gran Chino de: referencia al filósofo alemán Immanuel Kant (1724-1804), quien nació y vivió en la ciudad de Königsberg (que era parte de Alemania en la época de Kant). El filósofo alemán Friedrich Nietzsche (1844-1900) se refirió a Kant como el Gran Chino de Königsberg debido a las similitudes entre los puntos de vista de Kant sobre la virtud y el deber y los del antiguo filósofo chino Confucio (siglo V a. C.). Pág. 63.

laberinto: cualquier estado de las cosas o serie de sucesos confusamente complicados; enredo. Literalmente, un *laberinto* es una combinación intrincada de senderos o pasajes en los que es difícil encontrar el camino o alcanzar la salida. Pág. 63.

laberinto de espejos: sistema de caminos recubierto por todos lados con espejos, construido para diversión y proyectado para confundir a la gente que trata de encontrar el camino de salida. Pág. 98.

lema: palabra, declaración o frase que expresa el principio rector o una regla de acción de un individuo, grupo o época. Pág. 242.

ley y orden (la ley y el orden): estabilidad creada por la observancia e imposición del cumplimiento de la ley dentro de una comunidad. Pág. 45.

leyes de la energía: referencia al comportamiento predecible e invariable de las varias formas de energía bajo condiciones específicas en el universo físico. Por ejemplo: la ley de la conservación de la energía afirma que la energía en sí misma no se puede crear ni destruir sino que sólo puede alterar sus formas. Si uno quemara un trozo de carbón y recogiera todo el humo, las cenizas y cualquier otra partícula que radiara de tal combustión y lo pesáramos, obtendría el mismo peso que había antes de que se quemara el carbón. Otro ejemplo: la ley de la inercia afirma que un objeto en reposo tiende a permanecer en reposo y que un objeto en movimiento tiende a permanecer en movimiento a menos que se vea influido por una fuerza exterior. (*Inercia* es la resistencia de un objeto a cambiar su estado de movimiento). Pág. 25.

librepensador: persona que rechaza la autoridad y la tradición como el fundamento del conocimiento, optando por métodos racionales de investigación. Pág. 4.

Línea Directa: lo mismo que *Línea Directa Elemental,* que es simplemente una comunicación con el pasado y conseguir las respuestas del pasado. Se llama Línea Directa porque lo pone a uno en mejor comunicación con su mente y con el mundo. Se llama así porque el preclear está siendo dirigido, de un modo muy parecido a una línea telefónica, directamente a la memoria en el pasado. La comunicación está abierta entre el pasado y el presente. La persona que recibe este procesamiento está en tiempo presente y en contacto con el tiempo presente y se le hacen preguntas que le devuelven ciertas memorias. La Línea Directa Elemental se describe en el Capítulo Doce, Los Seis Procesos Básicos. Pág. 154.

Línea Directa Elemental: simplemente una comunicación con el pasado y una obtención de respuestas del pasado. La Línea Directa Elemental se describe en el Capítulo Doce, Los Seis Procesos Básicos. Pág. 177.

línea temporal: todos los momentos consecutivos de "ahora" desde el primer momento de la vida del organismo hasta tiempo presente. Pág. 29.

livingness: estado o cualidad de vivir. En inglés, el sufijo -*ness* se usa cuando se forman palabras para expresar un estado, cualidad o condición. Pág. 115.

llegar a un punto muy bajo: llegar a estar sumamente cerca de agotar el suministro de algo. *Bajo,* en este sentido, significa que está cerca de agotarse o que no tiene un suministro adecuado. Pág. 137.

llevar al olvido: llevar a un momento del pasado; a un estado o condición que ya no existe salvo como algo del pasado. Pág. 3.

loco de atar: mentalmente trastornado y nervioso, por ejemplo, como resultado de estar recluido en una prisión. Pág. 95.

lógica simbólica: uso de los conceptos y técnicas de las matemáticas para resolver situaciones en la lógica. La lógica simbólica emplea aquellas partes de la lógica a las que se pueden dar forma matemática y las manipula para intentar resolver problemas de lógica. Uno manipula significados en vez de números. Pág. 61.

longitud de onda: una *longitud de onda* es la distancia entre cresta y cresta en una onda. La distancia relativa de cresta a cresta en cualquier flujo de energía. Pág. 25.

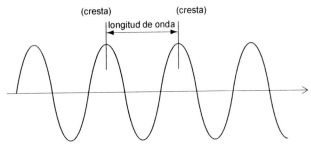

magnitud: tamaño relativo, cantidad, importancia, ámbito, extensión o influencia relativos. Pág. 13.

malayo: del archipiélago malayo, el mayor sistema de grupos de islas en el mundo, situado cerca de la costa del Sureste Asiático. Incluye las Filipinas y muchas islas más. Pág. 90.

manicomio: institución para los enfermos mentales. Pág. 67.

manos de, en: llevado a cabo por (alguien) o mediante la acción o actividad de (alguien). Pág. 27.

maquinaria: sistema mental de computación o dispositivo establecido por el individuo para que ejecute ciertas funciones por él. Pág. 154.

maquinaria automática: mecanismos o dispositivos que instala la mente analítica para hacer cosas automáticamente, como llevar a cabo órdenes, ejecutar ciertas acciones, etc. Pág. 189.

maquinaria social: respuesta social automática, con el fin de que esta resulte socialmente aceptable. *Maquinaria* se refiere a un sistema de computación mental o a un dispositivo montado por el individuo para que lleve a cabo ciertas funciones por él. Pág. 154.

Maratón: llanura costera cerca de Atenas, lugar de una decisiva batalla en 490 a. C. donde los estados griegos derrotaron a un ejército invasor persa. Según la tradición se envió a un corredor desde Maratón hasta Atenas con la noticia de la victoria. Corrió todo el trayecto de muchos kilómetros a toda velocidad, entregó el mensaje y cayó muerto al suelo. Pág. 111.

maratón: cualquier competición que requiera una resistencia excepcional para afrontar un esfuerzo prolongado, como en la carrera de más de 42 kilómetros a pie. De ahí, cualquier actividad que requiera un esfuerzo o resistencia prolongados. Pág. 80.

marco de conducta: conjunto de ideas, conceptos, puntos de vista, etc., por medio de los cuales un individuo o grupo evalúa o interpreta cómo comportarse o actuar, especialmente en lo que respecta a la moralidad y la ética. Pág. 76.

marco de referencia: conjunto de conceptos, valores, costumbres, puntos de vista, etc., por medio de los cuales un individuo o un grupo percibe o evalúa datos, comunica ideas y regula el comportamiento. Pág. 23.

masa: 1. Conjunto de materia (sin una forma o tamaño específicos). Pág. 22.

2. Conglomerado, formado por una agregación o asociación de partículas, piezas, objetos, cosas, entidades, etc. Pág. 61.

más de lo que: usar un segundo elemento de comparación (gráfica) para mostrar que el primer elemento que se niega debe de ser como se declara, como en: *"No es su cuerpo más de lo que es su casa o su coche".* Pág. 35.

matematicidad: cualidad o condición de tratar con las relaciones entre números, cantidades o espacios, expresadas en símbolos. Usado aquí para expresar una connotación de complicación. Pág. 3.

materia: energía condensada o solidificada. Pág. 22.

mecanismo: medio o agente a través del cual se produce un efecto o se logra un propósito. Pág. 250.

medida, en gran: en gran extensión o grado. Pág. 51.

medidor: referencia al E-Metro, (abreviatura de electropsicómetro) un instrumento especialmente diseñado que puede detectar la producción de energía por la mente analítica. (*Electro-* significa eléctrico o electricidad, *psico-* significa alma y *metro* significa medida). El E-Metro se describe en el Capítulo Dos, Los Fundamentos de la Vida. Pág. 28.

Medio Oeste: relativo al Medio Oeste, parte norte central de Estados Unidos, que tiene algunas de las tierras agrícolas más fértiles del mundo. Pág. 90.

memorias: recopilación de las experiencias y de vida personal del que las escribe. Pág. 111.

menguar: disminuir o reducir. Pág. 6.

menudencias: cosas que se consideran sin importancia o de poco valor. Pág. 44.

menudo: en frases exclamativas toma a veces un sentido ponderativo (que exagera o alaba mucho). Pág. 13.

miedo escénico: nerviosismo que siente un actor u orador al aparecer ante una audiencia. Pág. 169.

militante: vigorosamente activo y agresivo, especialmente en apoyo de cierta causa. También, que emplea acción fuerte y violenta como se emplearía en la guerra. Pág. 93.

1790: año para el cual el filósofo alemán Immanuel Kant (1724-1804) había escrito sus obras filosóficas clave. En estas obras, Kant declaró que las cosas que estaban más allá de la experiencia como la libertad humana, el alma, la inmortalidad o Dios eran incognoscibles. Su énfasis en lo "incognoscible" desalentó las posteriores investigaciones del auténtico beingness y alma del Hombre. Kant, que en una época había despreciado a las masas, fue también profesor universitario y estuvo profundamente influenciado por el estilo gramatical de otros filósofos alemanes. Cuando se publicaron sus obras y escritos fueron considerados de muy difícil comprensión y fueron recibidos con gran controversia. A pesar de esto, Kant tuvo una influencia mayor que ningún otro filósofo de la época moderna. Pág. 110.

mímica: la mímica se demuestra en el Capítulo Siete, Comunicación. Pág. 108.

misticismo: doctrina y creencia de que es supuestamente posible alcanzar el conocimiento de las verdades espirituales y de Dios a través de la meditación (concentración de la mente en algo, en la creencia de que ello ayuda al desarrollo mental o espiritual) o a través de un estado de éxtasis espiritual. Pág. 42.

místico: persona que afirma haber alcanzado, o que cree en la posibilidad de que se puede alcanzar, una profunda comprensión de los misterios que trascienden el conocimiento humano ordinario, como por medio de una comunicación directa con lo espiritual o lo divino. Pág. 51.

mock-up: un *mock-up* es simplemente algo que un individuo hace o crea. El término tiene un origen militar y se refiere a la construcción de maquetas u objetos como tanques, aviones, etc., que se hacían para crear una ilusión del elemento real. Pág. 169.

moda: estilo, manera, forma o método de hacer algo. Pág. 5.

modus operandi: expresión en latín que significa modo de funcionamiento; manera de hacer o lograr algo; procedimiento. Pág. 76.

molde, provenir del mismo: tener el mismo origen exacto y ser, de ahí, idénticos. Alusión a una serie de objetos fabricados con el mismo molde o plantilla, lo que resulta en una multitud de cosas que tienen la misma forma, diseño, contorno, etc. Pág. 169.

moneda común: elemento acostumbrado o corriente debido a que se habla de él a menudo, se menciona, o es aceptado. Pág. 110.

moneda de cambio: aquello que se acepta como unidad de intercambio, como literalmente lo es una moneda, los billetes, etc. De ahí, el lenguaje o comunicación usado en una expresión o intercambio intelectual. Pág. 110.

monopolio: posesión o control exclusivo de una cosa. Pág. 5.

monotonía: relativo a un estado de falta de variedad o cambios que no plantea ningún reto, interés ni comprensión profunda; rutina tediosa. Pág. 4.

montar: establecer; crear. Pág. 189.

mota: partícula pequeña de polvo u otro material similar que suele flotar en el aire (y es visible frente a un rayo de luz solar). Pág. 3.

mucho menos: se usa para caracterizar una declaración o sugerencia como todavía más extrema que otra que ya se ha declarado; y sin duda no. Pág. 17.

nervios pinzados: nervios que se han presionado, estirado o aplastado entre los músculos, los huesos, etc., causando insensibilidad o dolor, e impidiendo que el nervio funcione debidamente. (Los nervios son haces de fibras que forman parte del sistema que transmite mensajes acerca del movimiento, las sensaciones, etc., entre el cerebro y otras partes del cuerpo). Pág. 220.

ni más ni menos que: exactamente; precisamente y nada más. Pág. 26.

ninfomanía: deseo sexual anormalmente excesivo e incontrolable en una mujer. Pág. 168.

nivel de aceptación: el nivel de aceptación de un preclear es la condición en que una persona u objeto tiene que estar para que el preclear sea capaz de aceptarlo libremente. Pág. 190.

nivel de expectación: "nivel de aceptación" de tipo futuro. El nivel de aceptación de un preclear es la condición en que una persona u objeto debe estar para que el preclear sea capaz de aceptarlo libremente. Pág. 190.

nivel de necesidad: grado de emergencia en el entorno de tiempo presente; aquella cantidad de conmoción necesaria para extrovertir a un individuo hacia la acción en tiempo presente. Pág. 209.

noble: que tiene o muestra cualidades de un elevado carácter moral, como valor, generosidad u honor. Pág. 52.

noción: idea vaga o consciencia de algo; ligera comprensión. Pág. 88.

no poder sino: no poder hacer más que; sólo poder hacer, como en: *"Una prima donna que no puede sino graznar"*. Pág. 4.

obsesionado: con su atención centrada en algo, de forma exclusiva o continua. Pág. 97.

ocasión, dar: crear o hacer surgir una necesidad u oportunidad para algo. Pág. 52.

–8.0: designación numérica del nivel de Esconderse en la Escala Tonal Emocional. Pág. 178.

omnipresencia: capacidad de estar en todas partes a la vez; presencia de quien quiere estar en todas partes y acude deprisa a ellas. Pág. 92.

onda portadora: las ondas son la forma en que viajan cosas como el sonido, la luz y las señales de radio. Una *onda portadora* es un tipo especial de onda que se usa en la transmisión de radio que lleva otra comunicación o señal en ella de modo que se pueda recibir correctamente y escuchar en una radio. De ahí, por extensión, cualquier onda que porte alguna otra cosa con ella desde una fuente. Pág. 211.

ondear la bandera roja: encontrarse bajo un gobierno comunista o apoyar el comunismo; proviene de la bandera roja que se iza en un buque para indicar que está bajo mando comunista. La bandera roja es un símbolo usual del comunismo. Pág. 93.

óptica: rama de la física que se ocupa de la visión y de la luz, incluyendo el comportamiento de la luz cuando se transmite a través de una lente. Pág. 107.

Organización Central: organización principal de Scientology, responsable de su área o zona geográfica, que entrega entrenamiento y procesamiento. Véase *Direcciones* para las ubicaciones actuales. Pág. 39.

órganos vitales: aquellas partes u órganos del cuerpo que son esenciales para la vida, o de los que depende la vida. De ahí, partes esenciales para la continuidad de una función, como un sistema. Pág. 5.

oriental: relativo o característico de Oriente, la parte sur y este de Asia, incluyendo India, China y Japón. Pág. 115.

Oriente: referencia a la parte sur y este de Asia, incluyendo India, China y Japón. Pág. 42.

otorgar beingness: admitir la existencia de; dar vida a. *Otorgar* significa dar, entregar, etc. *Beingness* significa la condición de existir en una cierta forma. Pág. 78.

ovillo, acaban hechas un: terminan como en una confusión o enredo. Pág. 123.

Pabellón 9: un *pabellón* es una división, planta o sala de un hospital para una clase o grupo de pacientes especiales, que a menudo se designa por su número o nombre como, por ejemplo, Pabellón 9, Pabellón de Maternidad, etc. Pág. 67.

palabras, en pocas: expresión que introduce una declaración que resume lo que se ha dicho antes; en resumen. Pág. 114.

palabrita de ánimo: observación o comentario que muestra o sugiere optimismo, moral alta, etc. Pág. 38.

palmadita en la espalda: palabra o gesto de ánimo, aprobación o elogio. Pág. 38.

Partido Comunista: grupo que propugna la teoría política o el sistema político en que toda la propiedad y la riqueza son poseídos por todos los miembros de una sociedad sin clases, y el Partido, con poderes absolutos, dirige la economía y los sistemas políticos del Estado. Se imponen amplias restricciones sobre las garantías personales y la libertad, y los derechos individuales están subordinados a las necesidades colectivas de las masas. Pág. 5.

pasaporte: documento oficial emitido por un gobierno que certifica la identidad y nacionalidad de una persona y le permite viajar a otros países. De ahí, algo que le da a uno el derecho o privilegio de paso, entrada o admisión. Pág. 16.

peculiar: 1. De una naturaleza o carácter que lo distingue de todos los demás; único o específico de una persona, cosa o categoría, como en: *"La unidad con consciencia de consciencia tiene aptitudes peculiares"*. Pág. 42.

2. Extraño; curioso; raro, como en: *"Una unidad con consciencia de consciencia puede tener (además de la fórmula de la comunicación) una idea peculiar sobre cómo debería llevarse a cabo exactamente la comunicación"*. Pág. 109.

pedazos, hacerse: deshacerse, descomponerse, desmoronarse. Pág. 14.

penetrar: introducirse en un área, a menudo reduciendo su poder o autoridad. Pág. 5.

Pepe Pérez: nombre muy común para referirse a un ciudadano normal y corriente. Pág. 3.

perdido: ser moralmente tan malo o malvado que ya no le afecta una influencia buena ni se le puede acceder por medio de esta; carecer de sentido de lo correcto, de la vergüenza, etc., como en: *"Un individuo que pueda contemplar esto tranquilamente… está tan perdido para la especie humana y tan perdido para sí mismo…"*. Pág. 15.

perdido, estar: encontrarse en un estado de incertidumbre o desconcierto. Pág. 15.

pica: arma utilizada antiguamente por los soldados de infantería, consistente en una punta metálica en el extremo de una larga vara de madera. Pág. 172.

Pilato, Poncio: oficial del Imperio Romano que interrogó a Jesús antes de su crucifixión. Cuando estaba siendo interrogado, Jesús le dijo: "… todo aquel que es de la verdad, escucha mi voz". A lo que Pilato replicó: "¿Qué es la verdad?". A pesar de que Pilato creía que Jesús era inocente, bajo la presión de las masas, lo condenó a muerte. Pilato entonces se lavó las manos delante de la multitud como gesto simbólico de eximirse de cualquier responsabilidad por la acción. Pág. 3.

pizarra: lámina de material oscuro, liso y duro que se usa en los colegios, salas de conferencias, etc., para escribir o dibujar en ella con tiza. Pág. 122.

plagada: llena, cargada, como en: *plagada de somáticos*. Pág. 207.

Plan C: uno de los tres planes que se describen en el último capítulo de *Dianética: La Ciencia Moderna de la Salud Mental*. "El Plan C comprende un intento por descubrir un nivel superior del origen y destino universales, si es que el problema es un problema de origen y destino, y los factores y fuerzas implicadas con el fin de asegurar una mayor comprensión y aplicación útil del conocimiento así adquirido, si es que se adquiere; y si se adquiere, su diseminación". Pág. 6.

plano, segundo: posición secundaria o menor en cuanto a importancia. Pág. 41.

plataforma: superficie o estructura horizontal elevada sobre el nivel del área a su alrededor y sobre la que se pueden situar cosas o personas. De ahí, una declaración de principios sobre los que se basa una persona, grupo, ciencia, etc. Pág. 51.

plazos: parte del importe total de algo que se paga a intervalos especificados hasta que la deuda entera o la compra queda completamente pagada. Tal sistema de pago implica la adición de una cantidad (beneficio para la persona o entidad que adelanta el dinero) que se debe pagar además del precio que tuviera el objeto si se comprara al contado. Pág. 88.

pocas palabras, en: expresión que introduce una declaración que resume lo que se ha dicho antes; en resumen. Pág. 114.

poder de decisión: capacidad de decidir o determinar el curso de algo. Pág. 184.

polémica: discusión fuerte sobre un tema. Pág. 12.

polemista: referido a una persona, que mantiene una polémica o que es aficionada a mantenerlas. Pág. 166.

poliomielitis: enfermedad muy infecciosa, ampliamente propagada en los años cincuenta, que generalmente afectaba a niños y jóvenes. Afectaba al cerebro y la médula espinal, causando a veces la pérdida del movimiento voluntario y una pérdida de fuerza o sustancia muscular. Pág. 65.

poner (a alguien) en: hacer que (alguien) participe en algo o lleve a cabo alguna acción, como en: *"Para ponerlo en comunicación"*. Pág. 209.

poner a prueba: referencia a los varios pasos, acciones o pruebas a los que se puede someter a una persona con la idea de examinar o demostrar sus aptitudes al aprender algo que requiere de una gran destreza. Pág. 195.

por otra parte: usado para introducir una idea diferente, especialmente cuando se opone o está en contraste con algo. Pág. 138.

por su miedo los conocerás: referencia a un versículo de la Biblia, "por sus obras los conocerás" o "por sus frutos los conocerás", que expresa que uno conoce a los demás por el fruto o los resultados de sus acciones. De ahí, en este sentido, si uno observa que ciertas personas tienen miedo, sabrá más acerca de ellas y de las consecuencias de sus acciones. Pág. 44.

pos de, en: detrás de algo. Pág. 63.

postular: la palabra *postular* se usa en un sentido ligeramente distinto al de su definición habitual del diccionario y significa thinkingness (estado o condición de pensar) causativo; decir una cosa y hacer que se haga realidad. Pág. 42.

precepto: mandato u orden dirigida a una persona o grupo de que haga o no haga algo, aviso en serio. Pág. 82.

preciado: que se considera con afecto; valorado en alta estima. Pág. 3.

prefabricado: preparado de antemano y que está en completo o acabado, listo para que cualquiera lo use sin consideración alguna ni tener en cuenta las necesidades individuales. Pág. 76.

prefacio: prólogo o introducción de un libro. Pág. 3.

preludio: acción o suceso que precede y sirve de introducción a otro. Pág. 149.

preponderante: que prevalece sobre otras opiniones, características, etc. Pág. 5.

′ (prima): símbolo escrito por encima y a la derecha de un nombre, letra, cifra, etc., y usado para distinguirlo de otro del mismo tipo. Por ejemplo, Pepe y Pepe′ son el mismo nombre (y persona) pero el símbolo de prima representa a Pepe (prima) en circunstancias, condiciones o acciones diferentes. Pág. 134.

prima donna: cantante femenina principal en una ópera o concierto, considerada a menudo egocéntrica y temperamental. Pág. 4.

primario: original, que es el primero. Los *impulsos primarios* serían alguna forma de comunicación originada por primera vez por algún otro o por alguna otra cosa. Pág. 137.

Primera Dinámica: impulso hacia la supervivencia como uno mismo. Pág. 126.

Procedimiento de Apertura de 8-C: proceso que sitúa la comunicación con el universo físico en la esfera del knowingness. El Procedimiento de Apertura de 8-C se describe en el Capítulo Doce, Los Seis Procesos Básicos. Pág. 139.

Procedimiento de Apertura por Duplicación: proceso que hace que un preclear duplique su misma acción, una y otra vez, con dos objetos diferentes. El Procedimiento de Apertura por Duplicación se describe en el Capítulo Doce, Los Seis Procesos Básicos. Pág. 189.

Procesamiento de Grupo: procesamiento que entrega un solo auditor a un grupo de personas reunidas en una sala. Pág. 69.

procesamiento mediante "mock-ups": procesos que hacen que el preclear haga mock-up (haga o cree), en su propia mente, varias formas, objetos, distancias, espacios, etc. Por ejemplo, al preclear se le pide que haga el mock-up de una persona y que haga que esta "persona" le dé respuestas. Al hacer que esta otra "persona" hable, el preclear está ejerciendo su Pan-determinismo, de ahí que el procesamiento mediante "mock-ups" restaure el Pan-determinismo del preclear. Pág. 171.

procesar: entregar *procesamiento,* la aplicación de las técnicas y ejercicios de Dianética y Scientology. Llamado también *auditación.* Pág. 16.

proceso: serie exacta de instrucciones o secuencias de acciones que, cuando se aplican, ayudan a una persona a descubrir más sobre sí misma y sobre su vida y mejorar su condición. Pág. 6.

Proceso del Nivel de Aceptación: un *Proceso del Nivel de Aceptación* es un proceso que descubre el nivel de aceptación más bajo del individuo y descubre ahí el hambre predominante (lo que la persona desea) y alimenta esa hambre por medio de mock-ups hasta que se sacie. El Procesamiento del Nivel de Aceptación funciona porque el individuo ha sido inhibido con respecto a tener algo durante el tiempo suficiente como para que lo ansíe. Pág. 190.

procesos ilimitados: procesos de auditación que se pueden auditar sin límite de tiempo. Pág. 233.

procesos limitados: procesos de auditación que son limitados en cuanto a la cantidad de tiempo que pueden auditarse. Pág. 233.

proceso subjetivo: proceso fuera de la vista, en la propia mente de uno. Pág. 179.

profesional: persona que se dedica a la práctica de una profesión. Pág. 5.

proposición: algo planteado u ofrecido para que se considere, se acepte o se adopte. Pág. 88.

proposición adverbial: proposición que actúa como un adverbio y que está subordinada a la oración principal y la complementa y modifica, diciendo cómo, cuándo, dónde o hasta qué punto se ejecuta la acción de la oración. Por ejemplo, en: *"Ella encontrará la carta cuando vuelva",* la proposición adverbial "cuando vuelva" dice cuándo encontrará la carta. A causa de su naturaleza, las proposiciones adverbiales se pueden usar para expandir y alargar en gran medida una oración básica. Pág. 63.

proyectado: extendido hacia adelante o hacia afuera. Pág. 42.

prueba, poner a: referencia a los varios pasos, acciones o pruebas a los que se puede someter a una persona con la idea de examinar o demostrar sus aptitudes al aprender algo que requiere de una gran destreza. Pág. 209.

psicoanálisis: sistema de terapia mental desarrollado por Sigmund Freud (1856-1939) en Austria en 1894 y que dependía de las siguientes prácticas para sus efectos: al paciente se le hacía recordar y hablar sobre su infancia durante años mientras el practicante buscaba incidentes sexuales ocultos que según Freud eran la única causa de la aberración. El profesional interpretaba significaciones en todas las afirmaciones y las evaluaba por el paciente (le decía qué pensar) en términos de sexualidad. Pág. 76.

psicoanalista: persona que practica el *psicoanálisis;* sistema de terapia mental desarrollado por Sigmund Freud (1856-1939) en Austria en 1894. Pág. 38.

psicología clínica: *clínica,* en este sentido, significa relativo a la observación directa de un paciente o basado en esta. La *psicología clínica* se refiere al supuesto estudio, diagnóstico y tratamiento de los desórdenes mentales y de conducta. Frecuentemente, los psicólogos clínicos trabajan en un entorno médico con psiquiatras y otros médicos y emplean tanto la psicoterapia como los tests psicológicos. La práctica del psicoanálisis estuvo en una época estrictamente limitada a los psiquiatras (médicos que trabajan en el campo de la "enfermedad mental"). Pág. 76.

psicólogo: especialista en la psicología moderna, el estudio del cerebro humano y sus mecanismos de estímulo-respuesta. Su lema era, "El Hombre, para ser feliz, tiene que adaptarse a su entorno". En otras palabras, el Hombre, para ser feliz, tenía que ser efecto total. La psicología "moderna", desarrollada en 1879 por el marxista Wilhelm Wundt (1832-1920), en la Universidad de Leipzig en Alemania, concebía que el Hombre era un animal sin alma, y basó toda su obra en el principio de que no existía la psique (palabra griega que significa alma). Pág. 5.

psicosomático: cualquier desorden físico o enfermedad generada por el cuerpo en sí. Pág. 17.

psicoterapia: 1. De psique (alma) y terapia (curar). Un medio de mejorar la condición espiritual y mental de una persona. Pág. 16.
2. Uso de métodos psicológicos en el supuesto tratamiento de los trastornos mentales incluyendo métodos físicos como las drogas, la medicación y la cirugía. Pág. 185.

puesto que: se usa tras una declaración para comenzar a explicar de qué modo es verdad; porque; siendo el caso que, como en: *"Dianética está en una posición interesante puesto que es* ella misma". Pág. 77.

punto-Causa: fuente de emanación; punto básico de emanación. Pág. 26.

puntos de anclaje: puntos asignados o acordados como límites que el individuo concibe que son inmóviles. Pág. 191.

punto de vista remoto: término técnico para una unidad con consciencia de consciencia que tiene miedo de mirar desde donde está; pone un punto de vista ahí y mira desde eso. Pág. 241.

purga: expulsión o eliminación (de una organización o partido político, por ejemplo), a gente o cosas consideradas indeseables. Pág. 12.

quimérico: fabuloso, imaginado, irreal o sin fundamento. Pág. 16.

quisquilloso: muy preciso, cuidadoso y extremadamente atento a los detalles, como en: *"Nos estaríamos poniendo demasiado quisquillosos para nuestros fines"*. Pág. 114.

radiación: energía que emana (fluye o sale de una fuente) en forma o bien de ondas o bien de partículas. La *radiación nuclear* es la forma de energía que procede especialmente de los materiales radiactivos y que, en grandes cantidades, es nociva para los seres vivos. Pág. 14.

radiactivo: se usa para describir sustancias que emiten energía nociva en forma de corrientes de partículas muy pequeñas, debido a la descomposición de los átomos dentro de la sustancia. Esta energía es nociva o letal para la salud de la gente expuesta a ella. Pág. 94.

ramificación: resultado o consecuencia de algo. Pág. 232.

randomity: es una proporción; la cantidad de movimiento predicho en proporción con la cantidad de movimiento no predicho que tiene la persona. A él le gusta tener cerca de un 50 por ciento de movimiento predicho y cerca de un 50 por ciento de movimiento no predicho. Pág. 107.

rayos de tipo tractor: rayo de fuerza para atraer o tirar de objetos. Pág. 94.

raza: clase o tipo de personas con características o intereses comunes, como derivados de una fuente común. Pág. 15.

raza de felino: expresión en sentido figurado que significa clase o tipo de persona. Un *felino* es un gato o un animal de la familia de los gatos (gatos domésticos, leones, tigres, etc.). Pág. 6.

reactor atómico: reactor nuclear; conjunto de materiales y aparatos usados para iniciar, mantener y controlar la fisión atómica con la finalidad de generar energía utilizable. Pág. 14.

recalcitrante: apasionada y tercamente unido a algo y totalmente convencido de sus méritos (características buenas o dignas de elogio); obstinado, reacio a variar una opinión o una forma de actuar. Pág. 48.

recorrer: auditar o procesar; aplicarle a alguien un proceso o procesos. Pág. 6.

recorrer completamente: agotar la influencia negativa de algo; borrar. Pág. 155.

recuperar: volver a crear (en la mente). Pág. 29.

recurrir a: dirigirse a alguien o algo en busca de asistencia, uso o ayuda. Pág. 45.

reestimulación: la reestimulación se describe completamente en el Capítulo Dos, Los Fundamentos de la Vida. Pág. 30.

reestimulador: aquellas cosas en el entorno que reactivan un facsímil que entonces actúa de vuelta contra el cuerpo o la unidad con consciencia de consciencia de la persona. Pág. 27.

reestimular: reactivar, estimular de nuevo. *Re-* significa de nuevo, y *estimular* significa poner en acción o actividad. Pág. 29.

régimen: sistema, programa, plan o curso de acción específicos para obtener algún resultado; plan sistemático. Pág. 98.

reglamentado: organizado en un sistema rígido bajo una estricta disciplina y control. Pág. 93.

relevado: reemplazado, sustituido por otra persona en algún empleo o encargo. Pág. 16.

religioso: persona que se ocupa de la religión de un modo profesional como un predicador o pastor de una religión. Pág. 3.

Remedio de Havingness: proceso que remedia la capacidad del preclear para "tener" o "no-tener" a voluntad. El Remedio de Havingness se describe en el Capítulo Doce, Los Seis Procesos Básicos. Pág. 23.

reparar: notar, advertir o darse cuenta. Pág. 88.

resistencia: fuerza o acción que va frenando el movimiento u obstaculiza el progreso en una dirección. Pág. 28.

resistivo: que tiende resistirse o marcado por la *resistencia,* la oposición que una cosa o fuerza, etc., presenta a otra. Pág. 39.

responder: dar una contestación (adecuada) a una pregunta que se ha hecho. Pág. 79.

retardo: periodo de tiempo entre un suceso y otro suceso. Pág. 6.

retardo de comunicación: lapso de tiempo que transcurre entre el planteamiento de una pregunta o la originación de una afirmación, y el momento exacto en que se responde esa pregunta o afirmación originales. El retardo de comunicación se describe plenamente en el Capítulo Diez, El Retardo de Comunicación. Pág. 78.

retorcerse: hacer movimientos, giros o contorsiones con el cuerpo, como a causa de preocupación o nerviosismo. Pág. 169.

retraerse: retirarse de algo; decidir no hacer algo o no relacionarse con ello. Pág. 115.

reverencial, temor: respetar a algo en sumo grado (hasta el punto de mostrar temor) por lo que representa o recuerda; se considera que es difícil acercarse al objeto del respeto o temor. Pág. 5.

revista: publicación periódica, especialmente sobre temas especializados, que se publica a intervalos regulares, semanal, quincenal o mensualmente. Pág. 42.

rigor: condición de ser estricto o de inflexibilidad; severidad; dureza. Pág. 76.

riguroso: cuidadoso, concienzudo y exigente; rígidamente preciso; estricto. Pág. 28.

risco: esencialmente es energía suspendida en el espacio alrededor de una persona. Aparentemente es un "no flujo de salida", "no flujo de entrada". Los flujos tienen dirección. Los riscos tienen ubicación. Pág. 207.

rompemandíbulas: difícil de pronunciar, como si la mandíbula de uno tuviera que desplazarse tanto que se rompiera al tratar de pronunciarla, debido a la dificultad de pronunciar una palabra larga. Pág. 110.

romper: término de jerga que se usa para *romper un caso*, queriendo decir que se rompe la sujeción del preclear a un facsímil de contra-supervivencia. Nunca romper al preclear ni a su espíritu, sino romper lo que está rompiendo al preclear. Pág. 182.

rueda dentada: una *rueda dentada* es literalmente una rueda con dientes (o piñones) de metal o de madera maciza dispuestos para insertarse (engranar) entre los dientes de otra rueda dentada o engranaje. Cuando una de las ruedas dentadas gira, la otra rueda gira también, y de esta manera se transfiere el movimiento para mover una máquina. En sentido figurado, una "rueda dentada en el engranaje de una máquina" se puede usar para referirse a un individuo que lleva a cabo acciones menores, automáticas, como parte de una "máquina" más grande e indiferente. Pág. 13.

Ruta 1: serie especial de procesos según están contenidos en *La Creación de la Habilidad Humana,* que se recorren en alguien que está exterior y que mejoran sus aptitudes como unidad con consciencia de consciencia. Pág. 220.

sabe Dios: frase que se usa para enfatizar y para querer decir que nadie lo puede decir, puesto que es desconocido para la persona que habla y probablemente para otros. Pág. 241.

sacerdote: persona que tiene la autoridad para llevar a cabo y administrar ceremonias y deberes religiosos y a quien a veces se le considera un líder espiritual. Pág. 3.

sacerdote caldeo: referencia a los sacerdotes de *Caldea,* antigua región que formó parte del imperio de *Babilonia* (situado en la zona sur de lo que ahora es Irak). Renombrados como prestigiosos adivinos por predecir los movimientos del Sol, la Luna y las estrellas, los sacerdotes caldeos usaron su conocimiento para controlar a sus reyes, que llegaron a regir sobre todo el imperio babilónico (625 a. C.) hasta que fue destruido por la vecina Persia unos 100 años más tarde. Pág. 3.

sacrosanto: algo que se considera sagrado y que no ha de violarse; propio de personas y cosas que están por encima de la crítica o la interferencia. Pág. 5.

Saki: pseudónimo de Hector Hugh Munro (1870-1916), novelista y escritor de cuentos británico, autor de *Las Crónicas de Clovis,* que incluye "Tobermory" un relato sobre enseñar a hablar a los animales. Pág. 110.

salir pitando: escapar; partir precipitadamente. En Dianética y Scientology esto es una referencia a cuando la unidad con consciencia de consciencia sale del cuerpo de manera compulsiva (huye). Pág. 240.

saltar a la vista: aparecer o surgir, especialmente de manera inesperada. Pág. 211.

salto, dar un: lograr algo, como si fuera con la acción de brincar de repente. Pág. 39.

salvo: con excepción de; excepto. Pág. 25.

satiriasis: ansia sexual excesiva o anormal en el sexo masculino. Pág. 168.

Scientology: Scientology abarca y trata de la capacidad humana. El término Scientology está tomado de la palabra latina *scio* (saber, en el sentido más pleno de la palabra) y la palabra griega *logos* (estudio de). Scientology se define además como: *"El estudio y manejo del espíritu en relación consigo mismo, los universos y otra vida".* Pág. 21.

Secretario de Defensa: referencia al jefe del Departamento del Ejército de los Estados Unidos (anteriormente denominado el Departamento de Guerra), establecido para supervisar todas las actividades militares y de defensa nacional. Pág. 14.

sectores: personas sin especificar, grupos de gente, sitios o áreas. Pág. 4.

seducir: engañar con arte y maña; persuadir maliciosamente. Pág. 4.

Segunda Dinámica: impulso hacia la supervivencia mediante el sexo o los hijos y abarca tanto el acto sexual como el cuidado y la crianza de los hijos. Pág. 115.

según sea el caso: de acuerdo a las circunstancias. Se usa al referirse a dos o más posibles alternativas. Pág. 189.

Seis Procesos Básicos: serie de procesos que elevan a un individuo en una escala en gradiente de tolerancia hacia más y más comunicación. Los Seis Procesos Básicos se listan y describen en el Capítulo Doce, Los Seis Procesos Básicos. Pág. 148.

selección natural: proceso por medio del cual las formas de vida que tienen características que les hacen ser más capaces de adaptarse a presiones concretas del entorno, como son los depredadores, los cambios climáticos, la contienda por el alimento o por el apareamiento, tenderán a sobrevivir y reproducirse en mayores cantidades que otros de su especie, asegurando así la perpetuación de esas características favorables en generaciones sucesivas. Un *depredador* es un animal que caza, mata y se come a otros animales con el fin de sobrevivir, o cualquier otro organismo que se comporta de una forma similar. Pág. 109.

sello: literalmente, dibujo y leyenda con el emblema y el nombre de una entidad o una persona, que se estampa en los documentos que proceden de ella, como signo de autenticidad. De ahí, cualquier rasgo o característica distintiva o de identificación. Pág. 82.

semántica: relativo a los diferentes significados de las palabras u otros símbolos o derivado de estos; relacionado con el significado en el lenguaje. Pág. 47.

senda: procedimiento o medio para hacer algo o para conseguir algo. Pág. 5.

sensato: basado en un razonamiento bueno o válido; competente o válido. Pág. 93.

sentido de: aguda consciencia perceptiva o una sensibilidad hacia la presencia o importancia de algo. Pág. 45.

señalar: ser un claro signo de algo; indicar algo. Pág. 82.

servir: satisfacer las necesidades o requisitos de algo; ser útil para un propósito particular. Pág. 210.

servomecanismo: aparato o sistema que da servicio, abastece o apoya a algo. Pág. 21.

sesión: periodo de tiempo concreto o prefijado para desarrollar una actividad concreta. En Dianética, se refiere a un periodo de tiempo que se ha establecido para el procesamiento, la aplicación de las técnicas y los ejercicios de Dianética. Pág. 78.

si a eso vamos: expresión usada para añadir un comentario acerca de algo que se acaba de decir, refiriéndose a ello; en lo que a eso respecta. Pág. 11.

significaciones más profundas: significados o influencias ocultos, misteriosos, profundos, de algo, en contraste con la simplicidad directa de lo que es en realidad. Pág. 38.

significativamente: en una extensión considerable. Pág. 170.

siguiendo todas las tradiciones: ateniéndose al máximo a una práctica o método de proceder generalmente aceptado y establecido desde hace mucho tiempo. Pág. 28.

siniestralidad: frecuencia o índice de siniestros, es decir, pérdidas, daños, que resultan de algún accidente o desastre. Pág. 69.

sistema: método o procedimiento organizado y coordinado para conseguir hacer una tarea o lograr una meta. En este sentido, significa una vía complicada, mecánica, como en: *"No tendrías que usar un 'sistema' para investigar lo que sabes"*. Pág. 44.

sistema solar: el Sol junto con todos los planetas y demás cuerpos celestes que giran a su alrededor. *Solar* significa relativo o procedente del Sol. Pág. 47.

sobrepelliz: vestimenta blanca de tela fina, con mangas abiertas o muy anchas, que llevan los sacerdotes sobre la sotana. Pág. 4.

somático: somático significa, en realidad, "del cuerpo" o "físico". Como la palabra "dolor" es reestimulativa, y en el pasado ha inducido a confusión entre el dolor físico y el mental, en Dianética se usa el término *somático* para referirse a cualquier tipo de dolor o incomodidad físicos. Puede significar verdadero dolor, como el causado por una cortada o un golpe. O puede significar incomodidad, como por calor o frío. Puede significar picazón. En resumen: cualquier cosa físicamente incómoda. No incluye la incomodidad mental, como el pesar. Respirar con esfuerzo no sería un somático. *Somático* significa un estado físico de contra-supervivencia. Pág. 91.

somático crónico: condición física por debajo de lo óptimo o dolor que se resiste al cambio y permanece durante un largo periodo de tiempo o que vuelve a aparecer frecuentemente. *Somático* aquí significa sensación física. Pág. 232.

sónico: percéptico del sonido; oído. Pág. 208.

***statu quo*:** estado existente de las cosas, especialmente acerca de las condiciones o estados sociales o políticos. Pág. 58.

subordinado: de importancia menor o secundaria. Pág. 28.

subproducto: algo que se produce además de algo o como resultado del elemento principal al que se hace referencia. Pág. 25.

succión: fuerza que atrae a un objeto o sustancia absorbiéndolo o aspirándolo. La *succión* es el proceso de sacar el aire o el líquido de un espacio como de un recipiente, o de entre dos superficies, de forma que algo más se pueda extraer (succionar) en ese espacio, o de que dos superficies se puedan juntar y quedarse pegadas. Pág. 94.

suposición: algo que se da por descontado o que se acepta como cierto sin pruebas. También, algo que se acepta como cierto como base para una investigación, búsqueda, aplicación, etc., posteriores. Pág. 22.

sur: en o hacia una posición, condición o situación peor o menos favorable; por debajo, hacia abajo o en una posición, nivel, etc., inferiores, como en un mapa en que el sur está abajo y el norte está arriba. Latitud se usa para indicar hasta qué punto algo está "al sur". (La latitud es la medida de la posición de algo respecto a cuán al sur o al norte se encuentra). Pág. 179.

surgir: emerger de pronto o salir a la luz. Pág. 212.

Tabla de Evaluación Humana: La Tabla Hubbard de Evaluación Humana, contenida en el libro *La Ciencia de la Supervivencia*, que ofrece una descripción completa de la Escala Tonal. Incluye los componentes y las características de la mente humana, cada uno trazado en la Escala Tonal, proporcionando una predicción completa del comportamiento de un individuo y un índice de su potencial de supervivencia desde lo más bajo a lo más alto. *La Ciencia de la Supervivencia* está escrito en torno a la Tabla Hubbard de Evaluación Humana con un capítulo dedicado a describir cada sección de la tabla. Pág. 178.

tablillas: láminas delgadas y estrechas de madera, metal, etc. Pág. 92.

taco: pieza corta y más o menos gruesa que se encaja en un hueco. Pág. 122.

tal cosa como, existe: frase que se usa para indicar, sugerir o enfatizar que la cosa a la que se alude existe y por lo tanto hay que tenerla en cuenta. Pág. 165.

tambalear: perder el paso al andar o correr; tropezar hasta casi caerse. De ahí, avanzar de modo vacilante o titubeante; toparse con un obstáculo u obstrucción. Pág. 150.

Tanganica, Lago: el lago de agua dulce más largo del mundo, situado en África centro-oriental. Pág. 92.

tarifa: precio fijo que hay que pagar por recibir algún servicio, especialmente si está establecido oficialmente. Pág. 110.

tedioso: que produce tedio o aburrimiento. El *tedio* es un aburrimiento extremado o estado de ánimo producidos cuando se soporta algo que no interesa. Pág. 80.

telegrama: mensaje enviado por telégrafo (método de comunicación a larga distancia que originalmente transmitía mensajes como impulsos eléctricos codificados a través de un cable eléctrico). Pág. 62.

telepatía: supuesta comunicación que va directamente de la mente de una persona a la de otra, sin habla, escritura ni ningún otro signo ni símbolo. Pág. 44.

telequinesia: aparente producción de movimiento en un objeto por una persona sin contacto ni ningún otro medio físico. Pág. 110.

tener: adquirir o estar en posesión de algo. En el proceso Remedio de Havingness uno remedia la capacidad del preclear para tener (o no-tener) energía. Pág. 190.

tener o no-tener: adquirir o estar en posesión de, o no adquirir o no estar en posesión de. En el proceso Remedio de Havingness uno remedia la capacidad del preclear para tener o no-tener energía. Pág. 190.

teoría de la libido: teoría originada por el fundador austriaco del psicoanálisis, Sigmund Freud (1856-1939), de que la energía o los impulsos que motivan el comportamiento humano tienen un origen sexual. *Libido* es una palabra en latín que significa deseo o lujuria. Pág. 76.

terapia ocupacional: actividad productiva o creativa a la que se dedica alguien o que se le asigna para mejorar su condición física o mental. Pág. 41.

Tercera Dinámica: impulso hacia la supervivencia mediante el grupo y como el grupo. Pág. 61.

terciario: que ocupa la tercera posición en un orden. Pág. 112.

terminal: en el uso común, un terminal es un conductor conectado al punto en que la electricidad entra o sale de un circuito. La palabra se usa análogamente en Scientology puesto que hay un flujo de comunicación de una persona a otra. A una persona que envía o recibe una comunicación se la llama terminal. *Terminal* se puede usar para referirse no sólo a personas sino a cosas. Pág. 108.

términos: requisitos concretos o directrices que especifican cómo se hace algo, como en: "*Violan los términos de este proceso*". Pág. 212.

thetán: en Scientology, a la *unidad con consciencia de consciencia* se la llama *thetán;* del símbolo griego *theta* (θ). Pág. 162.

thetán exterior: unidad con consciencia de consciencia exteriorizada. Pág. 219.

tiranía: gobierno en el que un solo gobernante tiene poder absoluto y lo emplea de manera injusta o cruel. Pág. 93.

tirar a la basura: en sentido figurado, ignorar o descartar algo, dejándolo olvidado o abandonado, como tirándolo al cubo de la basura. Pág. 4.

tono: nivel emocional de una persona. *Véase* **Escala Tonal**. Pág. 69.

tono alto, de: alto en la Escala Tonal. Pág. 88.

tono bajo, de: bajo en la Escala Tonal. Pág. 37.

toparse: encontrarse con algo o hallarlo por casualidad. Pág. 62.

tortura medieval: tortura brutal como la que se empleaba en Europa desde alrededor del siglo XII hasta finales del siglo XVI como la que se usaba para obtener confesiones de los acusados de "crímenes". En el siglo XIV, la Iglesia Católica Romana aprobó el empleo de tales torturas en casos de herejía (creencias que se consideraba que estaban en desacuerdo con las de la Iglesia). Pág. 68.

tradiciones, siguiendo todas las: ateniéndose al máximo a una práctica o método de proceder generalmente aceptado y establecido desde hace mucho tiempo. Pág. 28.

trampa para osos: agujero grande cavado en el suelo, a menudo cubierto con ramas y hojas, para capturar o matar osos. Cuando el propósito es matar, se plantan unas estacas afiladas en el fondo que atraviesan al oso cuando cae dentro. Pág. 92.

trastocar: referido a algo con un orden o desarrollo determinados, trastornarlo, cambiarlo o alterar su orden. Pág. 107.

trato: comunicación, negocios o comercio. Pág. 3.

triplicar: multiplicar por tres la cantidad o valor de algo. Pág. 69.

tropezarse: darse con los pies en un obstáculo al ir andando, con el riesgo de caerse. De ahí, impedido o entorpecido. Pág. 150.

ubicado (a alguien) en (algo): identificado y asignado a una categoría concreta, como por ejemplo a un nivel de una escala. Pág. 241.

Ugluks: nombre inventado para una tribu primitiva. Pág. 156.

umbral: cualquier punto de entrada o comienzo. Pág. 15.

"único": persona que piensa que él "debe ser el único" y que no debe haber ninguna otra Causa más que él mismo. Pág. 109.

UNIVAC: abreviatura de *Universal Automatic Computer* (Computadora Automática Universal), una gran computadora comercial de uso general diseñado para procesar datos. Terminada en 1951, marcó el comienzo de la era informática. Pág. 4.

vacío, envasado al: envasado y sellado en un recipiente, como una lata o bote, con tanto aire como sea posible extraído antes del sellado, principalmente para preservar la frescura. Pág. 52.

validar: confirmar, demostrar o apoyar algo como cierto o existente. Pág. 80.

variable incontrolable: factor, en una situación o problema, que se comporta de manera errática, extraña o impredecible. El término *variable* es más común en las matemáticas y la ciencia, donde representa algo desconocido o impredecible. Una variable a menudo se contrapone a una constante, que es conocida e invariable. Pág. 47.

velada: oscura, que no es obvia. Pág. 66.

Velocidad: una de las Partes Componentes de la Comunicación, que incluye la Velocidad del impulso o partícula. La *velocidad* es el grado de rapidez con que algo sucede o se mueve. Pág. 60.

veneración: respeto y devoción grandes que se sienten por alguien a causa de su santidad, dignidad o virtud. Pág. 5.

verbo irregular: en alemán (como en español), un verbo regular es aquel que cambia de forma predecible en sus diversos usos, como al usar el pasado, etc. Un verbo irregular es aquel que no cambia de forma predecible en sus diversos usos. Por ejemplo, el verbo "caber" es un verbo irregular ya que la forma correcta para el presente del verbo es "yo quepo" en vez de "yo cabo", que sería su forma regular, predecible, pero en este caso incorrecta. Pág. 110.

verboso: que usa o contiene un gran número de palabras, por lo general excesivo; locuaz; demasiado hablador. Pág. 110.

versado: experto o instruido en una determinada materia. Pág. 116.

vía: *vía* quiere decir un punto de retransmisión en una línea de comunicación. Por ejemplo, hablar por *vía* de un cuerpo, conseguir energía por *vía* de comer, son rutas secundarias de comunicación. Pág. 3.

viaje astral: en espiritismo, un cuerpo astral es la creencia en una especie de cuerpo espiritual o un "doble" del cuerpo físico. El viaje astral es la creencia de los espiritistas de que el cuerpo astral podría separarse del cuerpo y viajar fuera del cuerpo físico, y cuando lo hiciera estaría compuesto de un espíritu y una mente y un cuerpo. Esto contrasta con Scientology, donde el thetán (el espíritu, la persona misma) se puede separar *totalmente,* por sí mismo, tanto de la mente como del cuerpo (exteriorización). Pág. 42.

violencia: 1. Gran fuerza; intensidad, como en: *"Irrumpió con violencia por más que su mensaje fuera de paz".* Pág. 4.
2. Ejercicio de fuerza física como para causar heridas o infligir daño a las personas, propiedades, etc., como en: *"Ninguna de estas maneras incluye la violencia ni la revolución".* Pág. 17.

visión: el percéptico de la vista. Pág. 254.

volar: causar que algo se disipe y desaparezca; descargar. Pág. 171.

volar (de sesión): término de jerga que significa marcharse de repente; largarse precipitadamente. Pág. 196.

Waterloo: lugar en Bélgica donde ocurrió la derrota de Napoleón frente a un ejército anglo-prusiano-holandés, el 18 de junio de 1815, que acabó así con los planes de Napoleón de dominar Europa. (*Prusia* era un antiguo estado y reino del norte de Europa). Pág. 111.

ÍNDICE TEMÁTICO

S